捨てられる銀行4
消えた銀行員
地域金融変革運動体

橋本卓典

JN052979

講談社現代新書
2584

我々は離れた場所にある病院にも、夜間の救急病院にも頻繁に通えるようになった。人類の平均寿命を伸ばしたのは、医療の発展だけではない。病院へのスムーズなアクセスを可能にしたモータリゼーション革命が貢献した。モータリゼーション革命は人類の平均寿命をも伸ばした。

100年前まで遡らずともよい。多くの日本人は、つい十数年ほど前にスマートフォン（スマホ）を手にし、この5～6年でアマゾンを使いこなすようになった。米動画配信大手ネットフリックスの日本でのサービス開始は2015年だ。

動画投稿サイトYouTube（ユーチューブ）の初の投稿は05年。創設者の一人、ジョード・カリムによる「Me at the zoo」だ。

米カリフォルニア州サンディエゴ動物園でゾウを前に撮影されたもので、「ゾウの鼻が長くてカッコイイ」など、たわいもない内容の僅か19秒の動画は、今でもネットで視聴できる。この「馬なしの馬車」も歴史を変えた。

若者のテレビ離れ、新聞離れ、読書率の低下、子供の体力低下は、スマホやYouTubeの利用時間の飛躍的な伸びと逆相関の関係にある。一人一日24時間という万人共通の限られた時間という資源の争奪を繰り広げた結果、テレビ、新聞、読書はスマホ、YouTubeに敗れ去ろうとしている。当たり前は、当たり前のように当たり前ではなくなる。

単に預金を集め、担保を取ってリスクを回避し、貸し出していれば成り立つ伝統的銀行モデルは終わりを迎えた。世界的な超低金利で、長期金利と短期金利の利ざやが潰れたからだけではない。**伝統的銀行モデルは、特に地域金融機関において、顧客基盤の喪失を招く。**コロナ禍と新常態（ニューノーマル）という荒波を超高齢化した経営者が乗り越えることは難しく、リスクから逃げる伝統的銀行モデルでは何の支えにもならないからだ。

随分先だと思っていた「廃業・倒産の嵐」がすぐそこまで迫っている。中小零細企業の企業支援こそが地域金融の最重要問題となる。単なる金融仲介だけでは十分ではない。金融業界も金融行政も「貸出金利と規模と地銀再編」という表層的な部分で地域を語る訳には行かなくなる。このままでは、行き着くところ顧客基盤の壊滅を招き、ひいては金融システムの安定すらも脅かされかねない。

「**誰が水を発見したかは知らないが、それが魚でないことだけは確かだ**」（『マクルーハンはメッセージ』イーストプレス刊より）

こう語ったのはメディア理論家マーシャル・マクルーハンだ。魚は水について真剣に考えたことは恐らくない。目の前の出来事ほど、何が起きているのか分からない。

「伝統的銀行モデル」という当たり前が当たり前でなくなったことに気づいていないの

は、あるいは認めたくないのは、銀行という巨大組織に守られてきた銀行員だろう。「馬なしの馬車」はいつの時代にもある。こうした変化にいち早く気づくために、学び深くありたい。学習の遅れは、個人にとっても、組織、社会にとっても致命的だ。

他方、我々があまり深く考えてこなかった「学び方」すらも、「馬なしの馬車」を見ているのかもしれない。ピーター・センゲが1990年に示した『学習する組織』だけでは、もはや不十分だ。学びの単位を「組織」とし続けること自体にそもそも疑問がある。ノーベル経済学賞を受賞した米経営学者ハーバート・サイモンは市場経済よりも組織経済の重要性を説いた。市場ではなく、組織という基本単位から、経済を捉えるべきだと主張した。

確かに我々が目にする価値と呼べるような製品やサービスは、ことごとく組織経済からもたらされている。自動車、飛行機、新幹線、トンネル、ビル、融資もすべて組織による産物だ。市場という機能は資金調達や企業合併、値決めの際の手段として活用されているに過ぎず、経済の主役は疑いの余地なく組織だ。

ただ、**学びの単位までもが、なぜ「組織」でなければならないのか**。今日、組織内で役割・機能分担された部署割りがなされ、レポーティングラインを整えて、権限が与えられ、社外取締役、監査法人などの「牽制機能」も完備され、組織内のあちらこちらで無数の会議、無数の研修が年中開かれている。

しかし、組織の「タコツボ化」が蔓延した結果、利益相反から部署同士の衝突が発生し、情報は遮断され、組織が内部崩壊していく現象をいくつも目の当たりにしている。これまで疑問を抱いたこともなかった組織による学びは、思いの外、成果を上げていない。

現代の病と呼んでも良い社会的課題は、広範で、捉えどころがなく、厄介だ。例えば、地方銀行など地域金融機関が顕著に罹患している「学びの欠如」「地域が丸ごと没落していく不安」「未来に希望を持てず組織や地域を離れる若者」などは、もはや組織の対応力を超えている。自治体などとの「組織間の業務提携」で何とかなる問題ではない。

それでも組織論者は諦めない。組織で埋もれている知性、アイデアを引き出すことができれば、組織は活性化するはず、と考えた。知性やアイデアを組織内で循環させるためには「心理的安全性」(Psychological Safety)、つまりは「率直にものが言える状態」を組織やチームにつくり出さなければならないという核心的な問題に辿り着いた。グーグルはこのことをいち早く突き止め、実践した。

ただ、変革に立ち向かうには、もはや「組織内の知性」、つまり「組織知」だけでは足りない。心理的安全性とは、組織内の若手、マイノリティーの「声なき声」に耳を傾けることだけを指すのではない。**組織の外に分散している知性**をも取り込むためのものでもある。「**組織知**」から「**集合知**」へと、知性や知見の捉え方は変わってきている。現に、我々がよく知っているオープン・イノベーション、外部への出向、留学、セミナーへの参加、交流会、読書でさえ、組織外の知性に触れる学びだ。

だったら、学びの基本単位を「組織」と捉えるのではなく、「**組織に所属しつつも、精神的に解放された個のネットワーク**」と切り替えてみてはどうだろう。ましてやコロナ禍でいくつもの「当たり前」が崩れていく今だからこそ、認識を改めるには絶好の機会だ。これが本書のテーマとなる。

本書には例の如く、筆者が金融機関から事業者まで、全国を駆け回って取材した様々な事例が登場する。伝統的銀行モデルは行き詰まったが、ある者は組織を超えた変革に踏み出し、ある者は組織そのものを変えようとしている。変革は始まった。共通するのは、**心理的安全なネットワークを駆使した集合知を有効に活用しているという点だ。**

時代の変化はチャンスでもある。変革を志す金融マン、事業者、企業支援に携わる関係者の未来は決して暗くない。読者には変革運動の底流に流れる「ネットワーク集合知」を感じとり、明日への勇気ある一歩としてもらえると、書き手冥利に尽きる。

2020年8月7日　橋本卓典

目次

第二章 「新常態」の金融

第三章　感染する知性　

第四章 ネットワーク集合知

序章　「計測できない世界」から「ネットワーク集合知」へ

組織の不祥事はなぜ起こるか

企業組織、行政機関などの不祥事は、どうして生じてしまうのだろうか。

日産自動車は、カルロス・ゴーン元最高経営責任者（CEO）が会社法違反（特別背任）などの罪で起訴され、その後、検察の目を欺いての海外逃亡劇という強硬手段に打って出た。後継の西川広人《さいかわひろと》も不当報酬問題で引責辞任した。経営は混乱し、コロナ前から深刻な業績悪化で収益は低下した。

内田誠社長兼最高経営責任者CEOは就任後の記者会見で、

「議論を尽くして事業運営に当たる。社内外の声に耳を傾け、**反論が許される会社風土**をつくっていく」

と、再起を誓った。

日本郵政はかんぽ生命保険、日本郵便の不正販売問題で、長門正貢《まさつぐ》社長らグループ3社長が引責辞任に追い込まれた。長門は2019年12月の辞任会見で、

「経営者として欠陥があったとすれば、**足元**を見ていなかったことです。築城三年落城三日と申しますが」

と、経営能力の欠如とは対照的に、実にセンスある名言を残した。

さらに、総務省事務方トップの鈴木茂樹事務次官は、かんぽ生命保険問題を巡る行政処分についての検討状況などを「旧郵政省の**先輩**」に当たる日本郵政の鈴木康雄上級副社長に伝え、辞任に追い込まれた。

いずれの組織も見識ある人物をそろえて社外取締役を置いたり、内部監査だったり、株主総会だったり、様々な牽制機能を堅牢に整えている巨大組織にもかかわらず、どうして経営の崩壊を招いてしまうのだろうか。

それは組織のトップたちが認めている通りだ。「**反論が許されない会社風土**」、「**足元**」、「**先輩**」などという「**数値では計測できない何か**」が物事を決定的に左右しているからだ。簡単に計測できるもの、目で見えるものの大半は、選択の正当性をもっともらしく見せるための後付けの根拠に過ぎず、容易に数値化されないものにこそ最大限の警戒を払わなければならない。

創作は、問題意識の変遷そのものだ。２０１６年の『捨てられる銀行』（講談社現代新書）で深まった疑問は「**なぜ地域の優れた人材を集めたはずの地域金融機関が、地域や事業者を見ず、付加価値のない低金利貸出の営業を競い合い、肝心の目利き力を失い、『バカ』になってしまうのか**」というものであった。

低金利という構造的問題だけでは説明がつかない。一部に革新を起こす金融機関もあるからだ。この問いを突き詰め、これまで重視されてこなかった「**社内政治を優先してしまう組織文化**」に起因していると確信した。19年『捨てられる銀行3　未来の金融「計測できない世界」を読む』(同現代新書)を世に出したのは、こういう経緯だ。

財務会計それ自体は、納税や配当の根拠となる企業決算のためのものに過ぎない。管理会計は組織内部の直接費、間接費の原価や収益分析など、せいぜい財務会計では網羅していない世界を僅かに「見える化」する程度だ。

管理会計をもってしても人間の嫉妬や過信、自己顕示欲、おもねり、あざとさ、本気度、タテ割り・タコツボ化の弊害、利益相反、予防による損失回避額、副作用の見積もり、無駄な会議がどれくらい人の貴重な時間とやる気を奪っているのか、までは解き明かせない。ましてや、人と人が協力する共創によって生み出される企業価値などを算出することなど不可能だ。把握した気になるだけの錯覚だ。計測できない世界、その最たるものは未来だ。我々にできることは、未来に備えるいくつかの心構えに過ぎない。

ただ、疑問は残った。「では、我々はどうすれば良いのか」については、依然として解消されなかった。

個を活かす組織

本書の問題意識はより先に進んでいる。「やはり我々は無力なのか」という問いだ。組織の壊滅的な不祥事と被害、絶望的な創造性の欠如を、ただ傍観するしかないのか。「トップが変わるしかない」——。

何度も耳にしてきた正論だが、それだけではなく、一人一人が生きがいを持って働く、「個を活かす組織」への変革を起こすことはできないのだろうか。

取材や意見交換を進めるうちに、変革を起こしている金融機関の特徴に気づいた。それは**学びの深さ**だ。それも**ネットワークを活かして組織の外から広く知性、知見を拾い集めて、組織活動に活かしている**。

組織は「個の総和」に他ならない。ならば、無数の個が知性を深め、変革を起こすことで、組織そのものをも変えることができるはずだ。

そう。問題は変革だ。変革はなぜ起きるのか。地域の課題解決や組織文化の刷新を論じる時、「よそ者、若者、バカ者が変革を起こす」というフレーズが好んで用いられる。しかし、これは正確ではない。

「よそ者、若者、バカ者は**くだらない社内政治よりも本当に大切なことを優先できるか**ら変革を起こすことができる」

と、言い直すべきだ。「よそ者、若者、バカ者」をどれだけそろえても、本当に大切なことよりも社内政治の優先を強要されるのであれば、変革は起きない。

変革に必要なのは「よそ者、若者、バカ者」という属性ではなく、本当に大切なことを優先し、学習できる「心理的安全性」があるのかどうかだ。「よそ者、若者、バカ者」は社内政治を駆使して身を処する価値を感じない。だからこそ変革を起こしやすいのだ。端的に言えば「心理的安全性」さえ担保されていれば、「よそ者、若者、バカ者」である必要さえない。**組織に属すれども隷属せず、組織から精神的に解放されている個**がいれば、それだけでいい。

組織の中で「個の多様性が必要だ」と、騒ぎ立てることにはほとんど意味がない。個の多様性など、心理的安全性のある場さえ守られていれば、どうにでもなる。個性は万人に備わっている。**ないのは個性が発揮される心理的安全な場**だ。

重要な問題を決定づける大半の要因は「計測できない世界」が占めているとしても、我々は無力ではない。社内政治を制御し、本当に大切なことを優先できる変革を起こすことはできるはずだ。

経営学の大家ピーター・ドラッカーや生産改善で有名なエドワーズ・デミング博士が「計測できないものは管理できない」と(或いはそのような趣旨を)語ったと伝わるが、近年では、これは間違っているとの指摘がある。

集合知を生むハブ

まず、ドラッカーは直接的にはこのような発言はしていない。マネジメントが負うべき社会的責任の範囲について言及している。それも文脈を読み込めば、人種差別運動や政治問題には介入すべきではないという意図で指摘したことは明白だ。もっともこれさえ持続可能性への責任を企業が果たすのは今や当たり前となっている。

むしろドラッカーは生産性について「**目に見える直接的なコストとして測定できるものに限定していたのでは正しいとはいえない。つまり、会計学の定義に従っていたのでは間違いになる。なぜならば、目に見えるコストの形はとらなくとも、生産性に重大な影響を与える要因がいくつかあるからである**」とも述べている。計測できない例として知識、製品や資源の組み合わせなどを挙げている。まったくその通りだ。

デミングも正しくは、こう述べている。

It is wrong to suppose that if you can't measure it, you can't manage it-a costly myth.

「**計測できないものは管理できないと考えるのは誤りだ。代償の大きい誤解だ**」

両氏は、デジタル時代を知らずにこの世を去った。テクノロジーは今や画像認証技術や発話量の観察によって「計測できない世界」とされてきた感情をも解析しようとしている。偉人の言葉には真理もあるが、都合良く切り取るべきではない。前提となる時代のテクノロジーや価値観がまったく違うことに注意すべきだ。

心理的安全な時間と空間には、アイデアや情報が交流し、思わぬ化学反応を起こす。行き交うアイデアと情報を目の当たりにして、何が生まれるのかワクワクする高揚感こそが変革のエネルギーとなる。いわば、**心理的安全な場とは、集合知を生み出すネットワークのハブ**そのものだ。

そしてもう一つ。組織や社会の変革とは現象であり、科学的に言えば、例えば流体の水が固体の氷に一気に変容するような「**相転移**」だ。

社会や組織を一変させる相転移はなぜ起きるのか。そこにはネットワークが大きく関わっている。どのような言説を唱えても「相転移」がなければ何も起きていないに等しい。「よそ者、若者、バカ者」をそろえ、「個の多様性」を念仏のように唱えても変革は起きない。時代の変化に著しく遅れ、出る杭を打って潰してきた金融機関に変革を起こすには、どうしたら良いか。「心理的安全性」、「ネットワーク集合知」、「相転移」——。こうしたいくつかの手がかりを追いながら本書を書き進めていくことになるだろう。

第一章　地域金融変革運動体

1　地域の問題解決を本気で目指すヘンタイたちのネットワーク

「ヘンタイ」の会

この見出しから書き始めるには、それなりの勇気が必要だった。読者は面食らうかもしれないが、敬遠せず、頭を柔らかくして読んで欲しい。

筆者が参加する、ある変わった集まりがある。「地域金融変革運動体」という。地域と地域金融に思いを持った人と人がつながる集まりで、京都信用金庫の増田《ますだ》寿幸《としゆき》会長（当時）が名づけ親（ゴッドファーザー）だ。

きっかけは、銀行などにシステムサービスを提供するジンテック（東京）などが開催した2018年秋の地域金融セミナーで講演した増田が「地域や地域金融に思いを持って考え、行動し続ける全国の同志が集う取り組みを運動体として継続していくべきだ」と述べたことだ。こうした活動を総称して「地域金融変革運動体」と増田が呼びかけたのが発端となった。

地域金融変革運動体は、団体でも組織でもない。代表、指導者、規約、会費は何一つない。登記もないので、そもそも法人格としては存在すらしていない。あるメディアがメン

バーの一人に「地域金融変革運動体について」取材を申し込んできたが、

「代表がいないので、応えようがありません」

ということで丁重にお断りしたそうだ。

「ないと言えばない」。ただ、全国から集まる参加者たちは、セミナーや会合、勉強会を楽しみに集まってくるのだから「あると言えばある」。

さらに各地方では独自に運動体と称して勝手に集まり、地域の事業者、金融のために何ができるのかを一緒に勉強したり、会合を開いたりしている。「地域金融変革運動体東京」の勉強会は毎月開催している。離れた運動体の仲間に突如会いに行く者もいる。シンポジウムが開かれれば、各地の運動体のメンバーが手弁当で全国から駆けつける。後述するが、運動体の有志メンバーでオンライン会議を開催し、コロナ禍の事業者に対して、今何ができるのかを議論している。登記上は「ない」が、リアルな運動は紛れもなく「ある」。そもそも「ある」とか「ない」とかは、何をもって決めているのだろうか。

SNSサイトのフェイスブックには運動体のグループページがいくつもあり、それぞれの地域にゆかりのある人々が参加している。活発な意見交換がないページもあれば、頻繁に書き込みがあるページもある。おしつけがましさ、鬱陶《うっとう》しさ、強制は一切ない。地域に思いのある人たちが思い思いの距離感で接続し自由に意見や考え、疑問を述べている。

どことなく秘密結社を連想させるネーミングだが、ゴッドファーザー増田の意図は別にある。地域金融変革運動体は実は正式名称（存在していないのだから、正式もへったくれもないが）ではないらしい。

「変体（ヘンタイ）の会」

これが隠れた正式名称で、これをもっともらしく装ったネーミングが地域金融変革運動**体**なのだそうだ。増田には**変人、ヘンタイこそが変化や発明、クリエイティブな発想をもたらす**という確信がある。閉塞感を打破して、地域の元気を取り戻すためには、「地域の元気」を本気で考え、しかも行動に移している変人を発掘しなければならない。**地域金融変革運動体とは「地域の問題を本気で考えて解決に向けて行動するという、今どき珍しいヘンタイ」が集うネットワーク**なのだ。

運動体には、特にメンバーで取り決めるような会議もない。ただ「地域の元気」という理念に賛同し、行動することだけが、なんとなくの共通認識としてある。そして、誰かの役に立つことが、決して自己犠牲ではなく、自身の社会への向き合い方、働き方、生き方であるような、心根が爽やかな人たちの集まりだ。

部活のススメ

筆者が勝手に抱いている運動体についての感想を述べてみたい。それは「**部活**」だ。

社会で働く多くの人々には、何かしらの組織や団体の肩書が付いてまわる。それどころか「弊社、当行、当局、御社、貴社、手前ども」と、組織人として振る舞うことに、何ら違和感を覚えない。学校に譬《たと》えれば、我々は別々の「クラス」と「学年」に所属し、そうした「クラス」、「学年」が我々を隔てている。

想像してほしい。登下校中の電車やバスで、同じ学校の制服を着ていても違うクラス、違う学年の生徒にいきなり話しかけることはできない。「組織（クラスや学年）」が異なる「**アカの他人**」だからだ。同じ制服を着て、毎日、顔も見知っているのに……。

しかし、ひとたび放課後の部活に入れば、話は別だ。我々を隔てているクラスや学年という概念は消える。運動部、文化部などに所属した生徒同士は、クラスや学年が違っていても、もはや「アカの他人」ではない。通学中に見かければ挨拶を普通に交わす。一生続く、部活の仲間、すなわち「個と個の関係」を築くはずだ。

中学や高校時代の部活の仲間に今すぐ電話して「御社、弊社、御局、当局、手前ども、貴方様」と、いつもの慇懃《いんぎん》な組織人の言語で語りかけてみてほしい。

「どうした？　おまえ、大丈夫か？　オレとオマエの仲じゃないか。その他人行儀なもの言いは何だよ」

と、怪訝な返事が返ってくるに違いない。気の置けない部活の仲間に組織人の言語で話しかけることは想像しただけで恥ずかしい。なぜ恥ずかしいのか。それは我々が、組織人という顔と、個と個の仲間の顔を使い分けているからだ。

同じ地域人（「同じ学校の制服」を着ている）なのに、地域金融機関、行政官庁に勤める職員は殊更《ことさら》、組織外の人間に対して他人行儀に振る舞う。この組織的対応が我々の知性の交わりを遮断する。地域をどうしたら元気にできるのかという知性を持ち寄り、集合知とする可能性を押し潰している。

集合知を目指す試み

これは組織の中でも同じだ。組織内の各部署の牽制が我々の知性の交流を絶縁する。よく耳にする「組織横断的な会議」という試みも、サイロ・エフェクトを打破し、集合知を目指すためのものだ。

サイロ・エフェクトとは、フィナンシャル・タイムズのジリアン・テットが著書で指摘した造語で、日本語で言えば「タコツボ化」だ。組織があまりに細分化され、他の部門、部署で何をしているのか分からない状態に陥り、部門間、部署間の協力関係が断絶された状態を指す。牧場で家畜の飼料を収蔵する円筒状のサイロが立ち並ぶように、隣で起きていることを誰も知らないという典型的な組織論の問題だ。

賢明な読者はもう気づいている。これは**認知の問題**だ。我々は、認知によって「アカの他人」だとか「部活の仲間」という具合に人間同士の関係性と対応の仕方を変えている。**「部活」の本質とは、認知を切り替えるためのスイッチ**なのだ。

だとしたら「部活」をもっと意図的につくりだし、認知を切り替えることで、知性を持ち寄り、何か有益な活動や成果につなげることができないだろうか——。これが**地域金融変革運動体をネットワーク集合知の社会実験として捉える**筆者の思いだ。

運動体のメンバー（という正式なものもなく、あくまでもなんとなくという感じにすぎない）には全国の地銀、信金、信組、政府系金融機関の一般の行員・職員が多いが、経営トップも普通にいる。士業、支援家、有識者、信用保証協会の個人もいれば、本人がどう感じているかは分からないが金融庁幹部たちもいる（ように筆者は感じる）。序列はない。席次もない。

年2回の納涼会と忘年会の会場は、文字通りの「ごった煮」だ。あちこちで全国の変人たちがひたすらに交流して、人脈を広げ、話に耳を傾けたり、互いに励まし合ったり、勝手気ままに、この場を楽しみ、活用している。

運動体の面白いところは、筆者や増田のあずかり知らぬところで（そ、も、そ、も、誰、も、あ、ず、か、っ、て、い、な、い）、どんどん話が進んで、視察だったり、人材や知見の交流だったり、講師招聘だったり、メンバーが勝手にネットワークを広げ、活用していることだ。運動体の勉強会に呼んだスピーカーを金融庁が講師に招いているケースもある。

「所詮、部活は部活。現実は組織でしか動かせない」――。

こういう読者の疑問はもっともだ。確かに組織との軋轢《あつれき》に苦しむ金融機関の人間もいることは否定しない。

しかし、専門的なスキルが評価され、組織の中で独自の立場を築いた人間は、アクセスなど思いも寄らなかった金融庁の関係者や他の金融機関の人間ともつながり「自分のやってきたことが間違いではない」という確信を持って、仕事に邁進している。

ある組織はトップ自らが参加し、この部活で学んだ知見を応用して施策に反映させている。

部活には、いろいろな人間がいる。「全員が」と胸を張るつもりは毛頭ないが、これだけ熱量高く集まるということは、組織に身を置いているだけでは得られない知性の交わりを求めているということだと確信している。

筆者も含め、金融庁の高官でも金融機関トップでも皆等しく同額の参加費（会場費、飲食費の実費）を支払う。誰のポケットにも1円も入らない。会場はできるだけリーズナブルな場所を心掛けている。たった、これだけのことで、全国から集まる珠玉の変人・ヘンタイたちと接続できるのだ。自ら全国を駆け回らずとも、一気にネットワークを広げることができる。ここに集まる人物たちとつながろうとすれば全国をまわらねばならない。その諸経費、果てしない時間を考えると、金銭では換算できない価値がある。

もし、組織人として会おうとしたら、どの部署のどの許可を得て、質問状や申請書を事前に提出し……という具合に話がややこしくなり、アクセスする気も失せる。ネットワークへの接続とは、まさに計測できない資産なのだ。

運動体だけかと思っていたところ、他にも似たような取り組みがあると知った。

元社員とのアラムナイ・ネットワーク

住友商事によれば、2019年9月30日、大手町本社で「SC Alumni Network（SCアラムナイ・ネットワーク）」が開催された。

アラムナイ（アルムナイとも呼ばれる）とは「卒業生」を意味するが、企業離職者の集まりという意味で使われるのだという。1年以上勤務し、その後退職した元社員を「アラムナイ」として招き、現役社員と交流する。オープンイノベーションプラットフォームは19年4月に発足した。

退職者は組織人という立場では、辞めていった「アカの他人」だ。今更「縁」を持ち出して挨拶には行きづらい。しかし、こういう「部活」の場を設けることで、出向きやすくなる。

もちろん単なる親睦会ではない。住友商事として外部の多様なビジネスにチャレンジしているアラムナイとの交流を通じ、ビジネス・イノベーションを起こすことが目的だ。

組織は、その効率的な分業によって強力な推進力を発揮する。ただしトレードオフとして、どうしても排他的性質を帯びてしまい、知性の交流を妨げやすい。同調性、均質性であることを求めるバイアスが働く。これがイノベーションを抑圧する。つくづく思う。

我々に足りないのは「場」だ。


縁（ゆかり）パートナーで「個と個の関係」を

中国地方を管轄する中国経済産業局は2016年1月から、ユニークな取り組みを始めた。管内各市町村と経産局の職員個人を紐付ける「**縁（ゆかり）パートナー**」だ。

中国経済産業局のホームページにある「縁（ゆかり）パートナー」のページを開くと、

中国地方の地図が出てくる。各自治体には経産局職員の顔写真が載っている。彼ら、彼女らが「縁パートナー」だ。

自分や伴侶の「出身地」、「学生時代に過ごした地」、「新婚旅行の地」、「好きな漫画家や作家の過ごした地」など、何らかのゆかりある地のパートナーに立候補した職員たちだ。本業の職務の傍ら、自分で手を挙げた地元の担当者となって、企業や団体などからの相談窓口となるのだ。

これは「組織対組織」ではなく、「個と個の関係」を築くことで、行政機関をもっと有効に使ってほしいという狙いがある。組織から個へと認知のスイッチを切り替えようという試みだ。

縁パートナーは、人事異動があってもパートナーであり続ける。つまり、どのような部署にいようとも「縁パートナー」としてつながっているのだ。

読者も体験したことがあるはずだ。自治体や企業・団体などに問い合わせをした際、「当方としては鋭意検討致しましたが、残念ながらご意向には沿いかねます」と、電話越しの知らない相手から、冷たい機械的な対応をされると無性に腹が立つ。二度と連絡などするものかと思って電話を切る。

一方、相手が同じ土地の出身者で、縁パートナーだったらどうだろうか。

「●●さん、ごめんなさい。お問い合わせいただいた件ですが、こういう事情があって今は難しいんですよ」

と伝えられると、怒りはこみあげず、納得してしまう。前者も後者も「断られている」という事実は同じなのに、こうも受け止め方が異なるのはなぜか。それは、後者の場合は「地元つながり」という関係性を感じているからだ。

考えれば分かる。忙しい行政機関の仕事の傍ら、わざわざ地元の縁パートナーに立候補した職員が対応してくれているのだ。

「地元愛を持ってくれている」

という共感が自然にわき上がる。

(地元出身の縁パートナーがああ言うんだ。あの人が地域のことを考えないはずがない。今回はダメだったが仕方がない。他の方法を考えよう)

と、共感の余韻が残りやすい。

部活は認知を切り替えるスイッチだ。アラムナイは「在校生と卒業生の部活」、縁パートナーは「地元つながりという部活」なのだ。法に基づく、行政サービスまで歪めることはない。しかし、何も知性の集約や人への接し方までもが組織的である必要はない。

2　心理的安全な組織が未来を切り拓く

AAP（安心・安全・ポジティブ）

地域金融変革運動体には様々な分科会のようなものがある。

筆者が定期的に顔を出しているのが前述の「地域金融変革運動体東京」だ。「ヘンタイ」たちが集まり、ゲストスピーカーが自由にプレゼンをし、意見交換をしている。勉強会の一場面を再現する。

2019年6月15日、都内某所で運動体東京の勉強会が開かれた。ゲストスピーカーは、大阪を拠点に企業支援の実績が豊富なキャッシュフローコーチの片山祐姫《かたやまゆき》だった。片山も「ヘンタイ（地域金融変革運動体）関西会」の主要メンバーだ。

片山によれば、キャッシュフローコーチとは、経営のビジョンとお金の流れを「見える化」することで、経営者自身に気づいてもらいながら経営課題の意思決定を支援する「パートナー型コンサルタント」だ。財務面だけのアドバイスをする財務コンサルタントではない。元々、片山は企業の定性面を重視する「知的資産経営」からコンサルティングの道に入った。その後、知的資産経営だけでは、経営を数字に落とし込む手法に弱さを感じ、キャッシュフローコーチの道に進んだという。

企業支援の現場で、片山が大切にしていることがある。

「**AAP（安心・安全・ポジティブ）つまり心理的安全性です。経営者は一番のお困り事を聞いてくれた人を信頼するのです**」

勉強会の空気が変わった。心理的安全性は社内においても重要で、特に「笑顔」「うなずき」「アイコンタクト」によってもたらされるという。

京都信金の増田は、わが意を得たりという感じで「アイコンタクト」の重要性に触れ、「お困り事の解決」と「お役立ち」だけを専らに業務としている京都信金門真《かどま》支店の取り組みを紹介した。

「現場育成の取っ掛かりは『**傾聴力の強化**』です。企業経営者の話を聞く姿勢、聞く能力です。どう応えるかは後の問題です。まずはお聞きしなければ始まりません。自分とは価値観や生き方の異なる他人を許容する文化、これがAAPなのだと思います」

第一勧業信用組合（かんしん）理事長（現会長）の新田信行も続いた。

「かんしんは『評価』という言葉をやめました。個人表彰もやめました。そしてスマイルサークルという取り組みをしています。5人から10人が気軽に笑顔で話し合う『**幸せのコミュニティ**』です。職員、お客様から『かんしんがあってよかったね』と喜ばれるような組織にしたい。**かんしんはコミュニティの一員で、お客様も一員。気兼ねなく話せる心理的安全な関係を築こうとしています**」

筆者も発言した。

「組織に『逃げ場』がなく、そこで『承認』されなければならないと不安になってしまう人は多い。**副業・兼業とは、AAPが守られている心理的安全な『場』とも言えます。そうした場を体験するからこそ、新しい学びがあり、自由な発想で創造性を高めることができるのではないでしょうか**」

金融庁の遠藤ペーパーに「心理的安全性」

これに金融庁長官（当時）の遠藤俊英も反応した。

「**副業・兼業の本質はまさにそこにある。金融庁はグーグルでも実践している業務以外の20％の活動を推奨し、積極的にやっている。心理的安全な関係をつくりだすためにはそうした場が必要なはずだ**」

そして片山が「AAP」と題して、分かりやすくプレゼンした心理的安全は、思わぬ展開を見せた。

2019年6月下旬、金融庁内で開催された遠藤長官と若手職員のざっくばらんな意見交換会「Tone at the top」で、遠藤が1枚のペーパーを配った。

ペーパーには遠藤直筆による「図解」が描かれていた。

図解で目を引くのは、金融庁内、金融庁と金融機関の間、金融機関本社と営業職員の間、さらには営業職員と顧客・企業の間で「**Psychological Safety**」(心理的安全性、一部は略称でP.S)と書き込まれていることだ。

運動体東京の勉強会で、片山が提唱した直後の出来事だった。片山のプレゼンが遠藤に大きな影響を与えたことは間違いない。

金融庁と金融機関における心理的安全性とは、金融検査マニュアルによる厳格な検査で「金融処分庁」と称されたように、処分を主業務としてきた関係から、対話を前提とした関係に移行しなければならないという意図があった。

対話の前提は心理的安全性だ。金融庁は監督官庁であり、場合によっては処分も辞さないが、あくまでもそれは非常手段である。むしろ閉塞感が漂う金融業界において「新しいビジネスモデルの萌芽」を育てようとするならば、金融庁と金融機関の関係性を「心理的安全」なものに見直さなければならない。

金融機関の本社と営業現場の関係性は「収益目標とノルマ」であったが、これも「心理的安全性」に転換すべきだ。そして顧客・企業という利用者は「安心・安全」に金融機関

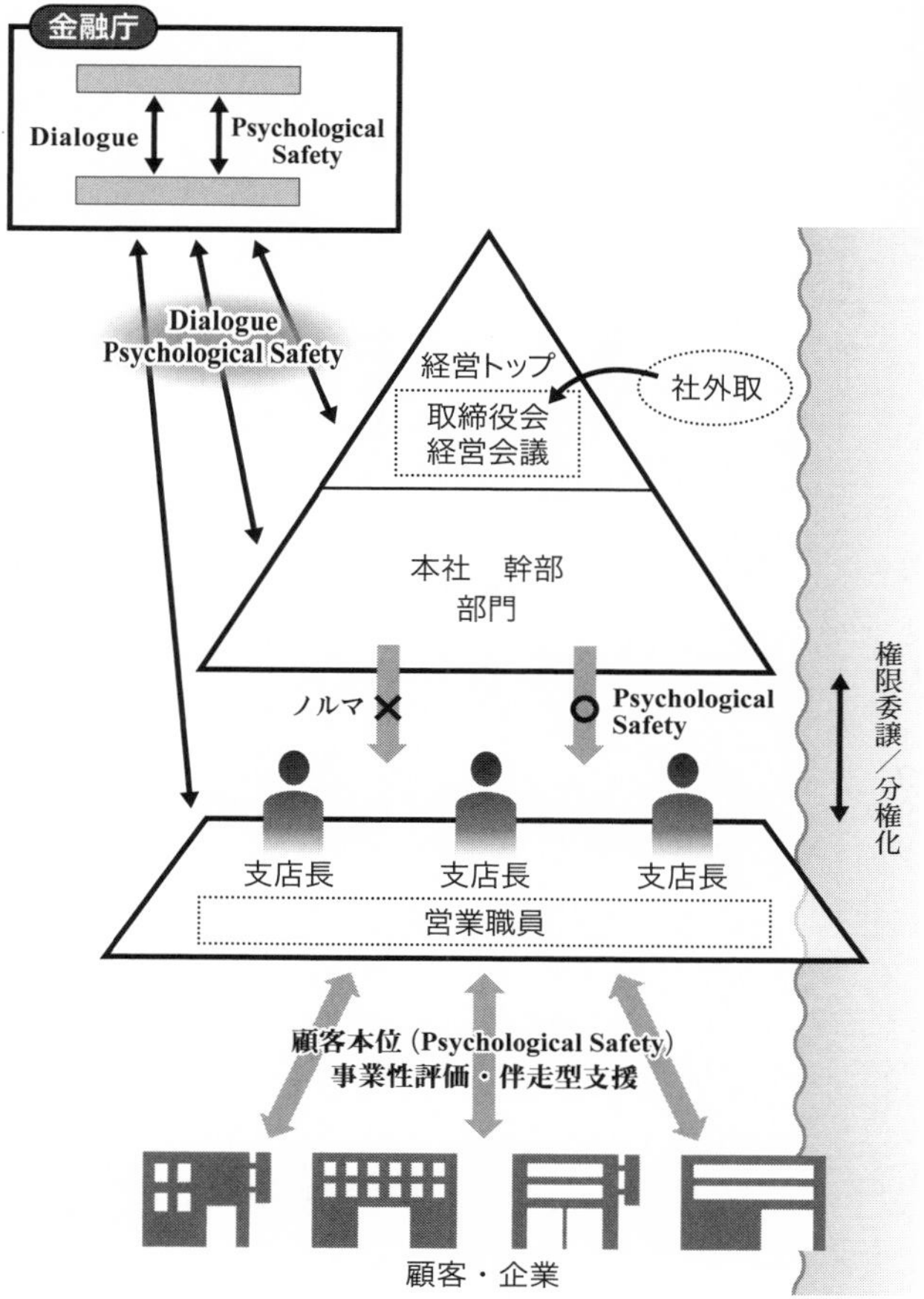

遠藤前金融庁長官が作った「心理的安全性」ペーパー

「金融庁⇔金融機関」「金融機関内の経営⇔現場」「金融機関⇔顧客・企業」それぞれの関係が「心理的安全性」の上に成り立つべきだとする

を利用できなければならない。遠藤は、こうした強い問題意識を抱いていた。
最終的に心理的安全性は、２０１９事務年度の金融行政方針に盛り込まれた。心理的安全性だけを抜き出し、「コラム」として次のように論じている。

「金融機関と顧客の関係においても、地域の企業等から（中略）金融機関に対する厳しい意見が寄せられているところであるが、『心理的安全性』が確保された対話を継続することによって、両者の信頼関係を構築することが可能になるのではないか」

運動体の勉強会に参加している金融庁幹部がどう認識しているのかは知るよしもないが、少なくとも金融行政を考える上で、運動体を「学びの場」の一つとして捉え、何らかの参考にしているのは間違いない。金融庁の思惑がどうであれ、心理的安全なヘンタイの会のメンバーたちは、何ら忖度《そんたく》することなく、思う存分、地域や金融のあるべき姿を自由に議論する。そうした場にこそ知性やアイデアの交流が発生するのだ。

心理的安全性とは何か

心理的安全性（Psychological Safety）とは、１９９９年にハーバード大のエイミー・C・

エドモンドソン教授が提唱した組織における人間関係の状態を指す用語だ。組織内の「居心地の良さ」ではない。組織やチームにおいて、異論であれ、自らの弱さであれ「**率直にものが言える状態**」のことだ。

エドモンドソンは、20世紀を通して理論化、体系化された労働者の管理のあり方に疑問を投げかけた。この主張は、生産管理の専門家フレデリック・ウィンズロー・テイラーが考案した「科学的管理法」と、徹底的な労働作業の効率化で大量生産を実現したフォード・モーターの「フォーディズム」がつくり出した、**人間を機械のように管理するモデルに対するアンチテーゼ**となった。

テイラーとフォードが目指したのは人間の機械化だ。人間の集中力と耐久力を科学的なデータに基づいて、突き詰め、作業の効率性と生産性を究極まで高めていくものだった。人間に対し従順を求め、決まり切った仕事に対する服従を強いた。

モータリゼーション革命を起こした「T型フォード」そのものよりも、その組み立てラインのプロセスと秩序の方が「管理システム」として、マネジメントの世界では崇め奉られるようになった。

エドモンドソンは、『チームが機能するとはどういうことか「学習力」と「実行力」を高める実践アプローチ』(英治出版)で次のように述べている。

「製品、プロセス、そして顧客さえもが、ありがたくも画一的になり、おかげで予想外の問題や技術的変化や顧客の要求にすぐさま対応する必要性が最小限になった」

これは工場のラインのブルーカラーにとどまらない。ホワイトカラーにも科学的管理法の応用モデルが適用された。「個人の価値は企業の利益に対する貢献度によって測られた」というエドモンドソンの指摘は、日本の銀行にこそしっくりくる。

個人のパフォーマンスを数値化し、評価に見合う報酬を与えることが良い経営という考え方が信仰された。テイラーとフォーディズムの打ち立てた「人間の機械化」という金字塔はマネジメントにおける宗教となった。監視と不安こそが人間を活動させるという評価管理モデルは、いつしか「不安がなければ人はあまり熱心に仕事をしなくなる」（エドモンドソン）というマネジメントのパラノイア（誇大妄想）となった。顧客の信頼を失ってまで、銀行がノルマ営業に勤《いそ》しむのは、これが元凶だ。

ホワイトカラーの科学的管理法は、計画、役割、権限、予算、スケジュールとして、目先の確かな未来を予測するために用いられた。しかし、90年代に入り、ピーター・センゲが『学習する組織』を唱えた頃から、状況が変わった。伝統的組織管理モデルへの疑念が噴出し始めたのだ。エドモンドソンもその系譜の一人だろう。

どうして流れが変わったのか。それは、**競争力の源泉とも言うべき付加価値とは、決ま**

り切った仕事のさらなる効率化よりも、知性の融合による創造力にあることが分かったからだ。たとえば、問題の発見力、分析力、そして解決力だ。

新しいチームの形とは

テクノロジーの進化と情報化社会における価値観の変容で、昨日の常識は今日の非常識となった。脱プラスチック、脱炭素などの地球環境へ配慮した企業対応は、経済合理性よりも優先せざるを得ない。ウィズコロナ、アフターコロナで、働き方、時間の使い方が一変するニューノーマルにどう適応するのかが企業活動の生命線となる。

経営環境の変化にあっては「決まり切った仕事の効率化」よりも、「誰も気づいていないアイデアに気づく」ことこそが勝負の決め手になる。それまでのような「実行するための組織づくり」ではなく、変化に適応する「学習するための組織づくり」を無視できなくなったのだ。

創造性を目指すのであれば、組織やチームは複雑な問題を乗り越える「協働」を実現しなければならない。その活動をエドモンドソンは「**チーミング**」という造語で呼んだ。チームが静的概念、存在そのものを指すとすれば、チームの動き、情報やアイデアの流れという動的なプロセスがチーミングだ。

チーミング、学習する組織、組織内のイノベーションを阻害するものは何か。それこそが「率直にものが言えない心理的不安」という組織文化だ。長らく伝統的組織モデルが秩序への服従と監視によって運営されてきたために組織に染みついてしまったのだ。

２００３年のスペースシャトル「コロンビア号」が発射する際、断熱材の破片が左翼を直撃した。この映像を一人のエンジニアが目撃していた話は有名だ。このエンジニアは米航空宇宙局（ＮＡＳＡ）における自身のキャリアへの影響を恐れ、沈黙した。結果、16日間のミッションの後、コロンビア号は大気圏再突入で空中分解、宇宙飛行士７人全員が死亡した。

優れた知性の集団であるにもかかわらず、沈黙し、協働が機能しないのは心理的不安が場を支配しているからだ。逆に、心理的安全性が確保されていれば、ミスを隠さずに認め、フィードバックによる学びやアイデアの交流、つまりは協働が始まる。チーミングの大前提として必要なのが、心理的安全性なのだ。

組織における心理的安全性の重要性が認識されたことで、単純なピラミッド型組織は限界を迎えた。リーダーの役割も変わる。「自らのミスと知識の限界を認め、失敗を学習の機会と捉え、心理的安全な場を明確に設け、参加を促す」ことだ。

日本の銀行では、顧客が必要としていない金融商品を売り込むノルマ営業を長らく続けてきた。ノルマはロシア語で「強制労働」を意味する。なぜ日本の企業組織でロシア語が普通に用いられているのか。おそらく戦後、シベリア抑留時にラーゲリ（強制収容所）でノルマを課された日本人たちが帰国した際、持ち込んだ言葉ではないだろうか。地域金融機関の経営者と議論を交わした時、

「ハシモトさん、そうは言うけど『**良いノルマ**』もあるんだよ」

と、反論を受けたことがある。聞き返してみたい。「**良い強制労働**はあるのか」と。

生産性の高いチームの特性

経営戦略として、心理的安全性をいち早く採り入れたのがグーグルだ。

元グーグルで、現在は日本で経営、組織改革のコンサルティングを手掛けるプロノイア・グループの最高経営責任者（ＣＥＯ）を務めるピョートル・フェリクス・グジバチは、書籍や講演を通じて、グーグルがどのように心理的安全性の重要性に気づき、導入し、実践したのかを分かりやすく解説している。

ピョートルは著書『世界最高のチーム　グーグル流「最少の人数」で「最大の成果」を生み出す方法』（朝日新聞出版）において、「抜きん出た成果を上げるには、多様性に富ん

だ『**集合知**』が不可欠」と述べている。

グーグルは1996年、スタンフォード大のラリー・ペイジとセルゲイ・ブリンによって開発された検索エンジンとして始まった。当初は、民家のガレージが拠点であった話もグーグル伝説として知られる。その後、急成長し、2004年に新規株式公開（IPO）、06年に動画投稿サイト「YouTube」を買収、08年に基本ソフト（OS）「アンドロイド」を搭載したスマートフォンを発売した。19年の持ち株会社アルファベットの連結決算は売上高1618億ドル（約17兆5763億円）、営業利益324・3億ドル（約3兆5228億円）、当期純利益343・4億ドル（約3兆7303億円）といずれも過去最高を更新した。

めざましい躍進の裏側には「成長を後押しするものは何であり、何が成長を阻害するのか」を探究してきた先見性がある。この一環でグーグルが実施した大規模な社内調査が09年の「**プロジェクト・オキシジェン**」と、12年に着手した「**プロジェクト・アリストテレス**」だ。

09年の「プロジェクト・オキシジェン」では、チームのパフォーマンスに最も関係しているものがスキルや能力ではなく、「マネジャーの言動」であることを突き止めた。

マネジャーとは、チームのビジョンや戦略を持ちながらも、細かすぎるところまで部下を管理するのではなく、メンバーの健康と成果を重視し、良い聞き手であり、活発なコミュニケーションを実践し、メンバー各人のキャリア形成を応援する人物だ。つまりは「良いコーチ」だと調査結果は指摘した。

一方、「プロジェクト・アリストテレス」は「生産性の高いチームの特性」を明らかにするために行った調査だ。性格テストから、リーダーへの膨大なインタビュー、メンバーの行動特性、知識・技術、そして心の知能指数「Emotional Intelligence」も調査された。

その結果、生産性の高いチームの特性は、次の通りだと分かった。

①チームの心理的安全性が高い
②チームに対する信頼性が高い
③チームの構造が明瞭
④チームの仕事に意味を見出している
⑤チームの仕事が社会に対して「影響」をもたらすと考えている

中でも「**チームにおける心理的安全性が最も重要だ**」と調査は明らかにした。

グーグルは就業時間の20％を担当業務とは関係のない自分の好きなプロジェクトに割く

ように義務づけている。上司は報告を受けるが、逐一管理をしない。必要があればコーチングを行う心理的安全な時間と空間をグーグルは意図的に創出したのだ。

本書では、これを疑似的な「部活」と呼んでいる。この業務外の仕事から、Gmailや検索ワードと広告を紐付ける「アドセンス」などの独創的な開発がされた点は注目に値する。

米化学メーカー3Mも就業時間の15％を自由な研究にあてる「15％ルール」を実施している。3Mの研究者が「粘着力の弱い接着剤」を自由な発想から開発し、世界的な大ヒット商品「ポスト・イット（付箋）」を世に送り出したことも知られている。グーグルでは本業以外の20％の心理的安全なチームによる成果が、会社全体の収益の半分近くを占めているというのだから驚くほかない。

「元グーグル人」が見たニッポンの銀行

2020年1月27日、筆者はピョートルをインタビューした。

指定された場所は、東京・紀尾井町、ヤフーのオープン・コラボレーションスペース「LODGE（ロッジ）」。所定の登録だけで無料で利用でき、食べ物や飲み物も持ち込み自由。まさにネットワークのハブの場だ。

ピョートルはトレードマークの黒シャツの出で立ちで現れた。インタビューが始まると、自身のキャリアに触れながら語りだした。

「（米金融大手の）モルガン・スタンレーにいたことがあるので感じるのですが、特に日本の銀行のリスクテイクとコンプライアンスの捉え方に違和感があります。リスクとは、元々はラテン語で、『risicare』（リジカーレ）、この言葉には実は『挑戦』という意味も含まれているんです。しかし、日本の銀行は『挑戦』を放棄しますね」

ピョートルによれば、リスク管理とは「絶対に取ってはいけない法律違反などのリスク（危険）」がある一方、「ひたすら取りに行かなければならないリスク（機会）」を決めることだ。グーグルでも、リスクの仕分けは明確に行われているという。対照的に日本の銀行、金融機関は「取ってはいけないリスク」の議論ばかりで、「取らなければならないリスク」の選択と決定がまったくできていない、というのがピョートルの見解だ。

「日本の銀行は平日午前9時から午後3時までの営業というのが、まずおかしい。そして、わざわざ店舗に顧客が来店したのに、立ったまま紙に記入させたり、番号票を取らせて、長時間待たせる場合もある。これをサービスと呼んでいる。理解に苦しみます」

ピョートルの言葉は、一般人の感覚を代弁している。テクノロジーを手にした我々は、カスタマーファーストではない銀行店舗に行く必要はほとんどない。こうした時代が来ることを想定して、組織、戦略、人事、採用、評価、配置、資源の活用をすべて見直さなければならない。その変革こそ経営者が取らなければならないリスクだ。

チーム・個人が決め、実行する自律分散型組織

ピョートルは「本質的な『問い』にこそ1ヵ月でも2ヵ月でも費やして、心理的安全に議論しなければなりません」と語り、パソコンを開いて、画面を筆者に見せた。

物づくり　↓　**仕組み作り**
強欲　↓　**利他**
クローズド　↓　**オープン**
KPI　↓　**OKR**
ピラミッド型　↓　**ツリー型**
計画　↓　**学習**
プレイング　↓　**ポートフォリオ**

上段が、これまで正しいと思われてきた価値観（筆者が述べる「馬なしの馬車」）だ。下段が、グーグルだけでなく、めざましい成長を遂げている企業の価値観だ。

多少の解説を加えておく。ＫＰＩとは、**Key Performance Indicator の略**で、重要業績評価指標とも呼ばれる。金融庁は、顧客本位な資産運用の業務運営をしているのかどうかを計測するため、銀行、証券会社などの販売会社などに導入している。しかし、グーグルだけでなく、フェイスブック、インテルなどでは、もはやＫＰＩを使っていない。なぜならば、ＫＰＩはともすると経営企画などの一部の人間が考え出した指標が組織の人間に割り当てられ、なぜそのＫＰＩを達成しなければならないのかという本質が抜け落ちてしまうからだ。「命令されたから、やる」――。これではノルマ営業と変わらない。

一方、ＯＫＲとは、**Objectives and Key Results の略**で、「目標と主要結果の管理指標」とでもいうべきものだ。１９７０年代にインテルが始めたとされている。組織（チーム）や個人の目標を明確にし、たとえば、その達成のために到達しなければならない数値、身につけていなければならないスキルや能力を自ら決める管理評価手法だ。ＫＰＩと異なり、目標を理解した上で運用されるため、進んでいる方向性を共有し、パフォーマンスも発揮されやすいとされる。目標は「ストレッチゴール」と呼ばれ、達成可能が確実なレベルよりもやや高めに設定される。

ピラミッド型→ツリー型とは、組織の構造の変容だ。これまでは権限と肩書による上意下達の統率のピラミッド型組織であったが、ツリー型組織とは、組織全体に権限が分散され、目標と達成すべき成果を理解したそれぞれのチームや個人が意思決定と実行を行う自律分散型組織だ。

プレイング→ポートフォリオとは、現場のマネジャーの役割だ。日本ではマネジャー自身がプレイヤーとして走り回り、数字・実績をあげることが要求された。しかし、チームや個人の生産性を考えた時、マネジャーはチームの問題を把握し、解決して、チームを最適化するポートフォリオ調整役に徹するべきだというものだ。

ピョートルは、日本の実情を知らないで批判している訳ではない。

「オーナーシップがバラバラだから上場企業の銀行のトップは大変だと思います。誰にどういうプライオリティ（優先順位）で臨むのかが決められない。いわば『認知的不協和』に陥り、フロー状態などつくりだせないのです。短期的パフォーマンスと長期的パフォーマンスは、上げ方が違います。残念ながら、認知的不協和に陥った日本の銀行経営者は、金融庁だったり、部下だったりに責任を転嫁します。失敗から学習しません。目指すことと現実のギャップこそ、絶好の学びの機会であるのに」

グーグルにおいては、セレンディピティ（思わぬものを偶然に発見すること）が重視されているという。思うに、それは偶然ではない。集合知による必然だ。

殊更に欧米の取り組みが優れていると吹聴するつもりはない。むしろ逆だ。理念経営は、日本企業の誇るべき特性だったのに、それを「計測し過ぎる海外の管理手法」によって、日本は自ら破壊したのだ。チーミングも本来、日本の得意とするところで、良質な経営を続けている中小企業の方がうまく実践しているように思える。

取材の最後にピョートルに尋ねた。ググルにおける部活だ。

「もちろんありますよ。ダンス、囲碁、生け花、琴のクラブまで」

3　顧客のためにならないノルマを無視する諏訪信用金庫の支店長

もう一つの「神在月」

旧暦10月を「神無月」と呼ぶ。この時期、八百万《やおよろず》の神々が集まる出雲大社一帯では「神在月」と呼ばれる。出雲とは別にもう一つ「神在月」と呼ばれる地域がある。それが長野・諏訪大社のある諏訪地域だ。

諏訪大社は上社（本宮・前宮）、下社（春宮・秋宮）の計4つからなるお宮の総称だ。「国譲り」を巡る争いに敗れた建御名方神《たけみなかたのかみ》を祀る。敗れた建御名方神は、諏訪から出ないことを約束し、4つのお宮の中に閉じ込められたとも伝わる。厳寒の諏訪湖は零下10度ほどの冷え込みが数日続くと、湖面の氷が亀裂を生じてせり上がる。霊験あらたかなこの現象を「御神渡《おみわた》り」と呼ぶ。上社の男神が下社の女神を訪れた跡とされる。

中山道と甲州街道が交差する下諏訪は、古くから宿場町として栄えた。明治、大正時代に驚異的な産業化を見せたのが生糸生産だった。生産量、輸出量はいずれも世界一で、諏訪では蚕のことを今でも「お蚕様」と、尊称で呼ぶ。「内陸税関」が諏訪に置かれたことからも、この地が国家の殖産興業として極めて重要な拠点であったことがうかがえる。その製糸技術の発展による機械化が後の精密機械工業につながっていく土台となった。

養蚕業者が製糸業者に繭《まゆ》を納入するまでの必要資金を供給してきたのが地域金融機関だった。第十九国立銀行（現八十二銀行）は、倉庫からの入出庫通知を受け、荷為替前貸・繭担保貸付を行ってきた。これは今日のＡＢＬ（Asset Based Lending、動産担保融資）そのものだ。

財務分析手法が確立する以前から、当時の銀行は、製糸工場の所在地、繭を茹でる釜数、荷印、売価などで査定簿を作成していた。さらに横浜生糸売込問屋からの外部の注文情報を踏まえて、貸出方針を決めていた。**不動産など担保にあらず。養蚕事業の動き全体を把握することこそ、養蚕業を支える地域金融機関として最重要な仕事**であった。事業性を見極められず、不動産を担保に取るような銀行の方が本来、地域密着の金融機関として恥なのだ。1937年（昭和12年）に発足した岡谷信用組合（諏訪信用金庫の前身）も、こうした金融仲介機能を果たしてきた。

諏訪一帯の案内役を買って出てくれた諏訪信金の長地《おさち》支店長、奥山真司は教えてくれた。

「財務分析の先にある取引先の真の姿をつかむことが大切なんです。**地域金融機関の本当の仕事は、お客様の情報生産活動を把握すること**なのだと思います」

現在の諏訪信金には、こうしたDNAが脈々と受け継がれている。

諏訪信金が独自の地域金融の文化を育めたのは、長野県の特色も影響している。それは、信金の営業エリアが完全に棲み分けられ、重複していない点だ。

血で血を洗う金融機関同士の不毛な抗争は起きない。信金同士の軋轢がなく、連携が他の地域と比べやりやすい環境がある。

たとえば、長野県内の信金は長らく「しんきん」という統一の看板を店舗に掲げてきた。他県では筆者は聞いたことがない。さらに県内信金で統一のカレンダーを輪番制でつくっているのも長野県ならではの特徴だ。

重複エリアをなくすための合併という論理はこの地域には通用しない。向き合うべきは、それぞれの地域の、それぞれの事業者、個人顧客だ。

ノルマを無視する支店長――諏訪信用金庫・奥山真司

2019年11月10日、地域金融変革運動体東京の勉強会でゲストスピーカーとして登壇したのが諏訪信金の奥山だった。こう切り出した。

「諏訪信金の経営理念は『みなさまと共に、豊かな地域社会の実現をめざします』です。ですから信金の経営が健全であるだけでは不十分なのです。常に『お客様のためになっているのか』ということを考え行動しなければなりません。お客様が大切なお仕事に邁進できる環境を作るのが僕らの役目なのです」

奥山は長地支店長。経営理念を語る現場の支店長が、実際にはどう行動しているのか、勉強会のメンバーの関心が向けられたところで、意外なことを話し始めた。

「**お客様のためになっているのかを考えるので、そこから逸脱するノルマを無視します**」

顧客のためにはならないノルマを拒否するのが支店長・奥山の信念だ。しかし、諏訪信金内で常に上位の業績を挙げているのも長地支店だ。物腰柔らかく穏やかな表情を浮かべているからこそ、対照的に時折垣間見せる奥山の一言の凄みが際立つ。

最初に配属された支店の支店長は、現理事長の今井誠だった。

「常にお客様の役に立ちなさい」

今井は新人の奥山の心に焼き付けるように、この言葉を繰り返した。今井こそ顧客、事業者との信頼関係を何よりも重視してきた筋金入りの信金マン。地域の事業者が今井に寄せる信頼は厚い。今井を理事長に――。地域の顧客の声が今井を理事長に押し上げた。

奥山にはもう一人、人生に影響を受けた人物がいる。諏訪マタニティークリニック院長の産婦人科医、根津八紘《ねつやひろ》だ。根津は、第三者からの精子・卵子の提供による非配偶者間の体外受精や代理出産を日本で初めて手掛け、日本産科婦人科学会を一時除名された人物である。

ある時、奥山は根津に、どうして学会を除名されてまで、体外受精や代理出産にこだわるのかを尋ねたことがある。根津は答えた。

「学会のために医師がいるのではない。患者のために医師がいるんだ。君たち信金職員も、金融庁や財務局、本部のために存在しているのではないでしょう。お客様のために存在しているんじゃないのか」

今井にたたき込まれた諏訪信金のＤＮＡと、地域金融と医師の「そもそもの存在意義」を問うた根津の言葉が奥山の「背骨」となった。

「信用格付と本当の企業価値は同じとは限らない」

奥山の手掛けた仕事は各地の地域金融を取材する筆者の目から見ても、めざましい。趣味の餃子づくりが高じ、一念発起して餃子屋「ぎょうざの焼吉《やきち》」を起業してしまった元消防士を長野県信用保証協会と組んで支えた。元消防士が美味しい餃子を焼くということから「炎の餃子」と話題を呼び、テレビなどでも取りあげられる人気店となった。

業況不振で、物件が競売に掛けられる寸前まで追い詰められた温泉旅館「渋の湯」の経営再建に動いたのも奥山だった。筆者も投宿した。明るい女将が切り盛りしており、地域からも親しまれている。雰囲気の良い宿だ。奥山が動いて上山田温泉にある別の温泉旅館から経営支援を仰ぎ、弁護士、会計事務所、司法書士とのチームプレーによって成し遂げた再生案件だ。

東京・銀座の大型商業施設「GINZA SIX（ギンザ シックス）」に出店する高級ブランド「シャネル」の店舗に一時設置された口紅の自動販売機をプロダクトデザインした「プロテックデザイン」（鈴木孝彦代表）も奥山が支援した。商工会から「話がよく分からないんだけど何とかしてほしい」との要請で、奥山が話を聞きに行ったところ、米国生活が長く日本語が不自由な鈴木がいた。保証協会が取引金融機関に代位弁済をした「実質破綻先」の経営者であった。

奥山が親身になって鈴木の話に耳を傾けていると、シャネルに自販機を納入する契約があるという。確かに契約書もある。納入すれば、シャネルからまとまった代金が支払われるのは確実だ。さらにヒアリングを重ねたところ、鈴木は、USBでパソコンと接続する「つまみ型の音量コントローラー」を開発し、その完成度、デザイン性が評価され、アップルの**スティーブ・ジョブズと握手を交わした写真**も持っていたのだ。

この自販機はユニークな仕掛けが施されていた。タッチパネルでお目当ての口紅を選ぶと、商品の入った手提げ袋がトレーに載って下からせり上がる仕組みだ。信金の窓口担当者（テラー）が顧客に印鑑や通帳を返却する際に、「両手で差し上げる動作」からインスピレーションを得たのだという。

なぜ厳しい先の事業者支援ができるのかを尋ねた。奥山は答えた。

「金融機関が引当・償却の基準としてきた『信用格付』と、事業者の『本当の企業価値』は同じとは限りませんよね。引当をしたとしても、支援をしてはいけないということではまったくありません。ケース・バイ・ケースですが、シャネルとアップルが認めているお客様の話はしっかり聞かなくてはいけないと思ったのです」

資金繰り改善

どの事業者も普通の金融機関なら二の足を踏むような案件だ。先の分からない元消防士の起業、経営不振に陥った旅館、日本語もおぼつかないプロダクトデザイナー――。奥山も最初から前のめりで取り組んだ訳ではない。

「もちろん、話を持ち込まれた時は、さすがに無理だと思いましたよ」

奥山の特徴は、事業者の話を聞く姿勢だ。事前に抱いた固定観念をひとまず脇に置き、**事業者の話をゼロベースで公正に聞く傾聴力**だ。話を聞いているうちに経営者の本気度を見極め「これはいける」と判断した案件は、あらゆる支援機関とも連携して何とかして打開策を見つける、諦めない心を大切にしている。金庫内の審査担当とも粘り強く交渉を続ける。

「自分がやると決めた案件で失敗したというものはないですね」

と、自慢するそぶりを一切みせず「さらっと」答えるのも奥山ならでは、だ。

業況が厳しい事業者にこそ率先して足を運ぶのが支店長としての奥山の動き方だ。特に力を入れるのが「**長短資金のリバランス**」による資金繰り改善だという。

事業者の資金には、設備投資などのまとまった資金と、毎月の給与や仕入れに要する資金がある。前者を借りる場合は、返済期間が1年以上の長期借り入れとし、毎月の約定弁済で対応するのが一般的だ。そして後者は運転資金と呼ばれ、日々、毎週、毎月回転している資金なので借り入れも、1年未満の短期借り入れが自然な姿だ。

しかし長期資金と短期資金の区別も考えず、闇雲に長期融資で貸し付けた結果、返済期日が集中するなどし、事業者は本業よりも資金繰りに頭を悩ませるようになった。ともすると、資金繰りが本業という本末転倒な話になった。

「中小企業の生産性が低い」という論評があるが、それは本業に打ち込むエネルギー、時間を奪われている可能性もある。生産性を落とさせている張本人は「資金繰り」かもしれない。事業者を「資金繰り事業者」にしてしまったのは金融機関なのだ。奥山が力を入れているという「長短資金のリバランス」とは、金融機関が本来、金融仲介機能として果たしていなければならない当たり前の資金繰り改善支援に他ならない。奥山は言う。

「よく再生の見込みがない事業者のことを『ゾンビ企業』と指摘されることがありますが、『ゾンビ企業』を生み出したのは金融機関だと思います。リレーションシップ・バンキング（リレバン、顧客密着取引）は、実は時間を要しません。現場の支店長が、お客様を大切に思って行動し、心理的安全な支店運営ができていれば、そんなに時間は掛かりませんよ。長地支店も若い職員たちが私以上に頑張ってくれています。お客様に『ウチのこと一番知ってるのは諏訪信金じゃねえか』と言われることを目指しているのです。頼もしい限りです」

「信金さんが来てくれて、母さん助かってるよ」

2019年7月27日、都内で地域金融変革運動体の納涼会が開催された。大正銀行（現徳島大正銀行）の吉澤徹はこの場にいた。吉澤は大阪・黒門市場で「ほんまもん」の魚介類を取り扱う老舗魚屋で経営危機に陥っていた「深廣《ふかひろ》」を支えた熱血バンカーだ。吉澤の活躍については『金融排除』（幻冬舎新書）で取りあげた。

100人を超える参加者による立食パーティーが終わり、場所を移動して着座形式の二次会が催された。

吉澤の隣にパリッとスーツを着こなした細身の男が座った。二次会には70人強が参加した。思い思いに席に座って、談笑が始まった。

「どうも。よろしくお願いします」

どちらからともなく名刺交換が始まり、吉澤はスーツの男が差し出した名刺に目をやった。

「諏訪信用金庫　長地支店長　奥山真司」

諏訪――。一瞬、吉澤の手が止まった。

「おぉ！　私は諏訪出身ですよ！」

「えっ！　諏訪のどちらですか？」

吉澤が実家の住所を話すと、奥山はハッとした表情に変わり、口を開いた。

「お母さん……。紫津子さん（仮名）ですよね。知っていますよ！　お宅にお伺いしていました！　いつも自転車で走って、頑張っていましたよね。覚えていますよ！」

吉澤は腰を抜かしそうになるほど驚いた。偶然、隣に座った男が母親のことを知っていたことだけではない。母親が、大阪で銀行員として働く吉澤に対し、信金職員の話をよくしていたからだ。母が口にしていた「信金さん」とは、まさに今、目の前にいる奥山に違いない。吉澤は、そう確信したのだった。


吉澤の家は決して裕福とは言えなかった。事業に失敗し、母親の紫津子が損害保険の販売をしながら女手一つで生計を立て、吉澤たち3兄弟を育てた。並大抵のことではない。

吉澤は語る。

「母は本当に家族への想いが強い人でした。女性なのに毎日同じ服で、朝から晩まで休日もなく働き、その間に私ら子供の食事の仕度、家事をこなし、自分のことはすべて犠牲にして『お前たちが立派な大人になってくれるのが母さんの楽しみ』と、いつも微笑んでいたのが何より印象に残っています」

吉澤は高校時代、野球に打ち込んだが、肩の故障で、学校推薦を受けられず、唯一合格できた大阪の大学に通いだした。以来、吉澤は大阪に移り住み、就職先も大阪の銀行を選んだ。家庭を持ち、紆余曲折を経ながら支店長にもなった。それからしばらく経ってのことだ。

子供たちのそれぞれの成長を見守り、「これからが自分の人生」という時に、命の灯を燃やし尽くしたかのように紫津子はこの世を去った。母の死の間際、吉澤は故郷諏訪に駆けつけた。病院のベッドに横たわる母。最後の会話を目に焼き付けている。以下、吉澤のメールだ。

「母は余生を楽しむ間も無く、亡くなりました。肺の病気でした。私は母の死に目に会えませんでした。危ない状態と連絡を受け、慌てて大阪から諏訪の病院に駆けつけた時、もはや意識も朦朧とする状態で母はグッと一瞬、目を見開きました。

『仕事はどうしたの？　みんなが待ってるよ。早く大阪にお帰り。仕事頑張りなさい』

と、かすかな声で、力を振り絞るように言ったのです。

命が尽きようとしている。そんな状態でも私の仕事と私の家族のことを考えてくれる。そんな人でした。当時、私が支店長の時代です。気丈な母の言葉をかみしめて、大阪に戻った直後のことです。

『いま、息を引き取った』

そう兄から電話がありました。

私は『母親を楽にしてあげたい』——。その一心で『得意な野球で早くプロ野球選手になるんだ！』と幼少時からすべてを野球に打ち込んできました。しかし、夢叶わず、ご縁もあって大正銀行に就職しました。そこしか就職もできませんでした。

銀行員になった私は『早く支店長になって母親を喜ばせてあげたい』——。いつしか夢は、そう変わりました。ようやく39歳で支店長になり、出来上がりホヤホヤの名刺を諏訪の実家に帰り、母に手渡しました。母が涙ぐみながら仏壇にその名刺を供えたのを覚えています。

生前、よく母から聞かされていたことがあるんです。

『信金さんが来てくれて、とても親切で良い人。母さんとっても助かってるよ。お前も大阪でこうやってお客さんに喜んでもらってるんだろうな。そう思うと、信金さんが来るのが楽しみで楽しみで。まるで、お前が帰ってきたみたいで母さんとても嬉しいんだよ』

その言葉を想い出すと、今でも涙が溢れます」

これは奇跡か――。

毎日同じ服を着て休日なく働き通し、すべてを子供のために捧げて死んでいった紫津子が嬉しそうに口にしていた、あの「信金さん」とは、今、ここに座っている奥山だったのだ。

（この人だったのか！　母が、話していた「信金さん」は！　まさかお会いできるとは……）

あの日の母の記憶が蘇る。吉澤は滂沱《ぼうだ》の涙を止めることはできなかった。

家族のために四六時中走り回り、子供たちを一人前の社会人として育て上げた母。仏壇に支店長の名刺を飾って喜んでくれた母。死の間際まで、自分のことなどよりも子供のことを気遣い、大阪に帰るよう気丈に振る舞った母。その母の心の支えになっていた奥山を前にして男泣きに泣いた。

後日、吉澤から筆者にメールが届いた。

「本当に嬉しかったんです。そして、8月のお盆を前に薄れかけてた母の面影を再び感じる事が出来ました。今の私を見たら、きっと母は言うでしょう。『**ガマンして頑張りなさい。必ず誰かが見てくれてるから。**そして、**困っている人には手を差し伸べるんだよ。**

必ず自分にも返って来るから』と。この出会いで母の生きざまを再度想い出し、新たな勇気も頂くことができました。私は、今まで以上に事業者に寄り添い、接しながら生きて行くつもりです。私に出来る事は限られているでしょうが、当時、苦しんでいた親を手助けが出来なかった想いを、今ならば出来る事を事業者の方々にしてあげたい。そう心に誓います」

「何かお役に立てませんかね」

１９９８年、１台のスクーターが諏訪の町を駆け抜けていく。

諏訪信金入庫5年目の奥山は、諏訪市のある食品小売店に向かっていた。自宅のパソコンで作成した、新聞掲載用の広告を持って行くところだった。

「売り上げが伸びないんだよ。どうすればいいかな」

と、社長から相談を受け「店長おまかせの〝盛り合わせ〟大好評です」という広告を作った。

広告は地元紙に毎週掲載され、社長からも感謝された。奥山は2つ目の支店に配属され営業担当となり、事業者支援の楽しさに気づき始めていた。雨の日も雪の日も奥山はスクーターで、市内を走り回っていた。

この食品小売店のすぐ近くに吉澤家の自宅がある。毎月27日は集金の日だ。吉澤紫津子が仕事から戻った昼休みのタイミングに合わせて訪問していた。暑い夏の日には、玄関先で冷たい麦茶を出してくれ、いろいろな話をしてくれた。

「うちの息子は大阪の大正銀行に勤めているの。大変みたい。奥山君はどう？」

「私も保険代理店やってるから分かるけど、お客さん商売は大変ね。でもやりがいはあるわよ」

「うちの息子も奥山君と同じでお客様まわりをやっているようなの。つらいこともあるけど頑張ってね」

奥山には吉澤紫津子が大阪の息子と自分を重ね合わせているように思うこともあった。息子が帰ってきたように迎えてくれたのが何より嬉しかった。息子の話をする紫津子は笑顔だったが、時折、遠くにいる息子を思っているのか心配そうな母親の顔もみせていた。

商店街でばったりと会うこともあった。紫津子はいつも自転車に乗って、走り回っていた。

「奥山くーん、来週、集金来てね――。頑張ってる――？」

いつも気に掛け、明るく励ましてくれる紫津子の姿は、奥山にとっても忘れられない思い出となった。

時は過ぎ、奥山は法人融資担当となっていた。2008年9月のリーマンショックの影響で、不良債権処理に奔走し、取引先の企業に痛みを伴う改革を要求しなければならなかった。

16年7月、本店営業部次長から長地支店長に異動となった。念願の支店長なのに、なぜだか嬉しくない。痛みを伴う改革には破産を求めなければならないケースもあった。十分に話し合った末に、同意を得て廃業を選択してもらったケースもある。しかし、やはり負い目があった。

「あの時代に処理した企業の中に、再生して残せた企業があったのではないか」

と、いつも心に引っかかるものがあった。

「何かお役に立てませんかね」

いつしか、これが奥山の口癖となっていた。

母が残した「こども通帳」

(え？　吉澤徹？　「徹」……。どこかで見たような。どうして初対面なのに、下の名前を知っているのだろうか)

パーティーの二次会で大正銀行の吉澤徹と出会い、話をした奥山は、母・紫津子のことはすぐに思い出した。忘れようもない。まだ若手営業担当の頃の大切な記憶だからだ。病死したとのことには奥山もショックを受けた。ただ、一つの疑問が湧いてきた。

（なぜ「徹」という名前を覚えているのだろうか……）

奥山は、諏訪に帰り、長地支店の平常業務に戻った。が、どうしても気になり、諏訪信金の顧客検索システムで調べてみた。

「あった！　これだ！」

奥山が吉澤紫津子を担当したのは1998年から2001年だった。

紫津子は自身の普通預金通帳とは別に熊のキャラクターの「こども通帳」をつくっていた。その名義が「吉澤徹」だったのだ。子供のささやかなお年玉などを貯めるためにつくったもので、紫津子は生活を切り詰めて少額を入金できる時もあれば、できない時もあった。だから奥山は「徹」という名前に見覚えがあったのだ。

約20年の歳月を経て、奥山は運動体の納涼会というネットワークで、通帳でしか接点のなかった「吉澤徹」と出会った。

奥山からも後日、筆者へメールが届いた。

「お金では買えない出会いをありがとうございました。こんな偶然あるのでしょうか？

必然だったのかもしれませんが、感動しました（涙）。お母さまのお名前をお聞きしてイナズマが身体中を走りました。お母さま、毎月、吉澤さんの事を話してくれました。人との出会いと言葉の重みをひたすら感じました。皆さまに感謝しています。ありがとうございます」

19年10月8日、筆者は諏訪を訪れ、奥山の案内で、吉澤の実家を訪ねた。

奥山が新聞掲載用の広告をつくったという食品小売店はもうなくなっていた。路地の奥に向かうと「吉澤」という表札の家がある。インターフォンを押したが応答がない。名刺にメモ書きを残し、ポストに入れて立ち去った。後日、弟の望から丁寧なメールが届いた。吉澤からもメールが来た。

「実家には弟家族が住んでいます。山の麓にある白い三角形の展望台まで毎晩走っていました。その後に自宅前の路地で、遅くまでバットの素振りに励んでいましたよ。懐かしいです」

吉澤のバットスイングは、今でも鳴っている。

4　琉球銀行「DJバンカー」が目指す デジタル時代にファンが集まる銀行

DJバンカー――琉球銀行・伊禮真

「琉球銀行のイレイさんは面白い。是非会うべきや」

ある時、京都信金の増田から連絡があった。変人が紹介する人間は決まって「大変人」。しかし、下調べをして驚いた。「琉球銀行　伊禮真　メディア戦略室長」とある。そして「DJ」――。銀行員にしてDJ。ただ事ではない。

琉球銀行は1948年5月1日、米軍統治下の沖縄で米国軍政府布令によって設立された。通貨発行権も持つ沖縄における当時の中央銀行の役割を果たした。戦後のインフレ抑制と沖縄の経済発展のため「金融秩序の回復と通貨価値の安定」をその目的としてきた。72年の本土復帰に伴い、銀行法に基づく普通銀行として再スタートを切った歴史を持つ。

2019年、11月だというのに沖縄はまだ暑い。ジャケット姿は筆者だけで、かりゆしスタイルが当地の夏の正装だ。本店で取材が始まるやいなや、かりゆし姿で出迎えてくれた伊禮はニコニコしながら誘ってきた。

「ハシモトさん、ちょっと面白いものを見に行きましょう」

言われるがまま、エレベーターに乗ると伊禮は「B1」のボタンを押した。地下1階に降り立つと備品や資材が無造作に置かれている、荷物置き場のような通路に出た。

伊禮はエレベーターを降りて右手奥のドアの前に立った。ドアには「DU」というロゴがある。「DIGITAL UNDERGROUND」とも書かれており、DUとはこの略称だろう。そして「PRINTING ROOM」とも書かれていた。印刷室のようだ。しかし、アンダーグラウンドとは怪しげだ。銀行と「アングラ」は本来、相容れないはず。壁はレンガを模した装飾が施されている。伊禮は2つ目のドアをガチャリと開けた。暗室のように暗い。ゆらりと人影が揺れた。

「怪しいでしょう」

伊禮は笑っている。電気がつくと部屋の中央に鎮座した富士ゼロックス製の巨大な業務用印刷機が、ウォンウォンと唸り声をあげていた。

人影は、伊禮のチーム「メディア戦略室」のスタッフだった。彼には聴覚障害がある。しかし、パソコンに向かい何やら忙しそうに作業を続けている。画面をのぞき込むと、行員の名刺のデザインを確認していた。彼をメディア戦略室に引っ張ったのは伊禮だ。伊禮には別の顔がいくつもある。その一つが、沖縄県内の障害者が利用する就労支援事業所でつくられた商品や外注委託業務を紹介する「一般財団法人沖縄県セルプセンター」の理事。障害者雇用にも伊禮は力を入れている。

メディア戦略室の「地下アジト」を見渡すと、広告代理店かと思うようなボード、記者会見で用いるパネル、パンフレット、ポスターなどがところ狭しと置かれている。

「全部、ここでつくったんですよ。なんでもデザインして印刷しますよ。ガチの印刷所です」

おそらく筆者が怪訝な表情を浮かべていたのだろう。伊禮は続けた。

「なぜ銀行が印刷などしているのか、と思いますよね。一番の目的は**内製化によるコスト削減**です。2番目は**スピード**です。外注すると、銀行の期待した仕上がりとは違ったものができることがよくあります。銀行のメッセージが思ったように伝わらないという残念な思いをします。ですので自分たちで届けたいメッセージも含めてデザインした方が確実で早いのです。3番目は、企画担当が外部の業者との打ち合わせや調整で時間を取られないようにする**業務効率化**です。企画の仕事は調整ではなく、企画内容を優れたものにするために集中すべきですよね。ならば**デザインの力で**、**そうした銀行内の動きや**、**アイデアの流れも実現しよう**ということです。単なる印刷所じゃないんです」

趣味はＤＪ、キャンプ、さらには自家製ビールづくり。障害者施設理事を務め、そして銀行地下のアジトに出入りする銀行員――。

遊んでいるように見えて、本質は他者への愛にある。銀行内の「ため息」や「いがみあい」をどれだけ減らせるのか。それを解決しようとしているのが伊禮真だ。

破れたジーパンで面接

伊禮が入行したのはバブル景気に入っていく１９８６年。福岡の大学を卒業した伊禮には夢があった。

「沖縄そばを全国チェーンで展開することでした。沖縄と北海道の子供たちを交流させ、文化や学びを広げたいなと思っていました。ただ、地域への貢献も大好きで地元の銀行を受けました」

なんと、破れたジーンズで琉球銀行の面接を受けたのだという。面接後、会場でたまたま知り合った早稲田大学の学生とそのまま一緒に飲み屋に行き、夢を語り合った。

「将来は頭取になりたいな」

と、早大の学生が語ると、伊禮も答えた。

「ＣＭをつくる人になりたい」

新入行員対象のマニュアルに銀行員の服装（身だしなみ）を指導する絵があった。

「質問があります。これ、どこの田舎の郵便局員の話ですか？」

早速、研修担当者に手を挙げて質問したのは、新人伊禮。最初から伊禮の存在は「浮きまくっていた」（伊禮）。銀行のすべてが疑問だった。

（どうして人間を機械にしようとするのだろう。どうして同じ沖縄の事業者や個人客を取引額でこんなに差別するのだろう）

伊禮には理解不能だった。嫌いな飲み会には一切顔を出さない。好きなことをして沖縄のためになるということはどういうことなのか――。そればかりを考えていた。

サラリーマンだった父は早くに引退し、数年後に他界した。琉球銀行でクリーニング係として働いていた母親に育てられた。クリーニング係にも制服があったのだが、これをなぜか着ようとしない母は、クリーニング係なのに顧客を呼び込み、まるで銀行員のような仕事をしていた。

新人伊禮が母の勤める店舗に配属されることになった。これを機に、母は退職することを決めた。しかし、母親の退職の意向に気づいた銀行は、伊禮の配属先店舗の方を変更したらしい。伊禮は笑って話す。

「私より母の方が銀行にとって大事だったのかもしれません。あはは。でも母は人のネットワークをつくることが、それほど得意だったのです。その部分は私も似ているかもしれません」

人を喜ばせ、笑わせることが大好きな伊禮は「生徒会長」には手を挙げないが、文化祭などで張り切るタイプだった。大学時代から始めたＤＪは、銀行員になっても密かにボランティアで続けていた。銀行に知られた時、最初は驚かれたが行員が次々にやってきて、しまいには当時の人事部長も来るようになってしまった。２０１３年、現頭取の川上康が当時、役員に昇格した際には、クラブを貸し切り、ＤＪを披露して盛大に祝った。その時のプレイリストは、17年に世界最大の音楽配信サービスSpotifyに採用された。日本人から選ばれた３人のうち１人が伊禮だ。動画は１週間で35万回再生されたという。

クラフトビールをつくるようになったのは10年以上も前。キャンプが好きでインストラクターの資格も取った。琉球銀行に視察にくる客人には、伊禮のクラフトビール、「アジト」で製作したランチョンマット、横断幕という具合に伊禮流の「全力おもてなし」で迎える。

情報格差をなくす

デジタライゼーション（デジタル化）も伊禮の得意とするところ。ウェブシステムは、

２０１７年７月から導入を検討し、18年4月にアマゾンのクラウドサービス、ＡＷＳを導入。19年7月には、定年退職後に再就職した人材にシステム構築を依頼し、電話応対システムを自動応答によるクラウド型の「Amazon Connect」に移行。前月の6月には大阪で開催されたＡＷＳサミットで伊禮が地銀では初めての基調講演を務めた。全行員にiPhone（アイフォーン）を配り、社内コミュニケーションツールとしてフェイスブックのWorkplaceも導入、海外でも導入事例が紹介された。

「**役員からパートまでの情報格差をなくす**。支店長会議での頭取発言を誰でも聞くことができる。これを目指したかったのです」

支店長会議をリアルタイムで配信することも可能だ。アーカイブで保存し、別の時間に視聴することもできる。情報格差をなくすことで、詐欺などの危機対応でもすぐに状況を把握し、悪い情報を率先して開示することで、顧客中心で対応するためのものだ。

さらに、Workplace導入は期せずしてコロナ禍でのリモートワークにも大きく寄与した。支店長会議もリモートで開催され、ウィズコロナの働き方でも成果をもたらした。

伊禮が日々の業務で特に重視しているのがＳＮＳ。毎日、どれくらい琉球銀行のサービスや情報発信が拡散しているのか、どのような反応、コメントがあるのか。ツイッター、インスタグラム、ＬＩＮＥ（ライン）など、いくつもの媒体を分析し、経営陣にフィードバックしている。銀行といえども、経営陣はＳＮＳでどう受け止められているのかという情報は押さえておくのが当たり前の時代だ。

琉球銀行のファンサイトの登録者数は４万６０００人。沖縄県外のファンもいる。ネットプロモータースコアは銀行収益につながると考えての戦略だ。19年４月からはＬＩＮＥにファンサイトを移行した。たとえば、名刺にスマホをかざすと頭取の川上が浮かび上がる「りゅうぎんＡＲ」など、遊び心満載でデジタル化を推進している。

若手行員の「圧倒的な読書不足」を解消するために、行内で本の要約サイト「flier」の導入も積極的に進めた。

画期的な「教育ローン」のＣＭ

１９９９年、伊禮は東京三菱銀行（現三菱ＵＦＪ銀行）に出向した。トレーニーという立場で全国の地銀から集められた２００人ほどが猛烈に働かされた。

「トレーニーならぬ『奴隷人』と呼ばれていましたね」

と、伊禮は笑った。

地銀出向者の苦情対応をなぜか伊禮が引き受けていた。たとえば、宴会でトレーニーに余興をやらせるのが慣行となっていたが「自分たちは余興をするために出向しているんじゃない」という反発を伊禮がまとめ、銀行側に掛け合い、廃止させた。

繁忙期には、会社に泊まり込み、手洗い場で体をふき、朝までぶっ通しで働くのが珍しくない光景だった。深夜2時すぎ、ある行員と飲みに行ったことがあるという。伊禮は、どうしてそんなにボロボロになるまで働くのかを尋ねた。行員からは疲れた返事が返ってきた。

「自分たちは40代前に死ぬぐらいまで働かないと、片道切符で外に出向させられてそれで終わってしまう。だから徹夜で仕事をするんだ」

伊禮は思った。

（こういう生き方は間違っている。何より幸せじゃない）

出向は1年で終わり、伊禮は幸せと笑顔を増やすことを心に誓い、琉球銀行に戻った。

2012年、複数のローンをまとめる「おまとめローン」で、斬新なCMをつくるよう求められた。伊禮が思いついたのはロボットだった。ロボットが合体するイメージで「りゅうぎんロボ」を考え出した。あえて、昭和時代のアニメの風合いとナレーションを採用した。反対もあったが放送したところ、予想を超える大きな反響があった。「りゅうぎんロボ」は、商品ごとにキャラクターを増やした。CMだけでなく、イベント宣伝、パンフレット、さらには自主製作の玩具にまで活躍の場を広げている。

「この動画もいいですよ」

伊禮がおもむろにノートパソコンで再生を始めたのは「こどもと哲学」という題名のCMだった。YouTubeでも視聴できる。

「幸せ」「大人」「こども」「お金」「自由」「生きる」「戦争」「愛」などについて、子供たちのインタビュー映像が流れる。「生きる」については「人が人を支えること」、「愛」には「好きな人を大切にすること」、「家族でギュッとすること」という、考えさせられる答えもある。

「子供の方が、真理をそのまま言葉にしていますよね」

と、伊禮は優しい表情で目を細めた。

動画の最後にようやく「教育ローン」のCMだと分かる。不思議な余韻を残すCMだ。この動画にも「銀行名と商品名をもっと分かりやすく出すべきだ！」と、行内から反対があった。

「心に残るCMって、誰がどういう思いで制作したCMなのか知りたくなり、調べたくなりますよね。我々は教育ローンを売っているのではないはずです。このローンの本当の意味、目的は『子供たちの成長を応援している』ということですよね。だから『こどもと哲学』なんです」

と、行内で説明して了承を取り付けた。

フラッシュモブ

CMは県内外で話題を呼んだ。広告主、広告会社、制作会社などでつくる一般社団法人「ACC」のACCブロンズ賞を受賞した。視聴者がこのCMを見てどう感じるのかを考えず、ことさらに銀行名や商品名を連呼するプロダクトアウト型のCMであれば、話題にも上らなかったはずだ。

「夢はカンヌで受賞することなんです」

伊禮が見ている景色はもっと先で、もっと夢がある。

「つまらない銀行員」になってしまうのは、全員を同じ型にはめようとするからだ。この行き詰まりに多くの銀行は焦燥感を抱いている。「では、どうすればいいのか」が分からないだけだ。伊禮はそのシンプルな答えの一つを示している。遊びを超えて、多くの人を笑顔にすることだ。

琉球銀行の5月1日は創立記念日であるだけではない。新入行員が一体になる特別な日。毎年この時期に地元ラジオを琉球銀行が「ジャック」して「りゅうぎんまるごとラジオ」を放送する。

2013年、公開放送をしているスタジオ前の広場で、新入行員たちが突如踊り出す「フラッシュモブ」が行われた。ラジオ放送がフィナーレを迎えると、通行人に紛れていた行員が広場で踊り始めた。それをみていた見物客の中からも行員が加わり、最後は新入行員数十人がダンスを繰り広げた。仕掛けたのはやはり伊禮だ。

練習時間は、丸一日と当日の午前中の最終確認のみ。伊禮は知人のプロのダンサーを講師に招き、限られた時間の中で練習に打ち込んだ。

「新入行員と言っても高卒もいれば、大卒もいます。ほとんど交流もないままに『同期』はバラバラになってしまいます。知らず知らずのうちに面白くない仕事に何の疑問も抱かない『つまらない人間』になってしまいます。『つまらない銀行員』にならないためには、みんなで協力して頑張り、一つのことを成し遂げたという成功体験を味わってもらうことが狙いです。これが今まで十分ではなかったチームビルディングにもつながっているのです」

本番はもちろん、練習風景も動画で公開している。

ワクワクする銀行

地元への収益還元型事業も広がっている。りゅうぎんロボのフィギュアを発売し、収益を地元に還元する取り組みを始めた。ストリートファッションを思わせる、赤地にRYUGINと黒字で書かれたキャップも大手ブランドと組んで販売することが決定している。帽子の「つば」には、沖縄の伝統的なデザインの「紅型《びんがた》」をあしらった。この売り上げも関連するメセナ活動に寄付する予定だ。伊禮の取り組みは、単なる遊びを超えて、銀行組織において得難いハウスエージェンシー（内製化）の経験値を積み重ねている。商売、マーケティング、デザイン力の勉強にもつながっている。

こうした取り組みが加速したのは2018年4月、伊禮を室長とするメディア戦略室を立ち上げて、チームプレイとなったことが大きいという。メディア戦略チームは、既にシナリオ、コンテ、撮影、納品まで内製化できるメディアサービスに成長しつつある。

今でもグラフィックデザイナーの採用には伊禮が立ち会う。

「使っているグラフィックソフト、仕事にかかる時間などを聞けば、グラフィックデザイナーとしての大体の技量が分かります」

かつて伊禮は東京出向中から意識的にIT人脈を積極的に広げ、銀行外ではプログラミングやグラフィックデザインの教室にも通った。将来の銀行内での内製化を見据えてのことだった。

19年11月には、かつてのパート、嘱託職員だったマーケターやデザイナー5人を正社員に昇格させた。

あと3年もすれば銀行のユーザーは、スマホはもちろん、SNSを日常的に使いこなす世代となる。そうした近未来の世代に「面白い」「ワクワクする」「夢がある」と思ってもらえない銀行は致命的だ。今までの銀行が面白くないのなら、面白い人間を連れてくるか、面白い人間を育ててみればいい。

5 「何でも相談できる人」を目指す
元・山梨県信用保証協会の「虎」

奇妙な書店

2019年3月、寒さも緩んだ春の甲府。山梨県信用保証協会主催の講演に招かれ、山梨県自治会館を訪れた。

会場入り口で筆者の書籍を販売していた女性がいた。眼鏡がトレードマークの地元書店の女性店主であった。こちらから感謝の気持ちを伝えようと挨拶したところ、意外な反応があった。

「ワタシ！　ハシモトさんの書かれた本を読んで『これは、自分のことが書かれている』

と、思ったんです！」

唐突だったが、この眼鏡の店主の言葉には熱があった。どうにも気になり、講演の翌日、受け取った名刺の住所の書店を訪れてみることにした。

甲府駅北口から桜並木の「武田通り」を北に3キロほど行くと、戦国武将武田信玄を祀る武田神社が鎮座する。武田氏が本拠地とした躑躅《つつじ》ヶ《が》崎館《さきやかた》の跡地の一角に、浄財をもって1919年（大正8年）に社殿が竣工されたという。神社としての歴史はまだ今年で101年と浅いが観光客は絶えない。毎年春の例大祭に合わせて開催される信玄公祭りには、1600人もの甲冑姿の参加者たちが通りを練り歩く。注意して見てみると歩道にはポツン、ポツンと木の立て札が立てられ、信玄の下、武名をとどろかせた武田典厩《てんきゅう》信繁、馬場美濃守信春、板垣駿河守信方など歴戦の武将たちの屋敷跡であることが分かる。

道の途中、山梨大学甲府キャンパスの隣にあるのが「星野書店」だ。

奇妙な書店だ。入り口には「漢字クイズの黒板」、近隣の客が書き込むのだろうか「コミュニケーションノート」なるノートが置かれている。さらには店頭の水槽で飼っていたウーパールーパーが死んでしまったらしく「追悼文」が飾られていた。

入店すると眼鏡の女性店主は不在。店主の母親が店番をしていた。客を装い、店内をまわった。陳列してある本のセンスが良い。物書きの端くれである筆者が執筆の参考に読もうと思っていた本が厳選されて置かれている。学生、高齢者、子供向けと、相当に考えて本を選んでいることが分かった。

店番の母親に身分と用向きを明かし、眼鏡の店主と連絡を取り、駅ビルの喫茶店で落ち合うことになった。

店主の名は須藤紀子。

星野書店は紀子の祖父星野徳則《とくのり》が1947年に開業した。甲府駅北口を出て、甲府城跡の近くに店を構えた。武田通りにある現在の店舗は、62年、父吉徳《よしのり》が「武田店」として始めた分店だ。山梨大の教科書販売などを手掛けていた。

「そんなに読書家でもなかったですし、家でのんびりしている子供でした」

と、須藤は自身が本屋を継ぐことになるとは、さらさら思っていなかったという。

東京の大学を出て、東京で会社勤めをして2年経った時、現在の店の2階で「喫茶ホシノ」を営んでいた母が病気になった。須藤は95年春、会社を辞め、母の代わりに喫茶店を切り盛りすることになった。両親が高齢になり、さらに父が病気になったため、自然な成り行きで星野書店を継ぐことになった。

継ごうと思った一つのきっかけは、「やまなし読書活動促進事業（やま読）」の実行委員会に参加したことだった。山梨県立図書館の名誉館長を務める作家阿刀田高が「書店を守ろう」と呼びかけて始まった活動に共鳴したからだ。

ちなみに山梨は不思議な県である。介護などを必要としない「健康寿命」が男女ともに全国トップクラスというのだ。喫煙率は高く、スポーツも活発ではないのになぜだろう。

公益財団法人山梨総合研究所の調査では、上位を示す山梨県の特徴は「無尽文化」、愛知県は「喫茶店文化（筆者注、いわゆる『モーニング』）」、静岡県は「お茶の文化」が特徴としてあり、**高齢者同士の交流の旺盛度合いが健康寿命と関連しているのではないか**と指摘した。一理ある。

そしてもう一つ。山梨県民の人口当たりの図書館の多さを挙げる考察もある。喫煙よりも、スポーツよりも、読書の有無が健康寿命を保つ秘訣。真相は計り知れないが、興味をひかれる謎を持つのが山梨県だ。

甲斐の虎――トラストコンサルティング・有野文明

しかし、星野書店の経営は予断を許さなかった。２０１２年11月、甲府駅北口前に新山梨県立図書館がオープンすると、売り上げは大きく減少した。インターネット通販の逆風も追い打ちとなって経営を圧迫した。

危機を感じた須藤は、14年11月、商工会議所の主催する「経営改善計画書の書き方セミナー」に自ら参加した。取引銀行からは、「決算書の数字が良くない。もう無理です。山梨県信用保証協会も無理だと言っている」と、最終宣告を突き付けられていた。

12月、諦めきれない須藤は商工会議所主催の無料経営相談会に参加した。応対したのが銀行から指摘された山梨県信用保証協会（当時）の有野文明だった。眼光鋭く、恰幅が良く、短髪に刈り上げたいわゆる米兵の「ＧＩカット」――。信玄の異名「甲斐の虎」の如き、厳《いか》めしい面相の有野が口を開いた。

「もう、この状態ならやめたら？」

有野の目は据わっている。

須藤は瞬間怯《ひる》んだが、それでも食い下がった。事業を継続したい思いを必死に伝えた。有野はじっと須藤の顔をみつめてから、口を開いた。

「じゃあ、できることをやろう」

銀行からの話で「保証協会こそが悪の権化だ」と信じ込んでいた須藤は、強面の有野が一変して、ニコニコ話しながら相談に応じてくれることに拍子抜けした。悪の権化どころか最も苦しい時に寄り添ってくれた救世主だ――。有野は、須藤の経営者としての気構え、本気度を試していたのだ。有野が最も重視する経営者の覚悟だ。

須藤が舌を巻いたのは、有野の行動の素早さだ。その日のうちに取引銀行などに電話を入れ、さらに数日のうちに経営改善計画書を提出することになった。

反応の鈍い金融機関には有野自ら電話を入れ、担当者を引っ張り出しての面談が開かれた。返済猶予でひとまず目先の資金繰りを安定させるためだ。紆余曲折あったが、返済猶予は認められた。

「明けても暮れても資金繰りに追われ、毎日眠れず、前向きなことなど考えられない日々でした」

と、須藤は連日連夜、恐怖と悪夢に苛《さいな》まれていた。

地域金融機関はどうして同じ地元の事業者にとっての「相談相手」になれないのか。どうして「交渉相手」になろうとするのか。地域金融機関は地域から逃れられない。本業支援、経営再生支援、事業承継支援、場合によっては廃業支援も含めて、総掛かりで事業者の相談相手になり、踏み込んだ企業支援をする以外に道はない。資金繰り支援はその前提となる重要な柱の一つだ。

「疾《はや》きこと風の如く」――。有野の動きによって、資金繰りがひとまず落ち着き、須藤は安心して眠れるようになった。

しかし、資金繰りだけでは、対症療法に過ぎない。有野の真骨頂はここからだ。自分でできない支援は、自分のネットワークを駆使して、なんとか支援するのが流儀だ。有野が紹介したのは中小企業診断士、小口一策《おぐちいっさく》だった。須藤は語る。

「小口先生も親身になって支援をしてくれたので、少し前向きなことを考えることができるようになりました」

経営者は「目に見える変革」に勇気づけられる。

小口の具体的なアドバイスによって、店舗のバリアフリー化の改修工事、ツイッターによる情報発信、本や本屋のあれこれを書いた星野書店からのお知らせ「ほんのかけはし」の発行が実現した。社会や顧客と「星野書店」がつながっているという手触り感が何より須藤の心の支えになった。消えようとしていた書店が脈を打ち始めた。

たとえば、ツイッターではその日売れた本に挟んであったスリップの写真をアップしている。「今さっき、星野書店で誰かが買っていった本のスリップ」にはある種の「体温」が残っている。なぜその本を選んだのか。この時期、この本を手に取る人は一体どういう人なのだろうか——。想像はかき立てられる。場合によっては、複数の本を購入していった写真もアップされる。単なる売れ行きランキングよりも「ある人が『この本』と『あの本』を買っていった」という足跡が気になる。本を読むことは人を成長させるが、人がどういう本をどういう理由で読んでいるのかも非常に興味深い。人の読書を知ることは、その人を知るということに他ならないからだ。

ひとたび明るさを取り戻せば、人は必ずやってくる。

漫画『大家さんと僕』（新潮社）でヒットを飛ばしたお笑いタレントの矢部太郎が地元テレビの企画で突如来店したのがきっかけで、矢部とも交流を持つようになった。同じくタレントの山田ルイ53世も星野書店を訪れ、こうしたイベントに須藤自身が参加する機会も増えた。須藤に笑顔が戻った。

信用保証協会を知ってほしい

星野書店に手を差し伸べた「甲斐の虎」有野文明も運動体の主要メンバーだ。

1958年、山梨県西八代《やつしろ》郡市川三郷町（旧六郷町）宮原で生まれた。父良雄は、甲府市で印鑑の通信販売業を営んでいた。面倒見の良い良雄は町の多くの人々から頼りにされ、3期町議も務めた。その後も農業委員、市川三郷町の消防団長も歴任した。

「困っている人のために力になってやりなさい」

「できない」ということを決して口にしなかった良雄は、幼少の頃から有野に言い聞かせた。葬儀には生前の良雄を偲び、1200人もの参列があったという。

有野は幼少時から小児ぜんそくを患い、小学1年生頃まで良雄と母末子に抱きかかえられながら寝ていたのを覚えている。生活は決して楽ではなかったが、有野の体に良いことであれば両親は何でもしてくれた。病院に通うために車を買い、東京・中野にぜんそく治療で評判の病院があると聞けば、小学1年生の3学期に3ヵ月間休学し、中野にアパートを借り、末子とその病院に通った。

すっかり元気になった有野は、わんぱくガキ大将として育った。山野を駆け、木登りに明け暮れた。ソフトボールチームを自分でつくり、チームのユニフォームも良雄につくってもらった。

高校時代に末子が入院し、毎日学校帰りに病院へ見舞いに行っていた。その同じ病室に入院していたのが山梨県信用保証協会の役員の妻だった。それが縁で役員の一家と家族ぐるみの付き合いになった。これが保証協会に入るきっかけとなった。

保証協会で、必死に勉強してすべての部署を経験した。しかし、業務に精通するほど、有野は人知れず悩むようになった。

（中小企業の金融の円滑化を経営理念として掲げているのに、自分たちのやっていることは、中小企業を助けているのではなく、金融機関を助けているんじゃないだろうか）

管理課に配属になった時、保証協会が事業者に代わり金融機関に借入金を返済する代位弁済をした厳しい事業者の回収を担当することになった。金融機関が見放した先だ。債権者は保証協会に切り替わった。

ある時、この経営者が自殺した。経営者の妻が連帯保証人となっていた。有野は何度も足を運び、妻の話に耳を傾けていた。すると、妻から連絡が入った。

「有野さん。私、今から自殺します」

「ちょ、ちょっと待ってください！　今からすぐに行くので落ち着いて！」

有野は急行した。妻は有野の前で3時間泣き崩れた。ようやく落ち着いて有野も帰宅した。翌朝、電話が鳴った。妻の実姉からであった。

「昨日は、妹の話を聞いていただきありがとうございました。あの状況で、よく聞いてくださいました。私が協力します。1週間後に返済します」

500万円はまもなく返済されたという。有野は深く考えさせられた。

こういう案件もあった。毎月1万円を定期回収しているコンピュータ会社の社長がいた。その社長は高度なコンピュータ関連の資格を持っていることを有野は交わす会話から気づいていた。

（そうだ！　自分のネットワークで山梨に有名なシステム開発業務などを展開している会社の社長がいるので、そこに就職を頼めないだろうか）

有野が事情を説明してお願いしたところ、嘱託職員なら雇うという話が決まった。すると保証協会の月1万円の回収額が、5万円になった。

（保証協会の業務は大事だが、それだけでは十分ではない。もっと孤独な経営者の悩みを解決できるような動き方ができるんじゃないか。経営者はどこに悩みを相談しているのだろう）

そんなことを思い、税理士協会、商工会議所、商工会にも足を運び、経営者から直接、悩みを聞く機会を持てた。

「保証協会は私たち経営者には怖い場所なんです。行ってはいけない場所なんですよ」

愕然とした。信用保証協会が知られていない。協会の業務をもっと知っていただきたい——。こうした思いから講演会に積極的に出て繰り返し訴えた。

「保証協会は相談に行っていい場所なんです」

少しずつ、手応えを感じ始めた。多くの経営者が保証協会に足を運んでくれるようになった。さらに有野は活動を広げた。国主体で市町村が創業支援する「特定創業支援等事業」を側面支援するため、県職員と一緒に県内自治体を訪問し、保証協会として創業支援を行っていることを周知した。

経営者に近づきたい

有野はやけに女性に好かれる。2019年3月の退職時には、女性たちから「びっくりするぐらいの花束が届いた」（有野）。

きっかけは、山梨で女性創業支援を手掛ける加藤香（特定非営利活動法人 bond place 理事）と出会ってからだ。女性への金融支援をどうすべきかが課題と考えていた加藤と、創業支援を考えている女性への突破口を切り拓きたい有野の思いが一致し、連携を始めた。

「それからほとんどの女性創業支援セミナーに出かけました。保証協会を知って欲しい。保証協会がお役に立てることを知って欲しいとの思いからです」

経営者が敬遠していた保証協会への見方を変え、保証協会を知らない女性の見方も変えたい。こうした有野の思いが通じ、保証協会にも女性が気軽に足を向けるようになった。

有野は保証協会を退職するに際して、筆者に思いを打ち明けてくれた。

「私は、保証協会の仕事が好きなんです。ただ、残念ながら、その保証協会自体が知られていない。知られていても『怖い組織』という誤解がある。或いは、せっかく保証協会をご利用いただき、信用保証料をいただいているのに、我々がまだまだお客様の顔を見ることをしてこなかった。悩みに寄り添っていなかったことが分かりました。だから、私はお客様のもとに足を運んだのです。知って欲しかった。そのためには経営者や創業を目指す方々に近づかなくてはいけない。あらゆる組織と連携を図り、情報発信もしてきました。経営の相談に乗らせていただいたお客様から『ありがとう』と言われるのが何より嬉しい。それが私のモチベーションとなったのです。これからも、もっと経営者に近づきたい、経営者の役に立ちたいと思っています」

退職した有野は、経営者の身近にいる「何でも相談できる人」になることを決めていた。20年1月、トラストコンサルティング株式会社を設立。有野を慕う仲間たちが事務所の建設工事に加わり、2月22日、事務所をオープンした。62歳の挑戦が始まる。

第二章　「新常態」の金融

1 「金融処分庁」から「育成庁」へ転換した金融庁の思惑

コロナが進めた時計の針

金融危機から約20年を経過し、銀行を取り巻く環境は激変した。世界的な大規模金融緩和によって、かつてのように預金をできるだけ集め、運用期間の長い国債や融資に資金をまわすだけで得られた長期金利と短期金利の金利差（長短金利差）では収益は望めなくなった。規模にものを言わす**伝統的な銀行の経営モデルは崩壊した。**

特に地方銀行、信用金庫、信用組合、その他金融機関は、テクノロジーの驚異的な進化と利用者の価値観の変化、日本が直面する経営者の高齢化、人口減少という避けられない構造問題への対応を迫られる。

預金、送金、決済は言うに及ばず、店舗に行かずとも通帳をつくることができ、通帳そのものも電子化し、もはや店舗は従来のような営業の拠点ではなくなった。店舗は収益センターではなく、むしろコストセンターとみなされるようになった。

これまでの顧客本位とはほど遠かったサービスのツケも支払わされた。販売手数料の高い投資信託を短期間に売り買いさせる回転売買、外貨建て保険商品、資産形成にも顧客の資金ニーズにも合致しない一方的な毎月分配型投信、一過性のテーマ型投信などを顧客利益無視のノルマで販売してきた手法だ。金融庁が、単なる法令順守からフィデューシャリー・デューティー（信認された者が果たす義務）、すなわち顧客本位の行政に舵を切ったことで、ようやく暴走は止まった。

顧客本位ではないサービスに心血と膨大な時間を注いできた銀行、証券、保険会社は、いよいよ軌道修正を迫られている。投信販売では遂に販売手数料の恒久的無料化が広がり始めた。支払うに値する助言手数料しか残らない。社員の高すぎる一律の給与水準ももはや維持できない。かんぽ生命、日本郵便の組織の自殺行為とも言える不正販売問題も相俟って「何のために金融は必要なのか」と、時代から根本的な問いを突き付けられた。

本書の執筆開始時点では、このような問題意識をベースとしていた。

しかし、前提が変わった。新型コロナウイルス感染症だ。

観光、飲食などの消費活動、サプライチェーンの生産活動、学校教育活動、娯楽活動、そして働くこと、人と人が会うこと、自由に出かけ、集まることも軒並み停止に追い込まれた。それを「戦争状態」というのであれば、確かにその通りだ。経済は一時期、仮死状態に陥った。少なくとも観光、移動、消費、外食、教育、娯楽、出勤を何ら制限されることがなかったリーマンショックとは比べものにならない。世界はかつて経験したことのない災禍に見舞われた。

　リーマンショックでは、投資銀行が高リスクな金融商品をばらまいて巨額の利益を上げるビジネスモデルが問題となった。これに対し、世界の金融当局は連携して、自己資本規制と銀行監督の強化でこれを抑え込んだ。同時に各国中央銀行が大規模金融緩和によって市場にありったけの資金を注ぎ込み、景気を浮揚させてきた。力強い経済成長を続けていた中国が世界経済を牽引した。何が変わったのかと言えば、金融機関の無制限の暴走を認めないことと、持続可能な社会への意識の高まりであった。

　一方、今回のコロナ禍は、リーマンショックどころではない価値観の変容を迫った。人々の生活、働き方、人との関係性、消費、教育、満員電車、通勤時間にとどまらない。「中央と地方」、「本業と副業」、「有事と平時」、さらにコロナ禍による余剰労働力の融通という点において「製造業と非製造業」、貸出残高ではなく企業支援という点において「メインバンクと非メインバンク」という二項対立をも溶かしていく可能性がある。いつ新たな災禍がやってくるかもしれない未来を考えれば、旧来の価値観にとらわれている方が危険だ。

　世界の変容は予期しがたく、ますます**銀行は時代の変化を察知し、適応する知的生命体**でなければならない。

ただ、アフターコロナの世界で生き残っていてほしいと我々が望む金融機関の姿に、疑いの余地はない。すなわち、

「**社会課題の解決を通じ、持続可能な社会づくりに貢献しながら安定的な収益を上げる金融機能を有する知的創造企業**」だ。コロナ前から薄々と気づいていた。むしろ、コロナ禍によって時計の針が一気に進んだ。我々は未来にジャンプしたのだ。

金融業界も金融行政も必然的に変化への適応を求められる。コロナ前の金融行政がどのように動いていたのか、コロナ後、新常態の金融はどう変わるのか。この第二章で展望したい。

時代遅れなビジネスモデルそのものがリスク

1998年4月、政府は銀行の自己資本比率の低下の水準に応じて、あらかじめ決めておいた是正内容を講じる**早期是正措置**を開始した。銀行に不良債権処理を断行させる一方、銀行の健全性を確保し、金融システムを安定させるためだ。

是正内容は、各国の中央銀行でつくる国際決済銀行（BIS＝Bank for International Settlements）に設置されたバーゼル銀行監督委員会が定めた銀行の自己資本比率規制に基づき、日本独自の銀行監督手法として定めた。

国際業務を手掛ける国際統一基準行は自己資本比率8％、国内専業の国内基準行は4％をそれぞれ下回った場合、経営改善計画の提出、配当や役員賞与の抑制・禁止、総資産圧縮、資本増強策、合併、廃業、業務停止と、自己資本比率に応じて段階的に是正内容が厳しくなるものだった。

早期是正措置の導入が決まったことで、不良債権処理を加速させる目的から、金融監督庁検査官のための手引書「金融検査マニュアル」を99年7月に制定。その中に盛り込まれた「別表」によって資産査定の引当・償却のルールが示された。

資産査定の検査によって銀行に不良債権の引当・償却を迫り、同時に早期是正措置で金融システムの安定を守る。この2つの車輪が、バブル崩壊後の不良債権問題、金融危機を乗り切るための要であったことは紛れもない事実だ。

しかし前述の通り、約20年で銀行を取り巻く経営環境は変わってしまった。金融機関の大きすぎる資産規模、体力を支えるための収益、稼ぐ力を失ったことがリスクとなった。商品や手法の複雑化により収益管理もリスク管理も追いついていない資金運用、時代遅れな店舗戦略、時代遅れな商品とサービス、時代遅れなシステム、時代遅れな人材育成と登用、これらを含めた時代遅れなビジネスモデルそのものがリスクなのだ。

早期警戒制度見直しの本質

こうした背景から金融行政は森信親長官時代に舵を切った。**自己資本比率の低下が明確になってから金融庁が動き出す早期是正措置では遅い**。「事が起きる」前に、いち早く兆候をつかみ、先手を打って対処しなければならない。この方針を引き継ぎ２０１８年7月に長官に就任した遠藤俊英が見直したのが**早期警戒制度**だ。

元々、早期警戒制度は02年10月、**主要行の不良債権問題を解決するため**に打ち出された「金融再生プログラム」で示されていた。

「収益性」、「安定性」（有価証券の変動価格などの影響）、「資金繰り」（預金、流動性準備金など）の3つの観点から改善が必要と判断されたところに、ヒアリングが行われた。銀行法24条に基づいて報告を求めて、改善計画を通じて実行する必要がある場合は同法26条に基づいて、業務改善命令を出す仕組みとされた。ただ、人口減少で収益が減っていく地銀など地域金融機関の状況変化には、必ずしも対応していなかった。

そこで金融庁は19年4月3日に中小・地域金融機関向けの総合的な監督指針の改正案を公表。広く意見を受け付けるパブリックコメントを経て、同年6月28日に新たな早期警戒制度の適用を開始した。見直された部分は以下の通り。

まず、これまでの「収益性」の文言が、「**持続可能な収益性と将来にわたる健全性**」に切り替わった。人口減少や少子高齢化に伴い、資金需要の拡大が望めない中では持続可能性が強調されるのは当然だ。金融庁は2016事務年度の金融行政方針で、顧客との「共通価値の創造」を目指すビジネスモデルに転換するよう金融機関に求めた。世界的にも、株主利益を追求する資本主義は修正され、株主だけでなく、取引先、従業員、消費者、その他、企業活動に伴う周辺住民、環境への配慮などの利害関係者全体の利益を考える「ステークホルダー資本主義」が重視されるようになった。**闇雲な利益ではなく、利益の質が問われている。**

早期警戒制度の着眼点は、経営陣が的確な現状分析をした上で、**時間軸を意識した実現可能性のある経営戦略・計画**を策定し、実行しているかどうかだ。具体的には、定量的指標、管理会計その他の財務・経営分析、リスクアペタイト・フレームワークなどの経営管理手法を使って、戦略や計画の妥当性の検証・見直しを科学的に行っているのかも重要となる。目標未達の場合の要因分析や改善対策の実施状況、取締役会が実効性を持たせるために機能しているのかなど、端的に言ってしまえば「**まともな経営をしているのか**」ということに尽きる。

持続可能な利益を求めて

パブリックコメントには、改革を望まなかったり、金融庁の介入を抑制したい金融業界の関係者が**何らかの思惑**をもって提出した意見や質問が含まれる。これに関する金融庁とのやりとりを読み込むのは面白い。定義の明確化を求めようとする金融業界に対し、金融庁がはぐらかすような受け答えをしている問答は、監督官庁と監督業者という関係性を、ある意味で象徴している。

最も物議を醸したのが、予想通り「持続可能な収益性」を巡る見解だった。監督指針には次の通り書いてある。やや長い引用だが、筆者が太字で示したポイントについて何が問題なのかを追っていく。

（2）例えば、貸出金・預金利息、有価証券利息配当金、役務取引等利益、経費等について、足下の傾向が継続すると仮定し、将来の一定期間（概ね5年以内）の**コア業務純益（除く投資信託解約損益）**や、ストレス事象を想定した場合の将来の自己資本の状況について決算期毎に確認する。これらが**一定の水準**を下回る銀行等に対して、下記（3）の対応を行う。

（3）銀行自らが経営計画等において想定する将来の収益や自己資本の見通しに関して、前提条件（地域の経済状況や顧客基盤の見通し）、銀行が実施中・実施予定の経営改善に関する施策とその効果（トップラインの増強、経費削減、増資等）、将来発生が見込まれる費用（本店建替・償却、システム更改費用、固定資産の減損、繰延税金資産の取崩し、信用コスト等）、有価証券の益出し余力、配当政策、ストレステストの結果（ストレスシナリオ含む）等の観点から、顧客向けサービス業務（貸出・手数料ビジネス）の利益やそれを構成する内訳にも着目しつつ、ヒアリングを実施し、見通しの妥当性について検証する。

その際、**銀行が自らの経営理念・経営戦略に照らし、どのような金融仲介機能を発揮しようとしているか等を踏まえ、将来の収益・費用の見通しが盛り込まれた経営計画等がその考え方と整合的になっているか、経営計画等を実行するために必要な人的資源が十分に確保・育成・活用されているか等について留意して検証する。**

（4）（3）の結果、例えば、将来の一定期間（概ね5年以内）に、コア業務純益（除く投資信託解約損益）が継続的に赤字になる、または最低所要自己資本比率を下回ることが見込まれる等、**持続可能な収益性や将来にわたる健全性について改善が必要と認められる銀行に対しては、必要に応じ、法第24条に基づく報告徴求、または、法第25条に基づく検査を実施し、業務運営やガバナンスの発揮状況等について深度ある検証を行い、必要な業務改善**（注1）**を促す。**更に、**業務改善を確実に実行させる必要があると認められる場合には、法第26条に基づき業務改善命令を発出**

するものとする。

（「持続可能な収益性と将来にわたる健全性」改善措置）

（注1）店舗・人員配置の見直しなどの業務効率化を含む収益改善施策、資本増強、社外流出の抑制及びこれらを確実に履行するための経営管理態勢の確立等。

（注2）ヒアリングや検査を行うに当たっては、**当局担当者の先入観に基づく対話にならないよう、また、対話が一方的な指導にならないよう、銀行の意見を十分に踏まえ、理解を得ながら行う**必要があることに留意する。

（注3）上記の検証に際しては、

①経営計画等に掲げた当期純利益や配当を維持するため、含み益のみを実現し含み損の処理を先送りしているため、今後、早期（例えば5年以内）に含み益が枯渇し、当期純利益が赤字になり多額の含み損を抱える状況に陥ってしまわないか、

②有価証券運用のあり方等が、例えば、表面上高収益を計上しているものの、含み損益の動向や中長期のテールリスク等を考慮すれば実質的には収益とリスクのバランスが取れていないなど、将来の経営を圧迫する要因となっていないか、

についても確認する。

まず全体像を理解すると分かりやすい。金融庁は早期警戒制度のプロセスを3段階で進める。

第1段階は、**計数分析**。従来重視してきたような「自己資本比率が何％か」、「利益がいくらか」という過去の経営を数値化したものだけをみるのではない。営業エリアの人口、産業構造から見込まれる今後の資金需要、保有する資産から考えられる利益、かかるコストを加味して、持続可能な利益を確保できるのか、という将来に軸足を置いた分析を行う。ここで一定の水準に達せず「持続可能かどうか疑わしい」と判断された場合は、第2段階に進む。

第2段階は、金融庁による**探究型対話**だ。「改善が必要」と認められる銀行には、経営トップとの対話を通じて、現状分析と経営戦略、収益と費用の見通し、その実現性、検証、組織体制などが整合性の取れたものであるのか、さらには「持続可能かどうか」を見定めていく。たとえば、利益が減っているとしても、顧客本位であり持続的な収益の見込めるビジネスモデルに生まれ変わるために必要な構造改革経費が利益を圧迫している場合などは、当然考慮される。経営トップとの探究型対話でも持続可能性が疑わしい場合は、第3段階に進む。

第3段階はいよいよ**立ち入り検査**となる。これはかつての定期的な検査とはまったく意味合いが異なる。計数分析でも、探究型対話でも経営陣の能力そのものに対する疑念が払《ふっ》拭《しょく》されないからこそ、立ち入るのだ。予断は持たないが、「指摘」などの軽度の対応で済むはずがない。外部から人材を招いての抜本的な経営の刷新や、場合によっては業務改善命令を伴う経営責任の明確化、資本増強策と他の金融機関との提携や合併などの事態に発展する可能性も否定できない。

金融庁は金融処分庁から金融育成庁に生まれ変わると表明した。ただし、これは顧客本位な持続可能性のあるビジネスモデルへの転換という自助努力を示そうとする金融機関が前提だ。金融機関が経営上の問題解決に対して、当事者能力を発揮できない場合には監督官庁として介入せざるを得ないのは論ずるまでもない。

コア業務純益とは何か

金融庁が利益と呼んでいるのは、**コア業務純益（除く投資信託解約損益）**のことと考えていい。

コア業務純益とは、銀行の**本業による稼ぐ力**を示す指標だ。具体的には、貸出業務から得られる利息収入、為替や金融商品販売業務などから得られる手数料収入、外国為替や債券のディーリングの損益など、銀行の本業全般から得られる「コア業務粗利益」から「経費（人件費、物件費、税金）」を控除したものだ。もちろん金融庁はコア業務粗利益だけでなく、**経費とのバランスも「持続可能な収益性」という観点で確認**していく。

金融庁は２０１９年6月28日に早期警戒制度の適用を開始し、さらに2ヵ月半後の9月13日には、**投資信託解約損益を除くコア業務純益を開示項目に追加**するよう銀行法施行規則を改正している。投信解約益を抜き出して明示せよとは、一体どういうことか。

会計上、投資信託の売却益は「国債等債券売却益」とみなされるため、元々、コア業務純益には含まれない。しかし、同じ投資信託を解約した場合の利益は、「有価証券利息配当金」としてコア業務純益に組み込まれるのだ。

このため収益が厳しくなった銀行は少しでもコア業務純益を良く見せようと、会計上の抜け穴であった**投信解約益の計上**に勤《いそ》しんでいた。これまでも持続可能なビジネスモデルへの転換を銀行に求め続けてきた金融庁は、苦々しくこの動きをみていた。

一時しのぎの会計的な対応であり、銀行のビジネスモデルの構築とは何の関係もないからだ。金融庁は早期警戒制度の導入に伴い「持続可能な収益性」を判断していくと宣言した以上、会計処理としては正しくとも**銀行の「持続的に稼ぐ力」とは認められない投信解約益**をコア業務純益から外すこととした訳だ。

そして、パブリックコメントで最も質問が集中したのが、早期警戒制度の第1段階（計数分析）から第2段階（探究型対話）に移行する際のポイントとなるコア業務純益と自己資本比率の「**一定の水準**」だ。これは一体、何を指すのか。

結論から述べてしまえば、金融庁の見解は「**銀行ごとの経営環境や市場の状況による**」というものだ。つまりは、銀行間の差異を無視した「**一律の水準**」**ではない**。他方、裁量行政ではないということを強調するために「一定の水準」と、金融機関には分かりにくい表現に落ち着いた。

問われるのは必ずしも利益の規模ではなく、その質や、持続可能な利益がじわじわと出てくる時間軸だ。金融庁としても早期警戒制度の「秘中の秘」であり、手の内を明かすことはない。明かした途端にそれ自体が最低限守ればよい基準（ミニマムスタンダード）となってしまうからだ。実際、パブリックコメントでは次のように金融庁は質問に対して回答している（太字は筆者）。

> 「一定の水準」や「ストレス事象」等については、**その時点の経営環境や市場の状況等を踏まえ設定されるもの**であり、また、具体的な基準や計算方法を示した場合、基準に該当する金融機関に無用の風評が生じるおそれがあることから、本制度においてお示ししておりません。

「対話」を望まない銀行の気持ちもよく分かる。が、統一的な解のない「一定の水準」をあれこれ詮索するよりも、筆者としては第2段階の探究型対話に経営トップが備えることをオススメする。なぜならば、金融庁は「対話」の対象行と選ぶ先についても、どこが対象行なのかを分からないようにする「工夫」を凝らしているからだ。「工夫」の種明かしをする前に、最も重要なはずの探究型対話について考えたい。

「経営理念」と「戦略」の一貫性

極めて不思議な現象がある。

金融庁が公表した早期警戒制度に関するパブリックコメントの質問事項だ。全部で43項目の質問や意見が掲載されているが、**第2段階の探究型対話そのものについては本質に迫るようなやりとりはほとんどなされていない**のだ。

もし、筆者が地域金融機関の経営者ならば、早期警戒制度の第1段階である「計数分析」はある意味で「まな板の鯉」として開き直るしかない。地域の3年後、5年後の姿と環境の変化の中で、たとえ今はめざましい収益を生まなくても、巡り巡って、地域を下支えする種まきは常に必要なはずだ。しかも、それは本質的には金融庁のためにやるのではない。本質的に責任を負うのは地域の未来に対してだ。仮に金融庁が現状だけを切り取った計数分析で判断し、「対話」に乗り込んできても、正々堂々答えれば済む話だ。

「地域のために自分以上により良く金融機関を経営できる人材がいるなら連れて来てください。ただし、それが今よりも悪くなった場合の地域の責任は金融庁のあなたたちが必ず取ってください」

と、刺し違える覚悟で臨むまでだ。その必死さと本気度は必ず金融庁に通じると思う。ところが、対話そのものに関して本質的な意見がほとんどないとはどういうことか。

金融庁は、探究型対話に関して、次のように説明した。

「銀行が自らの経営理念・経営戦略に照らし、どのような金融仲介機能を発揮しようとしているか等を踏まえ、将来の収益・費用の見通しが盛り込まれた経営計画等がその考え方と整合的になっているか、経営計画等を実行するために必要な人的資源が十分に確保・育成・活用されているか等について留意して検証する」

この言葉に当時の金融庁長官・遠藤の強い思いが込められている。

多くの銀行は、掲げている経営理念と、それを実現するための経営戦略が著しく乖離している。このことへの問題意識だ。

「銀行の経営者と話すと、経営理念の話はほとんどせず、いきなり戦略の話に移ってしまう。これはいかがなものか」

これは、遠藤が繰り返してきた発言だ。

理念と戦略の一貫性。そして銀行がその地域においてどのような金融仲介機能を果たし、持続可能な収益と、バランスの取れた経費となっていることを経営トップが認識しているのかどうかを問うのだ。これが本質のはずである。

若手大量離職が示すもの

そして、**ヒューマンリソースにおいては、金融庁に寄せられた質問はゼロ**だった。いかに崇高な経営理念や研ぎ澄まされた戦略、精緻な経営計画を掲げても、それを実行する人々がいなければ話にならない。ここを金融庁は対話していくというのに「質問ゼロ」とは理解に苦しむ。

ある地銀は新卒の2割が退職した。その多くは地元自治体に転職してしまう。地銀が地元の優秀な人材を集めたにもかかわらず、時代錯誤な営業ノルマを強要してきたからだ。若者は、やりがいも未来も感じられない。たとえ給与が下がっても、地域に貢献したいという自分の志を捨ててまで、銀行員であり続けようとは思わなくなっている。

何より、絶望させているのは「掲げているもっともらしい経営理念と実際に現場でやらされている顧客のためにならない収益活動の著しい乖離」だ。そして、そうした状況を改善していこうという自浄作用が組織内にまったく感じられない。さらには、事態の打開に向けて、若手が発言できるような心理的安全な場も機会もなく、最終的には「自分の人生の貴重な時間をこの銀行に割く意味はない」と気づいた者から、次々に辞めているのだ。**若手の未来を奪った結果、招いた大量離職は、経営能力の低さそのものを露呈している。**

早期警戒制度に「人的資源」が盛り込まれたのは、地域金融に精通する一般社団法人地域の魅力研究所代表理事の多胡《たご》秀人《ひでと》の意見が反映されたためだ。以下、多胡の見解だ。

「2016年夏、金融モニタリング有識者会議に参加しました。そこではポスト金融検査マニュアルの方向性を議論したのです。それを踏まえ、金融庁は新たな『金融検査・監督の考え方と進め方（検査・監督基本方針）』を策定し、『金融システムの安定を目標とする検査・監督の考え方と進め方（健全性政策基本方針）』が公表されました。具体的には『過去を振り返る視点』から『将来を見据える視点』への大転換です。

金融機関の将来の健全性は、顧客本位で持続可能な、顧客と共通価値の創造ができるビジネスモデルが前提になります。ただし、それを確実に実行できるかどうかはヒト次第です。しかるに地域金融機関は早期退職者が続出、ヒューマンアセット崩壊の危機に陥っています。私は**『ポスト検査マニュアル時代の検査・監督においては、有形資産である貸付債権や運用有価証券以上に、無形資産のヒューマンアセットを重視すべきだ』**と、2019年2月に金融庁で開催された第17回『金融仲介の改善に向けた検討会議』において、強く問題提起しました。

早期警戒制度も『健全性政策基本方針』の思想と平仄《ひょうそく》を合わせて見直されました。着眼点は将来の健全性を導くビジネスモデルとなり、それを牽引する『人的資源の確保・育成・活用』が盛り込まれています」

20年目の挑戦

金融庁は、早期警戒制度がパブリックコメントで寄せられた「裁量行政」や「一方的な指導」に陥らないようにするための対策も講じた。

具体的には、計数分析、探究型対話、立ち入り検査の各担当チームを組織上、**分離**した。計数分析は専門チームが担当し、それを監督局銀行第二課地域銀行モニタリング室が結果を判断して探究型対話を進める。それでも納得が得られない場合の立ち入り検査は、検査官が実施することで、それぞれの段階で恣意性が働かないようにした。

早期警戒制度の運用自体にも金融庁の慎重さがうかがえる。何せ20年間、金融機関のビジネスモデルの分析ではなく、金融検査マニュアルに習熟することに専らエネルギーを注いできたのだから仕方がない。

２０１９年8月下旬、2年目の遠藤俊英長官は庁内に施策のスタートダッシュを指示した。「利用者を中心とした新時代の金融サービス〜金融行政のこれまでの実践と今後の方針」と題した金融行政方針を示し、さっそく早期警戒制度で最重要の判断材料となる探究型対話のトライアルを始めた。

3段階目の「立ち入り検査」の要否を決定づける第2段階の「探究型対話」は当然、非公表で行われる。探究型対話が行われたという情報だけが先走りして信用不安を惹起することは何としても避けなければならない。地銀業界は狭い。いくら非公表だろうと、すぐに横の連携で情報が流れてしまう。このため、金融庁は「探究型対話のターゲット行」を隠す目的から、「非ターゲット行」にも対話をすることにした。いわばダミーを紛れ込ませたのだ。数多くの銀行に対話に入れば、本命ターゲット行を覆い隠すことができる。

ダミー行は、ターゲット行を隠す目的以外、つまり金融庁の「対話の経験値」を積む上でも好都合であった。同年秋、いくつかのダミーの地銀に「模擬対話」を行った。

ところが、「模擬対話」は、地銀のビジネスモデルを突き詰め、相互理解に基づいて変化を促していける手応えをつかめたとは到底いえないレベルだったようだ。

これは当然と言えば当然だ。銀行側は法令・規制には否応なく対応するが、経営への介入を極度に嫌う。経営の変革となると心服させるのは容易ではない。金融庁にビジネスモデルへの深い理解がなければ、話がかみ合わず対話にすらならない。

読者は意外に思うかもしれないが、**金融庁は銀行（特に地銀）に関してはビジネスモデルを理解し、分析する官庁ではなかった。**１９９８年、不良債権処理のために前身の金融監督庁が発足し、その後は金融検査マニュアル（２０１９年12月廃止）による、**不良債権の低減化とコンプライアンス（法令順守）を徹底させ、結果、自己資本が目減りすれば合併や公的資金などの資本増強策を迫り、ひたすら金融システムの安定だけを守る官庁で**あった。

銀行だけでなく金融庁自身、銀行経営を取り巻く経営環境がまさかここまで変わるとは見通せなかった。金融検査マニュアルを代表とするルールを金融機関に押しつけた20年余りの歳月は、想像するよりも遥かに金融業界、金融行政の「常識」を時代おくれのものにしてしまった。金融庁が「ビジネスモデルを見る力」を養わなくては早期警戒制度も機能しないだろう。

「コア・イシュー」の要点

２０２０年2月、金融庁は地銀版のコーポレートガバナンス・コードとでも言うべき、8つの論点からなるコア・イシュー（案）をまとめた。経営陣との対話で着眼する主な論点だ。

前述の通り、地銀を取り巻く経営環境は低金利や人口減少で厳しさを増す中、持続可能なビジネスモデルを構築することが急務だ。その上で必要になるのは「経営トップや取締役会等が、自行の経営理念を改めて見つめ直すとともに、実効的なガバナンスに基づき、自行を取り巻く経営環境を的確に分析し、経営戦略を策定・実践すること」だ。8つの論点は以下の通り。

①地域銀行の経営理念
②地域社会との関係
③経営者の役割
④取締役会の役割
⑤経営戦略の策定
⑥経営戦略の実践

⑦業務プロセスの合理化や他機関との連携
⑧人材育成、モチベーションの確保

若干の説明をしていく。

①の**地域銀行の経営理念**は、前述の通り、長官の遠藤が特にこだわった点だ。地銀はどこも「地域とともに歩む」「地域に貢献する」と、もっともらしい「理念」を掲げている。しかし、それはまったくの「お題目」に過ぎず、多くの地銀は「地域とともに歩んでおらず」「地域にさしたる貢献をしていない」のが実態ではないか、という疑念を遠藤は抱いていた。

たとえば、経営理念は、どのような経緯で決められたのだろうか。ミッション（企業が果たすべき責務、存在意義）はどのようなもので、バリュー（組織共通の価値観）は一体何なのか。そして、ビジョン（将来のありたい姿、究極の目標）が目指すものを地銀の経営者が答えられるかどうかも怪しい。

掲げた経営理念がもたらした具体的な効果も明らかにしなければならない。行員のモチベーション向上か、或いは従業員が自ら考えて、行動する効果か。はたまた不祥事の予防なのか。そして、経営理念をどのように組織に浸透させようとしているのかもポイントだ。その結果、企業文化はどう変わり、ステークホルダーをどう考え、上場による企業価値の最大化をどう考えるのかも重要となる。

②の**地域社会との関係**を地銀はどう考えるのだろうか。地域貢献という経営理念を掲げておきながら、地元そっちのけで、大都市圏に住宅ローン攻勢をかけているとしたら、それは矛盾以外の何ものでもない。

③の**経営者の役割**は、文字通り頭取とは何かを問うている。どのような時間軸で、どのような対応で経営者としての課題解決に取り組んでいるのか。現場からのフィードバックを得て、次世代のリーダーを育成することにも無責任ではいけない。

④の**取締役会の役割**は、取締役に求められる能力と果たすべき本質的な責任を問うている。頭取、取締役の選解任をどのように行うのか。社外取締役はお飾りではない。頭取の顔色をうかがい、現場に訳の分からないノルマを負わせて、自らの保身を図ろうとすることが本来の取締役ではないはずだ。

⑤の**経営戦略の策定**は、一体どのように決められるのか。どのように管理、検証されているのかを見ていく。経営理念との整合性、現状やテクノロジーの進化を含めた今後の見通し、現場の意見を吸い上げて議論したものでなければならない。

「ライバル行に見劣りしない数値」だとか、「頭取のご機嫌をうかがいながら」などと、説明のできない社内政治の力学で、収益目標を決め、ノルマとして現場に割り振るようなものは経営戦略とは呼べない。現場が納得感を持って、受け止めているのか、また達成度合いを、収益性や効率性、健全性などの指標を活用して検証しているのかも問われる。

⑥の**経営戦略の実践**は、コストとリターン、リスクとリターンのバランスを考えているのかという問いだ。

銀行にひたすらリスクを避け、不良債権をつくらないことを結果的に求めてしまった金融検査マニュアルは20年を経て、2019年12月に廃止された。いよいよ地域と自行の持続可能な未来を考え、個人、法人、市場部門などで、それぞれどれだけのコストを払い、どのような顧客に対して、どれだけのリスクを取って、どれだけのリターンを目指すのかが問われる。

⑦の**業務プロセスの合理化や他機関との連携**は、経営理念を実現するための経営戦略を実践するに当たり、外部との連携をどう考えるのか、だ。特に地銀の場合は、何から何まで自前でという訳にはなかなか行かない。どこと、何を、どのように組むのか。その理由と成果の検証もしなければならない。

⑧の**人材育成、モチベーションの確保**は、経営理念、経営戦略を実現するための人材育成だ。役職員が誇りや「やりがい」をもって働ける環境を整えなければならない。役職員

のやりがいや満足度もちゃんと評価すべきだ。
金融庁が早期警戒制度で未来志向に大きく舵を切ったということは、金融庁も試練に臨むということだ。

金融庁の苦悩

早期警戒制度では、地銀に対する持続可能な利益の判定や経営能力を対話によって見極め、報告徴求命令、検査、業務改善命令という金融庁の権限発動を明示した。ただ、**持続可能な利益がどうしても見通すことのできない地銀があるとしたら、それを処分して、一体どうするのか。**

金融業界の関係者は、公的資金による資本注入を思い浮かべるかもしれない。現在の公的資金は、２００４年成立の金融機能強化法（その後、法改正）に基づく資本注入だ。早期の銀行の経営健全化と公的資金の返済が求められた１９９８年の金融早期健全化法とは異なり、中小企業向け貸出を円滑にしたり、事業再生支援のために導入された。とはいえ、返済可能性を完全に度外視する訳には行かない。経済的合理性を逸脱してしまい、それこそ持続可能性において疑問符が付くからだ。

上場会社であることの妥当性も含めて、根本的な地銀のあり方を再検討する時期がいよ

いよ来ている。早期警戒制度だけで、地域金融機関の持続可能性が解決することはありえない。**銀行を信金にくら替えさせたり、信金に吸収させるなどの業態転換の法整備も含めたニューノーマルの解決策こそ必要だ。**

プラザ合意後の円高局面で、主力製造業が次々に海外に生産拠点を移し、サプライチェーン全体として資金需要が落ちていく時期に入っていた89年、大蔵省は相互銀行を一斉に普通銀行へ転換させた。業界の総意で望んだ訳ではない。相互銀行のうち3分の1は普銀転換に抵抗を示していた。

筆者は、一元的な監督行政上のやりやすさというご都合主義と、普通銀行に成り上がりたい相互銀行の一部の短絡的な願望が結びつき、誤った政策判断をしたとにらんでいる。資金需要が構造的に縮小していくのが明白だったにもかかわらず「同じビジネスモデルの普通銀行」を乱立させた。その結果、銀行、相互銀行、信金信組で穏当に棲み分けられていた地域金融のエコシステムを崩壊させてしまった。

人口減少と少子高齢化が一段と厳しくなる地域の持続可能性に寄り添いながらも、財政負担にできるだけ頼らない地域金融の着地点を考えねばならない。ビジネスモデルの転換がどうしてもできない第二地銀などは信金信組のような非営利団体に衣替えしていくことも現実的な選択肢として真剣に検討しなければならない。多くの誤解があるが、営利企業

の銀行と、非営利団体の信金信組は根本的なところで存在意義が違う。銀行は利潤の追求と株主還元だが、信金信組は会員、組合員が望むことをかなえるのが使命だ。

もう一つは、もはや伝統的な預貸業務による銀行業を収益の源泉とは考えない金融グループが出てきた場合にも早期警戒制度は対応しなければならない。

たとえば、地域商社などを通じて、経営人材の派遣や販路マッチング、中小企業の様々な業務効率化のサービスを主力業務とする金融グループの場合、「持続可能な利益をどうみるのか」は柔軟に考慮する必要がある。変わりゆくビジネスモデルを金融庁が理解しなければ、早期警戒制度そのものが足かせとなり、逆に金融機関の進化を妨げかねない。

2 「地銀再編」はどこに向かうのか

合併特例法という超法規的措置のウラ

地銀が合併した場合、貸出シェアが同一地域内で独占状態であっても、10年間に限ってこれを認める合併特例法が2020年5月の通常国会で成立した。

人口減少、少子高齢化が進む地方において金融機能を発揮し続けるには、独占に対して排除措置命令を出すことのできる独占禁止法（独禁法）を適用しないという文字通りの超法規的措置だ。地銀と路線バスの運行会社に限り適用される。

独禁法は公正で自由な競争を担保するための法律であり、優越的地位の濫用を禁止している。その独禁法を制限してでも、地銀再編を推し進めなければならない理由は何か。

きっかけは、ふくおかフィナンシャルグループ（ＦＦＧ）と長崎県が地盤の十八銀行との経営統合問題だった。ＦＦＧ傘下の親和銀行と十八銀行が合併計画を16年２月に表明してから、独禁法を所管する公正取引委員会（公取委）の審査が難航した。

公取委は、統合後、長崎県内での中小企業向け貸出シェアが過半どころか、７割を超えることを問題視していた。貸出シェアだけで言えば「**圧倒的な独占**」は明白である。１次審査では、独禁法上の懸念が払拭されないとして、異例の２次審査で詳しく検証することとなっていた。

２年半に及ぶ交渉の末、公取委はＦＦＧと十八銀行に対し、県内営業拠点を持つ他の金融機関に貸出債権を譲渡し、シェアを下げるなどの対策を取るべきだと指摘。これを受けて、両社が１０００億円弱の貸出債権を譲渡し、金融庁が貸出金利の上昇がないかどうかを継続的に監視していくという異例の対応を取り、公取委は18年８月、ようやく統合を承認した。

筆者の知る限り、公取委は現地調査も行い、地域金融に詳しい有識者にも幅広く意見を聴取していた。単にシェアという数字だけで、審査を長引かせていた訳ではない。独占がもたらす地域の不安や恐怖に対して「市場の番人」として、その職責をまっとうするのは至極当然である。

一方、FFGと十八銀行も県内の全取引先約1万6000社を回り、他行への借り換えや債権譲渡の同意取り付けに奔走した。他の地銀頭取をして「まさか、顧客との取引を打ち切ってでも、なりふり構わずに統合に走るとは思わなかった」と、言わしめるほどの粘り腰をみせた。特に現場の営業担当者と事業者には、債権譲渡という苦渋の選択を強いられただろうと、同情する。

我々がこれから注視すべきは金融庁の動きだ。

10年間の時限付き合併特例法が成立したからには「**10年以内にできるだけ合併特例法を使う合併を仕上げねば国会議員に顔向けできない**」という官僚特有のバイアスが発生しやすくなる。ややもすると、特例法に該当しない普通の合併案件は後回しで、**特例法に合致する案件探しから始めるという本末転倒な合併推進運動が繰り広げられるかもしれない。**

すなわち地域の真のニーズそっちのけで、同一地域の貸出シェアが特例法の適用対象となる地域をスクリーニングし、そのエリアの金融機関を狙い撃ちして特例法適用の合併を成立させようと血眼になりかねないということだ。これが地域のニーズに合致しているならば分かる。しかし、本当に合併が必要な地域が後回しになったり、必要性が不要不急なケースにも特例法適用ありきで追い込みが仕掛けられるようなことになれば、それはもはや地域のためにならない金融行政の暴走だ。あってはならない。

合併特例法には経緯がある。安倍晋三政権が19年6月、成長戦略の司令塔と位置づけた「未来投資会議」で、地銀の経営統合を弾力的に認める10年間限定の特例法（合併特例法）を策定する方針を表明したところから方向性が決まった。

「未来投資会議」は安倍政権において16年9月に設立された。13年から成長戦略を立案してきた「産業競争力会議」、15年10月に始まった「未来投資に向けた官民対話」を一本化してできた組織だ。成長戦略と構造改革を議論するための官民組織だ。

当初は、人工知能（AI）やロボットなどがもたらす「第4次産業革命」を議題とし、最先端技術への投資拡大が主要テーマとされていた。突如、地銀合併の話が議題として浮上したのはなぜだろうか。

流れを変えた有識者会議の報告書

公取委がFFGと十八銀行の経営統合を認めたのが2018年8月、未来投資会議で合併特例法の策定方針が打ち出されたのが19年6月。この流れをつくったのが、18年4月、金融庁の「金融仲介の改善に向けた検討会議」が発表した「**地域金融の課題と競争のあり方**」と題した報告書だ。

報告書は、地域金融機関を取り巻く経営環境から競争の実態、そして長崎県等の現状、最後に公取委の独禁法に基づく行政執行に対して疑問を投げかける内容で構成されている。

報告書では、構造的な資金需要の減少に触れた上で、地銀の貸出残高が年々増加しているのに対し、収支は低下している点を指摘した。つまり、地域金融機関は価値を創造する訳でもなく、低金利競争に明け暮れているということだ。さらに県境を越えた貸出競争が激化していることから、「**都道府県など行政区画内における貸出額シェアのみに基づいて、貸出市場における金融機関の市場支配力の有無を判断することは困難**」と説明した。

そして長崎県も同様の状況にあることを説明した上で、1行単独でも不採算な地域が発生するとし、長崎県がこれに該当するとした。

取引先の企業への本業支援など、中小企業の経営改善支援の取り組みの重要性には触れつつも、こうした取り組みは、人材育成や収益化に時間と費用を要するとし、元々経営体力があるか、経営統合などにより経営上の余力をつくりだしてこそ構築できると述べた。

そして金融業は、システム費用や人件費など多額な固定費が発生するため、規模の利益が働きやすいとし、経営統合によってこそ、規模の利益の発揮を通じ、金融機関の経営体力を高めることができるとした。

経営統合に伴う独占、寡占の弊害は金融庁が監視するとし、長崎県の経営統合についても**「貸出額シェアなどに基づいて事前に画一的に判断することは適切でない」「経営余力のあるうちに統合を認め、その経営余力を用いて地域企業の本業支援等を行うことを通じて、生産性向上や付加価値向上を図ることの方が、地域企業・経済の観点から望ましい」**と、公取委に真っ向から反論した。

以上の通り、明確に十八銀行と親和銀行の合併を進めるべきだという意向を滲ませる内容だ。

さらに、報告書は続く。森信親元長官が金融行政の目的として打ち出した「企業・経済の成長と国民の健全な資産形成を通じた国民の厚生の増大」についても、次のような見解を示した。

「独占禁止法においても銀行法においても、経済活動の活性化を通じた国民厚生の増大を究極的に目指すべきであり、競争当局と金融監督当局が課題を共有し、共通の枠組みの

下で連携を深め、地域住民・企業の厚生の向上に真に資する競争政策を遂行していく必要がある。

具体的には、地域金融機関の経営統合については、金融庁による事後的なモニタリングが有効であることを踏まえ、競争当局と金融庁が連携し、地域金融の産業構造や特性を踏まえた審査や弊害への対応を実施することを通じ、地域金融機関による、地域金融インフラの確保と、金融仲介の質の向上を後押ししていくことが必要である」

そして締めくくりに合併特例法の必要性を示唆する文面を盛り込んだ。

「経済の成長局面で確立されてきたこれまでの枠組みの下で、競争当局がいわば執行機関として、現行法を適用するだけでは、人口減少下における地域のインフラ確保や、経済産業構造の変化に適切に応えることが難しくなってきている。このため、日本経済の変化を踏まえた総合的な競争政策のあり方を政府全体として議論・検討する必要があると考えられる」

「市場の番人」として絶対視されてきた公取委が、少なくとも地域金融機関の合併問題に関して、独占禁止の理を押し通すことができなくなった。独占と競争は時代によって意味合いを変える。人口減少・超高齢化という未曾有の事態に突入する日本が、新たな時代に踏み出そうとしているのは確かだ。

「合併だけ」では何も解決しない

ただ、全国の地域金融の現場を取材で走り回る者として、いくつか指摘しておきたい。

まず、**合併に対して、何か地域の問題をすべて解決してくれるかのような甘い期待を抱いているとしたらとんでもない誤解だ。**国内業務で合併によって、革新的に成功した銀行モデルを筆者は未だ目にしていない。多くの合併銀行に、旧行対立や駆け引き、決して混じり合わない組織文化が散見される。

元金融庁長官の森信親は、

「金融機関が合併、統合した場合は、新しいビジネスモデルをつくりださなければならない」

と述べた。まったくその通りだ。ただ、実際には駆け引きや遠慮などの社内政治が優先され、新しいビジネスモデルはなかなか創造されない。

経営統合による余力を得るどころか、時間の浪費、優秀な人材を統合プロジェクトに割かれる機会損失も無視できない。

これまでの預金と貸出・運用の金利差と規模の拡大だけでやってこられた伝統的な「銀行モデル」が終焉を迎えていることも踏まえて再編議論に目を向けた方が良い。外部連携は積極的に進めつつも、銀行合併よりも自分の金融機関のビジネスモデルをどう変革するのかという方向に時間と労力、人手を費やした方が賢明ではないのかと思う。

特例法は10年の時限立法だが、10年前にスマートフォンを持ったばかりの我々が10年後の未来を予想できるだろうか。10年後、長短金利差と規模の経済が決め手となる銀行のビジネスモデルは既に過去のものとなっているかもしれない。

この報告書は、あまり意味のない伝統的な銀行モデルという過去を前提としている。過去のテクノロジーと価値観は、未来のそれとは大きく違う。ましてやコロナ禍による社会の変容は報告書には一切反映されていない。貸出金利以上に、中小企業の事業再生、経営革新こそが重大テーマになってくるのは明らかだ。

コロナ禍では事業者は借り入れを求めて金融機関に殺到したが、銀行の店舗は「コストセンター」として合理化の一環で閉鎖してしまって本当に良いのか。仮に地銀は店舗数を削減するとしても、信金信組の店舗までも潰して良いのか。では、信金信組のない地域で地銀の統合を進めてしまい、再びコロナ禍のような緊急事態が生じた時にどうするのか。

長崎は、信金信組がほとんどカバーできていないエリアばかりだ。県外の銀行がコロナ禍で生きるか死ぬかの瀬戸際に立たされた地元事業者のためにリスクを負い、事業再生、経営革新まで責任を持つはずがない。こういう議論が報告書にはない。

我々は既に「新常態」に突入している。独占的な合併をした場合に貸出金利が上がるとか上がらないとか、貸出のシェアがどうだという机上の学者論議など、まるで無意味だ。**地域で事業を営み、雇用を生んでいる事業者をどう支えるのかという現実の経済の話に目を向けるべき**ではないのか。今まで以上に、どういう事業者にどういう金融機関が伴走していくのか、その地域金融エコシステムを考える必要がある。不作為の金融排除を起こさないとは、どういうことなのかを今一度、考えるべきだ。

この報告書が出た時、メディアは競争政策の是非ではなく、「23県で地銀の単独存続が困難」というセンセーショナルな取りあげ方をした。報告書が、２０１６年３月末のデータに基づき、各道府県で本業（貸出・手数料ビジネス）の収益が２行分の営業経費の合計を上回るのかどうか、という点で試算し、23県を1行でも存続困難、つまり「不採算」と判定したためだ。

筆者は、この判定法にも違和感を抱いている。「**世の中からもはや価値として認められない銀行サービスに対して、銀行員の給与が分不相応に高いだけ**」だと思えて仕方がないからだ。これをさらなる規模の拡大で成り立たせようとする前提が間違っている。地域を元気にする新事業を創造するため、副業を解禁し、最大の固定費である人件費を削減できれば、採算の問題は消える。アフターコロナではむしろ、そうした潮流が一般的になってくるのではないか。

こう考えると「営業経費を事実上、コロナ前と変わらない」との前提を置いている報告書には無理がある。

この報告書の後、既にいくつかの地銀は預かり資産業務を証券会社に事実上委ねる決断を下した。システムのクラウド化も相俟って経費は下がっていく。未来は間違いなく過去とは異なる。「単独経営では未来永劫不採算」と決めつけるのもおかしい。

未来は誰にも分からない。もちろん、この報告書が出たことで、この方向性がさらに加速するかもしれない。筆者のとんだ見当違いで、独占的な合併銀行が突如覚醒し、中堅、中核企業だけでなく、中小零細事業者にも親身に寄り添う、誰も見捨てない存在に生まれ変わるかもしれない。しかし、過去の規模を追い求めた銀行のいきさつから考えれば、残念ながら、未来を託す気にはなれない。

願わくは、消滅すると報告書で宣告された地域の金融機関、士業、関係機関、そして事業者は腹を立て、決起して運動体を起こして欲しい。報告書が描いた未来を変えられるのは当事者しかいないのだから。

3　コロナ禍があぶり出した地域金融の問題点

コロナは地域金融を二極化する

コロナ禍は、「地域と事業者へ真摯に向き合う金融機関」と「そうではない金融機関」の二極化を際立たせることになった。

２０２０年3月期の地銀決算では一部の銀行で不良債権処理を深掘りして与信関係費用を積み増す動きが見られたが、多くの地銀はコロナ禍の影響を見積もるには至っていない。言わば抗体、耐性を得るのはこれからだ。

他方、コロナ禍によって、特需のある僅かな業界を除けば、幅広い事業者がダメージを受けた。これまで業績堅調で地域トップ地銀にも毅然とした振る舞いを続けた事業者も例外ではない。**見方によっては「言うことをきかない事業者」をねじ伏せられる絶好のチャンス**が地銀に到来した。

地道な経営改革に取り組んでいた事業者も前提が壊れてしまった以上、放置すれば既に業況の厳しかった事業者から廃業、倒産は進んでいく。

そうした事業者を多く抱える信金信組、第二地銀、地域二番手行には必然的に不良債権が発生しやすくなる。自己資本を毀損すれば、新たな貸出もできず、身動きが取れなくなる。トップ地銀の縄張りを中小の金融機関が崩すことは難しくなる。地域における言うことを聞かない有力企業、目障りな中小の地域金融機関が弱体化すれば、トップ地銀はむしろ地域を御しやすくなり、独善的になるかもしれない。

加えて国の手厚い支援がトップ地銀にも恩恵となる。国の特別融資は、利子、信用保証料を国が負担した。事業者の負担がゼロになり、担保も不要であることから通称「ゼロゼロ融資」とも呼ばれた。

一部の金融機関はゼロゼロ融資のノルマを設けて、激しい営業攻勢を仕掛けた。事業者に何の相談もなく信用保証協会に事前相談する「保証枠取り」が横行した。多くの事業者に融資を実行する一方、融資の必要のない事業者にも融資を押しつけた。なぜここまで激しい融資攻勢を行ったのか。理由は2つある。

1つ目は、元々貸出金利が潰れていた地銀にとっては、コロナ融資は、たとえ**金利1%（一部は2%超も）でもリスクフリーで獲得**できる絶好のチャンスとなったためだ。

2つ目は、コロナ融資を他の金融機関からの借入金の返済に充てさせることで、ライバルの貸出残高を減らし、**貸出シェアを逆転**させようとする思惑もあったようだ。

業況の厳しい先ではなく、資金繰りにはあまり不安のない事業者への提案も目立った。

使い道のないコロナ融資の資金を**夏の賞与や投信の購入など、何らかの投資に使う**よう金融機関から促されたケースもあった。完全に制度の理念を無視した目的外使用だ。

或いは、コロナ前に返済猶予（リスケ）のある事業者は保証付き融資、リスケのない事業者は日本政策金融公庫へ機械的に送る金融機関もあった。迅速な処理ではあったが、**自前のプロパー融資という発想はほとんどない**金融機関もあった。

そして、一部には申請の際に必要となる**「試算表」の改竄《かいざん》**を事業者に勧めたり、金融機関自ら改竄に関わったとの耳を疑うような話もあった。事実ならばモラルハザード（倫理観の欠如）を通り越して、コロナ融資制度を利用した不正だ。

このような金融機関は、融資後の元本返済やコロナ禍での本業支援、経営改善支援などに取り組む覚悟があるとはとても思えない。元本の回収ができなければこれも利子同様税金負担となる。金融行政がこれまで求めてきた、中小企業の事業性や将来性を見極めて取引する「事業性評価」がどこかに忘れ去られ、融資の目先の金利やシェアの逆転などという短絡的な思考しか持っていない金融機関が、地域に深刻な後遺症をもたらすのではないかという不安は拭えない。

もちろん、休日返上で働き、苦境の事業者に必要な資金を届ける本来の金融仲介機能を果たした金融機関、関係機関の職員たちを筆者は知っている。コロナに立ち向かい事業者を守る覚悟を伝えてきた地域金融機関の経営者もいる。二極化が明らかに進んでいる。

「SBI帝国」は第4のメガバンクか

ここしばらく地銀業界を賑わせた再編統合もコロナ禍で「変異」を遂げている。

コロナ以前から既に傾向はあったが、収益性の厳しい第二地銀を地域トップ地銀が県境を越えて、吸収する妙味はほとんど失せたと言っていい。むしろ重荷となっている。合併特例法成立もあり、もはや、仮にあるとしても同一地域内の統合だ。それでもトップ地銀はコロナ禍に伴う不良債権処理で体力を奪われるため、相当に判断を悩むだろう。一部の地域を除けば、再編統合は低調になるかもしれない。

むしろ投信・保険販売の「預かり資産」、「システム」、「フィンテック」、「地域商社」、「コンサルティング」など、機能ごとの提携が目立っている。組織文化の違う銀行同士のビジネスモデルをゼロから構築する余裕がないからだ。

ここで注目を集めるのは「第4のメガバンク構想」を示し、金融庁OBを次々と取り込み、第二地銀連合の構築を目指す北尾吉孝率いるSBIグループだ。

北尾は2020年6月16日の日経地方創生フォーラムに登壇し、地域金融機関が抱える課題を以下のように挙げた。①市場運用の高度化の遅れ、②投融資機会の減少、③システムコスト負担の増大、④後継者不足など、地方経済活性化への障害、⑤顧客基盤の縮小、⑥業務効率化の遅れ、⑦不動産の有効活用が困難――。

SBIの資料などによれば、こうした諸課題を解決するため、地域金融機関とのアライアンス事業を3段階の構想で進めてきた。

第1段階はSBI傘下の証券、生損保のサービス提供だ。

第2段階は、SBIの投資先などのベンチャーIT企業が提供するサービス・商品の利用だ。送金・流通のプラットフォーム、スマホのアプリの提供、ビッグデータによる業務効率化、提携するIT企業のマーケティング、事業承継、会計、自動貯金、取引先の補助金・助成金の申請代行、ネットショップ作成支援、理系専門職人材の採用支援、中堅・中小企業への投資、経営人材の派遣、各地の事業者の連携（経営機能の統合）など多岐に亘る。これを統括するのはデジタル金融サービスを提供する「SBIネオファイナンシャルサービシーズ」だ。デジタルサービスで地銀のビジネスモデル再構築を支援するという狙いがある。

第3段階が、話題を呼んだ地銀への資本参加だ。執筆時点で島根銀行、福島銀行、筑邦銀行、清水銀行、大東銀行の株式をグループで保有している。

実は、これらの銀行は、いずれも金融庁が経営の持続可能性に関して問題視していた対象行だ。

中小企業支援はできるのか

ＳＢＩに追い風が吹くのは、金融庁に「やむにやまれぬ事情」があるためだ。前述の通り、コロナ禍といっても、金融庁は**公的資金の返済見通しが極めて厳しい銀行への資本注入には躊躇せざるを得ない**。そうした状況で、ＳＢＩが資本増強込みで銀行支援に乗り出すことは金融庁としても「渡りに船」となる。

ＳＢＩは低迷していた銀行株を割安で取得している。その上でグループ企業、或いは投資先のサービスや商品を地銀に利用させる。地銀は、単独では成し得なかった業務効率化や新たな商品の取り扱いが可能となる。ＳＢＩ連合全体として、ビジネスチャンスは増え、収益機会も増える極めて戦略的な提携だ。

一方、ＳＢＩは２０２０年6月、持ち株会社「地方創生パートナーズ」の設立に向け、日本政策投資銀行、新生銀行、山口フィナンシャルグループ（ＹＭＦＧ）と検討を開始すると発表した（その後、コンコルディア・フィナンシャルグループも参画）。

地方創生パートナーズの傘下には地域金融機関へ共通システムの提供や収益力強化策を

提案する「SBI地方創生サービシーズ」と、地域の企業に投融資する「SBI地方創生投融資」の2社を置いた。SBIは資本提携先の地銀をまとめる持ち株会社「SBI地銀ホールディングス」も新たに設立し、勢いはとどまるところを知らない。

しかし、SBIの課題は、2つある。一つは、**地域の持続可能性が最重要事項となる中で、不可欠となる中小事業者の企業支援が本当にできるのか**、だ。

SBIがターゲットとする第二地銀は本来、地域密着のDNAを持つ。事業者と深い信頼関係を構築した上で、定量、定性情報の深い理解に基づく金融仲介でリスクテイクをしながら、経営改善支援、本業支援を総動員していくリレーションシップ・バンキングは、システム改革、仕組みづくり、人材育成など相当な時間を要する。

さらに第二地銀が対象とする地方の中小事業者に対して、SBIが強みとするデジタル金融サービスを単に提供するだけでは、経営革新にはほど遠い。それこそプロダクトアウトな「名ばかり支援」に陥りかねない。経営者と信頼関係を築き、資金繰りから事業、経営全般の課題まで解決する「**事業者目線の支援**」をSBIはどう提供するのか。

何より企業支援は、事業者との信頼構築が大前提であり、短期の投資案件としては極めて不向きだ。コロナ禍も相俟って、地域の事業者の活性化は国の重要課題であり、ますます重要度は高まる。**地方創生の旗を掲げた以上、大いなる責任を伴う**。SBIは金融機関にシステムを提供し、金融商品を売っていれば済む話ではない。第二地銀を単なるSBIの金融商品を販売する代理店にくら替えさせることを「第二地銀問題の解決策」とするならば、金融行政は歴史に汚点を残すことになる。

これまで企業支援に力を入れてこなかった第二地銀を変えるには、相当なエネルギーを消費する。SBIは地銀を通じてデジタル金融サービスを売るだけではなく、地銀に企業支援への経営改革を迫るガバナンス力を発揮すべきだ。

SMFGの思惑

2点目の課題は、**SBIと戦略的な資本業務提携を結んだ三井住友フィナンシャルグループ（SMFG）の思惑**だ。SMFGを含め、メガバンクにとっては投資に対して稼ぎの見込めない地域金融ビジネスなど中核事業にはなりえない。地銀に提供するシステム、地域の一部の優良企業と富裕層との取引拡大が「うま味」という程度だろう。

むしろSMFGの真の狙いは、別にあるという仮説を立ててみる。**現在69歳のカリスマ、SBIホールディングス社長、北尾吉孝の引退後に向けた布石、だとしたらどうだろう**。もしSMFGが北尾社長の引退後のSBIの取り込みを視野に戦略を組み立てているとすると、別の未来が浮かんでくる。

ＳＭＦＧにとってはデジタル金融サービスの取り込みこそが狙いであり、収益性の見込めない地域企業の経営改善や事業再生、ましてや第二地銀のリレバンなど無用の長物以外の何ものでもないだろう。いかに優れた経営者であったとしても自分の引退後のことまでは約束できない。地域の当事者自らが未来を切り拓くしかないのだ。

第4のＳＢＩ帝国は、当面追い風に吹かれ、予想以上の版図を築くかもしれない。しかし、カリスマの退場後は、案外、しかもたやすく3メガバンク帝国の一角に飲み込まれてしまう可能性もある。3メガは血で血を洗う熾烈な抗争を繰り返して、生き残った組織であることを忘れてはいけない。血眼になってメガバンクが仕掛けてくるとしたら、ＳＢＩの将来はどうなるのだろうか。金融行政もそうした近未来の地域にまで考えが及んでいない。繰り返すが、責任を負うことになるのは間違いなく地域の人々だ。**「頭の良い頭取やスポンサー会社のトップか、金融庁の高級官僚の誰かがきっと何とかしてくれる」**などという甘い幻想は捨てた方がいい。現実は残酷だ。

「裏切らない金融機関」はどこか

他方、コロナ禍は、中小事業者に「真に必要な金融機関はどこか」を考えさせるきっかけとなった。

日本の信金信組などの協同組織金融の起源は、岩倉遣外使節団がドイツを視察して、1900年の産業組合法の成立によって生まれた、信用組合であった。受け皿となったのは、経済と道徳の融合を説いた二宮尊徳から学んだ弟子たちだった。**危機においてこそ、相互扶助で、その真価を発揮するのが協同組織だ。**危機は形を変え、100年に1度ならず何度でもやって来る。明けない夜はないが、夜はまた必ずやって来る。禍福は糾《あざな》える縄の如し、だ。

コロナ禍で、中小事業者が学んだことは、調子の良い時に交渉相手となる金融機関ではなく、いざというときに決して裏切らない相談相手としての金融機関のはずだ。

それは端的に言えばコミュニティバンクである。どの金融機関を選ぶべきなのか。それは、経営の根幹を左右するくらい重大な経営問題と言っていい。

実際、今回のコロナ禍にあって中小企業支援でテレビや紙面を飾ったほとんどは信金信組であった。少なくとも筆者は地銀の頭取がテレビ画面に現れた姿を見た記憶がない。

東京では、まさに身を削るように休みなく事業者支援に奔走した第一勧業信用組合（かんしん）の新田信行理事長の姿が何度もテレビに映し出された。

「経験したことのない未曾有の危機だ。自助、公的支援の公助、そして共助がなければ乗り切れない」

と、新田は必死の思いを伝えていた。多くの芸妓や銀座の高級クラブの「最後の命綱」となったのがかんしんだった。

国の助成金などの着金が遅れる場合は、短期の融資にも応じていた。貸出だけではない。かんしんは「コロナに負けるな地域支援キャンペーン」を張って、4万人の組合員に対し、信用組合の店舗に、事業者の商品を陳列したり、食事券を販売したりして、売り上げ面でも貢献した。

実は、東京は全国的にも稀に見る地銀不毛地帯と言っていい。東京都民銀行、八千代銀行、新銀行東京が合併したきらぼし銀行もあるが、中小企業約45万社に対し、マンパワーはとても足りない。オーバーバンキングどころか、少なすぎるのだ。

メガバンクは年商100億円以上の企業しかまともに相手をしないので、中小零細企業が相談相手になる信金信組に殺到したのは必然だ。

コミュニティバンクの復権

合併特例法もいいが、メディアやコンサルタント、証券アナリストが飯のタネと喜ぶような地銀大合併が地域金融の本質ではない。地域で暮らしていく生活、そうした人々が生き生きと働く事業者あってこその地域、それを支える金融が地域金融のはずである。地域の事業者の経営を金融機関が応援していくのは生半可なことではない。単なる金貸しでは務まらない。時には血しぶきが飛ぶような荒療治すらしなければならない。そういう覚悟を持って向き合うのが地域金融だ。

合併特例法を求める有識者会議の報告書にあったように「独占的な貸出シェアでも貸出金利は上がらない」などと、地域の**人々の暮らし**、**生活の体温**とズレている「ピンぼけした話」をしている場合ではない。貸出金利の話ならいっそ、もうそこまでやってきているフィンテックに融資を任せればいい。事業者が心から求めていることは、そのような問題ではない。相談相手を探しているのだ。地域の仕事や暮らしの話をしているのだ。

広島市信用組合の理事長、山本明弘は朝5時過ぎから出勤し、支店からあがってくる事業者への融資案件を徹底的に検討している。コロナ禍の混乱の日々にあっても申し込みから3日以内で融資を決める。組織と感覚を日頃から研ぎ澄ましているからこそ、超スピード融資が可能だ。

時間さえあれば山本自らも事業者に足を運ぶ。支店長、職員たちが、足で稼いだ事業者の無数の情報を日頃から把握している。また、投資信託などの金融商品を一切販売せず、組織のすべてを融資のスピードアップのために改善している。さらに事業者の傷口をこれ以上広げず、再スタートを切ることができるように、勇気を持って不良債権をすみやかに処理する。山本もテレビ出演したが、鬼気迫る迫力は、こうした事業者の痛みを知り抜いているからだ。

コロナ禍で見えた地域のための信金信組

稚内信用金庫（北海道稚内市）は、金融庁が本格的にコロナ対策で動き出す以前の2020年2月4日から既にコロナ対応の特別プロパー融資を始めた。同融資は、現場の営業店長権限としたので、翌日実行すら可能だ。

事業者のことは日頃から知り尽くしているので、信用保証協会などの関係機関を通すよりも圧倒的に融資スピードが早いという。事業者も、稚内信金が決して逃げないことを知っているので、特別プロパー融資を申し込んでくるケースが多い。もちろん国の無利子融資を申請する事業者もいるので、プロパー融資との併用もできる。

稚内信金のプロパー融資は聞き取りだけで、必要金額を貸し出す。無担保無保証だ。ただし、貸しっぱなしではない。期間は1年とし、その時点で状況を確認しながら、折り返し融資を続けていく。実質的に返済されない融資は疑似的な資本の性質を帯び、事業者の経営を支えていく。営業店長には「コロナ収束後の事業戦略を経営者と一緒に考えるよう指示した」（増田雅俊理事長）。資金繰り不安の緩和と同時並行で、その後も見据えたサポートを続けていく。

筆者が知る限り、「出前ランチ」を最も早く取ったのは塩沢信用組合（新潟県南魚沼市）だ。3月5、6日の段階で、地元6飲食店から3000円の出前のランチを取った。職員50人分だ。地元テレビ、新聞などで取りあげられ、塩沢信組以外でも「出前ブーム」が広がった。共感は感染する。

「塩沢信組が頼んだのと同じランチをください」

という注文が実際、小中高校の教師、職場単位で寄せられた。さらに塩沢信組は4月の給与に「出前ランチ手当」を全職員に支給した。鶴岡信用金庫（山形県鶴岡市）も4、5月の給与に「テイクアウト手当」を5000円ずつ支給した。これこそ単なる金貸しではない協同組織金融ならではの真骨頂だ。稚内信金は職員主導で在庫処分、売上協力を行ったという。

三条信用金庫（新潟県三条市）は、取引をする事業者が雇用調整助成金を申請した場合、受給までの資金繰りを支援する「つなぎ融資」を実施した。雇調金の申請額の8割、直近の決算期の平均人件費2ヵ月分を上限とした。

今や再編に次ぐ再編で、一般市にすら、信金信組がゼロという地域も珍しくない。地方創生どころか、地域を危機から守る上でもコミュニティバンクの欠如は致命的だ。

地銀合併で貸出金利云々などという浮世離れした話ではなく、また必ず来る災禍に備えたコミュニティバンク空白地帯の解消の方こそ、金融行政は急ぐべきではないのか。「地銀行政を何とかしていれば、信金信組はどうにでもなる」という中央官僚にありがちな甘い見積もりがあるとしたら、それこそ金融庁が最重要目標として掲げた「国民の厚生の増大」に反している。東京の人口は約１４００万人。それ以外の地方に１億人余もの暮らしがあることに思いを寄せてほしい。

４「変わった公務員」が生んだ地域変革のネットワーク

誰かの未来のために生きる――四国財務局・寺西康博

金融が「新常態」に移るのであれば、人と組織の革新も必ずある。

不思議な男が四国財務局にいる。名を寺西康博という。

独自に育んだネットワークの仲間たちと、情熱を持って、組織、社会の変革に挑戦する個が集う交流会「テラロック」を主宰している。とにかくまっすぐで、とにかく熱い。

寺西は１９８５年、香川県高松市、御《み》厩《まや》焼《き》の窯元の家に生まれた。

御厩焼は、素朴な生活雑器だ。土を練って型どりをし、粗づくり、仕上げ、乾燥させ、約10日間で完成する。窯の中に焙烙《ほうろく》と呼ばれる素焼きの平たく薄い土鍋を600〜800枚入れて焼き上げる。赤レンガの煙突が寺西の原風景だ。しかし、高速道路建設や県道の拡幅工事で土地を収用され、廃窯《はいよう》した。

両親は、2000年に讃岐うどん店「有限会社てら屋」を設立し、寺西は子供の頃から焼き物やうどんの店頭販売を手伝った。中学から球児となり、高松第一高等学校では2年から正捕手を務め、甲子園出場を目指した。高校3年の夏が終わると「もぬけの殻」となった。

父は年始の5日間以外に休みはなく、常に資金繰りや顧客が離れるのではないかという不安に追われていた。将来、起業しようと思ったが、父の姿を見てそうした意欲も失われた。

進学できる地元大学に滑り込み、大学時代は旅行、スポーツ、レジャーなど興味を持ったものには、手当たり次第に挑戦してみた。

「『対話で他者の価値観に触れる』ということが好きだということは分かったのですが、自分が社会で何をしたいのかはまったく分かりませんでした」

うどん屋に出入りしていた銀行員に憧れ、就職活動で銀行からの内定通知も受けた。しかし、自分の特性を最も活かせ、自分が希少な存在となれる場所を探し続けると、その答えが「公務員」だった。08年4月、四国財務局に入局した。

国有財産の管理、証券検査、協同組織金融、貸金業者などの監督業務を歴任したなかで、「通常業務以外でも地域のためにできることがあるのでは」と考えたが、行動に移せないでいた。

転機は、13年7月から15年6月までの財務省主計局厚生労働係への出向だった。昼も夜もなく、職務に誇りを持って向き合い働き続ける上司や同僚の姿勢に圧倒された。年中休みなく働く父親の姿が重なってみえた。「誠心誠意、愚直に続けること」には価値があることを改めて気づかされた。

財務省勤務の2年目、衝撃的な世界を見た。厚労関連の予算査定で都内の児童養護施設を訪れたのだ。施設に住み込みで少年たちの世話をする夫婦は、寺西に語った。

「生まれながらに不良行為をする子どもはいない。全ては環境がつくる」

家に居場所がなく、外の世界で懸命に生きる若者の話も聞いた。これまで自分は「自分が見たい世界」や「自分にとって居心地が良い世界」しか見てこなかったことに気づかされた。児童養護の問題だけではない。自分に見えていない世界は存在しないのだと思い込んでいた。

国のために昼夜なく働く上司や同僚がいる一方、外に出てみると分断された異質な世界が存在する。対話を通じて、この分断をなんとかしたい――。

「このままの生き方ではダメだ。残りの人生は他者のため、誰かの未来のために生きよう」

寺西は30歳を目前にして、自分とようやく向き合った。出向の半年前に娘が生まれたことも心境を変化させた。

「この社会の歪みはどうして生まれてくるのだろう。自分にできることは何だろう」

主体性を持って、自分の頭で考えるようになった。東京での仕事は充実していた。高い意識と志を持つ人たちもたくさんいた。では、自分が課題を解決すべき場所はどこか。それは地元だ。寺西は15年7月、自ら希望して四国財務局に戻った。

ちょうどこの年、地方版総合戦略の計画初年度で「地方創生元年」と位置づけられ、財務省からも財務局として、地方創生に取り組むよう方針が示されていた。

「これはチャンスだ」

直感がそう言っていた。9月、四国財務局で部課を横断する「地方創生支援のための若手プロジェクトチーム（ＰＴ）」が立ち上がり、寺西がリーダーとなった。自発的に参加する若手職員は計16人にまで増えた。

地方自治体の若手職員との対話を通じて「他の自治体と横のつながりがない」「地方創生を本音で議論できる場がない」という共通する課題が浮かび上がった。寺西が感じていた悩みと同じだった。この国には組織はあるが個を解放する「場」がない。寺西には自分がやるべき仕事がおぼろげながら見えてきたような気がした。

決め手は情熱

変革は一人の強力な熱量を持った人間から始まるが、共感し、面白がって一緒に動く人間のネットワークによってうねりとなる。

2016年12月、香川県内の若手公務員60人を集めて、若手限定のフォーラムを開催した。

1回目のフォーラム開催後、地域のそれぞれの主体がつながり行動することで、地域経済を変えるような取り組みができるのではないかと寺西は考えた。

そこで、政府のまち・ひと・しごと創生本部事務局が提供する、産業構造や人口動態、人の流れなどのビッグデータに基づく地域経済分析システム（RESAS、リーサス）などを活用したデータ分析、資料作成、論理構成のノウハウを寺西は香川大学に持ち込んだ。

「君たちは17年12月にある内閣府の政策アイデアコンテストで日本一になるんだ！　日本一になりたい人は、後から連絡して欲しい！」

と大演説をぶった。学生の目は点となっていた。無理もない。やたら熱い若手公務員が「日本一になるぞ」と叫んで帰って行ったのだ。1週間待っても寺西の元には1件の連絡もなかった。

しかし、2週間後、動きがあった。4人の学生が「一緒にやりたいです」と連絡をしてきた。そこからプランの作成が始まった。学生の熱意を意気に感じた財務局若手職員たちは、業務後や休日などプライベートの時間を惜しまず注いで、一生懸命にプランを練りあげた。

17年12月16日、東京大学で開催された「地方創生☆政策アイデアコンテスト2017」の最終審査会──。なんと香川大学の持ち込んだ政策プランが全国からの応募647件の頂点に輝いた。最優秀の地方創生担当大臣賞だ。発表の瞬間、信じられず、学生たちは泣いていた。自腹で上京し、応援に駆けつけた土庄《とのしょう》町の職員も泣いた。寺西たちチームメンバーも泣いた。

「コンテストで優勝した後が大切ですよ。土庄町での事業実現に向けたシンポジウムを開催しないと」

と、興奮冷めやらぬ中、寺西が水を向けると、土庄町の若手職員・笠井雅貴はきっぱりと答えた。

「なんとかします」

18年2月18日、笠井はなんとかした。シンポジウムの開催にこぎつけたのだ。すべて若手のチカラだ。地元企業経営者が共感し、保有する空き家の提供を申し出た。学生は何度も小豆島に足を運び、空き家のリノベーションを手伝い、民泊物件として営業を開始した。寺西の熱血演説から僅か1年で、事業が実現したのだ。

そして、1週間後、2回目のフォーラムを開催した。ここに、後に寺西を強力にバックアップする、高松琴平電気鉄道などを率いる「ことでんグループ」の真鍋康正、総務省から神奈川県庁に出向し、全国47都道府県の地方公務員と中央官庁の公務員をつなぐことを目的に開催している「よんなな会」の主宰者・脇雅昭ら約170人が高松市に集まった。

寺西のエンジンの回転数は上がっていく。同年7月に徳島財務事務所総務課の企画係長兼経理係長に就くと、地域連携・地方創生支援を担当することになった。改めて若手に呼びかけると5人が手を挙げた。徳島プロジェクトチーム（PT）が結成された。

財務省・金融庁からは、地域ごとに自治体、企業、金融機関、政府機関がそれぞれの役割を果たす「地域経済エコシステム」を構築するよう求められていた。これも追い風だ。

早速、徳島PTで構想図を描いて地方自治体の若手職員の間を駆け回った。寺西はこれまでの流れで気づいていた。**実現するか、しないかを分かつのは、能力やスキル、肩書、権限ではなく、何よりも「情熱」なのだと。**一緒になって走り回る若手職員の情熱が重要だった。

吉野川市役所の若手職員を訪問すると、

「やりたいです。私たちとやりましょう」

と、早速、熱い反応があった。地域を思う公務員たちは熱を待っていたのだ。徳島PTの6人、吉野川市役所若手職員4人からなる計10人のチームになった。政策アイデアの練り込みは、ここから始まった。

同年12月15日、前年に続き「地方創生☆政策アイデアコンテスト2018」で「エディブルフラワー（食用花）を活用した事業創出」のアイデアが応募総数604件の中から地方創生担当大臣賞に選ばれた。出来すぎに思えるが事実だ。

間髪入れず3日後の12月18日、吉野川市と四国財務局で連携協定を結び、ワークショップを開催した。金融機関からアイデア実現に向けた具体的なビジネスプランの提言があり、地元企業、ベンチャー企業、大学、高校から連携、協力するとの意思表示があった。

テラロック
　ＰＴの活動が評価され、全国の財務局の取り組みとして「財務本省表彰」を３年連続、最優秀の「事務次官表彰」を受賞した。２０１９年１月には、東京でのシンポジウムにパネリストとして寺西が登壇した。「あなたが地域で果たしている役割をひとことで言うと？」と問われると「着火剤」と答えた。

「変わった公務員がいる」

　評判が地元のネットワークで広がり始め、地元でも人と会う機会が増えた。悩みや課題の相談も寄せられた。その解決に真摯に向き合っている時、ふと思った。

（相談してくる人たちは社会や組織から「異端」扱いされている。自分が前例のないことにチャレンジできたのは、組織の幹部や先輩という「応援者」がいたからだ。「挑戦者」と「応援者」がいるからこそ変革を起こせるのではないか。自らが挑戦者であると同時に、こうした悩みや課題を抱えている人たちの応援者にもなることができる「場」はつくれないものだろうか）

　異質な人たちとの対話の場が必要だ。そうした対話に所属や肩書は必要ない。所属や肩書から解放された個と個が信念をぶつけ合える場をつくるため寺西は２人に協力を求め、動いた。

一人は、寺西が、その思想、人格、企画力、実行力、構想力に心酔し、「地域の未来を担う人だ」と思い定めていた、ことでんグループ代表の真鍋だ。熱く突き進む寺西を温かく見守り、事実上の後見役を買って出てくれた。

もう一人が共同通信社高松支局記者の浜谷《はまや》栄彦《しげひこ》だ。18年12月に取材を受けてから、折に触れて対話をしてきた。

「会をその場だけの一時的な熱狂で終わらせないようにアウトプットが必要だよ」

とアドバイスをしてくれた。活動のレポートも浜谷が引き受けてくれた。

さらに地元若手経営者の吉田直由は会の意義に共感し、「With Café」のスペースを貸してくれた。

こうして19年7月、寺西たちは「オープンイノベーション地域交流会」と銘打った会を開催したところ、定員の2倍の80人が参加した。寺西は冒頭から熱く語りだしたが、真鍋はそんな寺西をたしなめ、「オープンイノベーション地域交流会」という名称についても、

「そんな難しい言葉じゃなくて、寺西君の仲間が集まっているんだから、寺西ロックフェスティバル、『テラロック』でいいんじゃない」

と、絶妙なネーミングを提案した。参加者全員が楽しむのがテラロック。以降、本書執

筆時点で5回開催された。自主的に運営を手伝いたいという申し出があり、無償の運営メンバーは10人を超えた。

情熱、変革、挑戦、個という共通点を除けば、毎回テーマも様々。幸せな生き方、働き方、観光と暮らしなど、自由なテーマで主張し、意見を交わしている。取材レポートを読んでも登壇者一人一人に生き生きとしたストーリーがある。

筆者は、レポートを執筆する浜谷と一緒に仕事をした仲だ。どんなに厳しい取材でも場を明るくさせる天賦の才を持っている。加えて、自ら地方勤務を望んで浜谷は転勤した。何を取材すべきか、という自分の信念を持っているのが浜谷だ。レポートを書く姿勢からも、この会を楽しみ、成功させたいと望んでいることが、ひしひしと伝わってくる。

「やりたい・やりたくない」の縦軸

2020年5月24日、東京などでは依然として、新型コロナウイルスによる緊急事態宣言が続く中、初めてのオンラインでテラロックが開催された。渋沢栄一の玄孫《やしゃご》でコモンズ投信会長の渋澤健、ことでんグループの真鍋、そして筆者がパネラーとして出席した。オンラインの傍聴者は140人を超えた。

冒頭、スーツ姿にポケットチーフをさした寺西はいつも以上に熱く語り出した。

「変化や失敗を嫌う空気があります。言葉にできない価値を考え、情熱を持ち挑戦する個人を応援したい」

今回のテーマは金融。社会の持続可能性、個人の幸せ、に対し、金融はどのような役割を果たしているか、そして未来においてどう果たせるのかについて議論を交わした。

「『できる・できない』の横軸だけでなく、『やりたい・やりたくない』の縦軸を意識すべきです。今は『できない』けれど、『やりたいこと』を『できる』ようにすべきだ。できるけれど、やりたくないことこそ問題だ」

と、語った渋澤の話が印象的だった。

ゲストで金融庁長官（当時）の遠藤も参加した。

「テラロックのように情熱のある個人が組織を超えてつながる横の関係をつくらないと新たな知的創造は生まれない。事業者が八百屋を選ぶように金融機関を選択できるようになれば」

と話し、顧客の課題解決や幸せを実現できない銀行に未来はないことを指摘した。

画面の向こうの寺西はさらに熱くなったのか、スーツを脱ぎ捨て、ネクタイもいつのまにか外し、ワイシャツ姿で、遠隔のパネルディスカッションを見事にモデレートした。

テラロックはどこに進むのか。寺西に聞いてみた。

「勇気を出して一歩を踏み出すことで想像もしなかった世界を見ることができました。テラロックについても挑戦を『継続』します。テラロックはコミュニティになりつつあります。異質な価値観を受容し、認識を改め、変革を目指す『熱狂』も生まれてきました。熱狂には分断を乗り越えるチカラがあります。コミュニティのもう一つの価値は集合知です。独立性と多様性が担保され、分散化した個人の集まりから得られる集合知は、個人の専門的知見を凌駕するはずです。テラロックでの対話を通じて得られる多様な知性を集約し、地域のビジョンとしてまとめることができないか。目指すは、社会の変革に挑戦する人を応援する空気の醸成です。そして、未来への情熱を持つ人が個性を発揮できる環境をつくりたいんです」

組織を超えて「場づくり」に取り組む寺西の姿勢に共感の輪がさらに広がっている。地元テレビ局は寺西に注目し、コメンテーターに起用した。東京、それ以外の地域でもテラロックの認知度は広がっている。かつてこのような公務員は見たことがない。

「出る杭」は打たれるかもしれないが、「出過ぎた杭」はむしろ変革のチカラを宿す。財務省、四国財務局は是非、寺西の地域を思う姿勢と、寺西の熱に巻き込まれて地方を元気にしようと集まったこれだけの人々の「うねり」を感じてほしい。温かく見守り、応援してやってほしい。地域にとってはかけがえのない公務員だ。

地域課題解決支援チーム

遠藤金融行政の特徴の一つが、金融庁改革だった。元長官の森が「省益より国益」という金融行政の方針を大転換して以降、「国益奉仕」とは何かを示すことが、遠藤体制に持ち越された課題であった。

遠藤は金融庁として組織的に取り組む業務を進める一方、職員の自発性に委ねて、プロジェクトの創出を試みる新たなアプローチを採り入れた。

その舞台が2018年10月に導入した「政策オープンラボ」だ。かつての「金融処分庁」から「金融育成庁」への衣替えは森体制の時に示していたが、まず自らの職員を育成できなければ「育成庁」の名折れだ。職員自らが問題意識を持って、自由な発想で問題に取り組もうとしないことには金融機関の育成など望めるはずもない。

政策オープンラボは、グーグルなどが取り組んでいるように業務時間の1〜2割程度を担当業務以外の自由なプロジェクトに充て、創意工夫を引き出そうという取り組みだ。部署を超えて、若手職員がチームを組んで、自分たちで企画したプロジェクトの実現を目指す、という趣旨である。

18年9月、富士山——。遠藤ら金融庁の有志10人ほどが山頂を目指していた。登山後、河口湖のペンションに投宿し、一同の飲み会が催された。日頃の激務に加え、弾丸登山で一同、疲れた体に酔いは思いの外、早くまわった。若手職員の一人が、長官の遠藤に持論を述べ始めた。

「東北財務局時代に手掛けたクラウドファンディング事業には保守的な地銀の個人も積極的に参加してくれたんですよ。**個の逸材は必ずいるんです。こういう個を結びつけ、活躍できる場づくりをやりたいんですよ**」

したたかに酩酊していたが、熱い想いを遠藤にぶつけたのが菅野大志であった。遠藤は菅野に、こう応じた。

「おう。そうか。それじゃあ、10月に『政策オープンラボ』を立ち上げるから応募したらどうだ」

応募受付期間は締め切りを過ぎていたが、菅野は急いで温めていた案を応募した。それが「地域課題解決支援チーム」だ。応募全15チーム中、最後に申し込んだのが菅野だった。

各チームが参加者を募集するため、庁内でプレゼンを行った。各チームのプレゼン終了後も、地域課題解決支援チームのブースには10人が居残り、菅野の考えを聞きたがったという。地域のために仕事をしたいと志していた財務局出向者が多く、チームは11月中に14人、その後17人に増えた。

菅野はチームの名前通り、財務局など**地域から寄せられる課題に対し、ハブ人材をつなぎ、連携を促進することで解決を目指す**構想を描いていた。

まず前出の「よんなな会」にチームとして参加することから始めた。18年11月には遠藤自身が講演に登壇し、19年1月の「よんなな会」に金融機関からも8人参加したところ、話が一気に進んだ。

地域の課題解決には地方公務員と金融機関のキーパーソンたちを結びつける場づくりが必要だ。そうした流れから地方公務員と金融機関の職員をつなげる「ちいきん会」を発足した。19年3月、6月、11月、20年6月に開催し、ネットワークを広げてきた。

1回目は自治体のキーパーソンの発掘や課題の把握、そして金融機関、支援機関とのダイアログを進めていくことなどを議論し、2回目以降は交流にとどまらず、具体的な行動に移るための意見交換や事例紹介を行った。20年6月は筆者も参加した。

他方、ちいきん会のローカル版として、より地域の課題に特化していく「ダイアログ」も熊本で立ち上げ、19年3月以降、随時開催した。熊本県信用保証協会の協力もあり、20年4月には「起業・創業ワンストップサービス」が正式に始まった。

さらに東北4市町村から寄せられた「関係人口を増やしたい」「顧問や助言など高額な費用のかからない人材を求む」という課題を受けて、首都圏の人材を活用した岩手、宮城、福島の事業者の経営課題を解決することを目的とした「新現役交流会2・0」を、19年11月下旬に盛岡（盛岡財務事務所）、仙台（東北財務局）、福島（福島復興局）の3会場と新現役が集う東京会場（信金中金京橋別館）を結び開催した。

地域課題解決支援チームは、いってみれば組織としては存在しない「部活」だった。しかし、全国からの課題解決のニーズは予想以上に大きく、「業務の2割」で済む話ではなくなってきた。このため、金融庁は19年7月、監督局に地域課題解決支援室を設立した。地域金融企画室長、地域金融生産性向上支援室長を兼任する日下智晴が3つ目の室長を兼務することになった。

菅野が注目されるのは、若手職員の夢物語のような話が、いつの間にか金融庁の機構改革まで実現させてしまったからだ。菅野という官僚は一体、何者なのか。

「型破り」な公務員――金融庁・菅野大志

コロナ禍で外出自粛となった2020年の大型連休、オンラインで菅野を取材した。

菅野は1978年生まれ、人口約50000人の山形県西川町で育った。父進は西川町の公務員、母幸子は医療事務と共働きで、小学校時代から祖父三喜夫、祖母操に育てられた。中学ではカヌー部でキャプテンを務め、全国大会で優勝。高校でもカヌー部のキャプテンを務め、国体で入賞する実力の持ち主だ。大学は早稲田大学に進んだ。様々な団体にも積極的に関わり、山形の自宅にもいろいろな知人、友人を連れてくるなど、広いネットワークが菅野の持ち味となった。放送研究会に所属し、副代表を務め、将来はアナウンサーを目指したという。

しかし、時代は不良債権問題で銀行が経営危機に陥り、就職氷河期の真っ只中。就職活動は苦戦し、なんとか内定をもらった都市銀行と地方銀行、そして東北財務局のどこに決めようか悩んでいた。背中を押したのは父の言葉だった。

「**おまえみたいな『型破り』な人間が公務員に飛び込んでみるとどうなるのかが楽しみだ。堅苦しい公務員の世界を壊せるかもしれない**」

公務員を勤め上げた父が、安定志向ではなく「型破り」を期待して、息子に公務員となることを勧めるのは珍しい。

菅野は語る。

「実は父も『型破り』な人間への憧れを抱いていたのでしょう。誰かがファーストペンギンとなって飛び降りれば、父も続いていたかもしれないですね」

しかし、東北財務局に進んだ菅野はカルチャーショックを受けた。金融機関の株価を日々チェックして金融庁に報告し、金融機関に対しては事務ミス事案等の再発防止策の文書の書き方を指摘したりしていた。

（これが地域を元気にすることなのか。地域に貢献することにつながっているのだろうか）

そんな折、人事異動で希望していた金融庁への出向が決まった。金融庁に行けば違う景色が広がるのではないかとの期待があった。

金融庁では個人情報保護法の制定に伴い、金融機関向けの法律、対応すべき課題などの企画を担当した。この時期、法律を猛烈に勉強したという。

そして06年7月、監督局銀行第一課に配属となった。当時の課長が遠藤だった。親分肌の遠藤は部下からも慕われ、軽井沢の遠藤邸を課の同僚40人ほどで訪れ、バーベキューパーティーをしたこともあった。

菅野たちはこの時期、手痛いミスをした。改正貸金業法に伴い、資金調達先の表記などを巡り、文書に誤りがあったのだ。野党が国会審議を遅らせる格好の材料となってしまった。菅野たちは沈痛な表情を浮かべていた。

「おれが国会で謝ってくる。おまえたちは気にするな」

明らかな部下の失態を叱責する訳でもなく、遠藤は頭を下げに平然と国会へ向かっていったという。頭脳の明晰さでは甲乙つかない官僚の世界では、こうしたエピソードが人物評へとつながっていく。懐と度量の大きさ、その人格をもって部下を統率する人間力だ。

チームリーダー

２００８年、4年ぶりに東北財務局に戻った菅野は、地域金融機関の監督を担当することになった。リーマンショックが起きて、公的資金を資本注入する金融機能強化法の改正に伴い、これまでに業務改善命令を受けた地銀と対話するようになった。

4年間の金融庁勤務もあり、見える景色がこれまでと変わっていた。

「これまでは、法令違反で業務改善命令を受けている『問題行』という目線しかありませんでした。しかし、よくよく中の方と話をしてみると、地域のことを実によく知っていて、地域のためにいろいろな活動、取り組みをしていることが分かったのです」

そうした中、11年3月11日、東日本大震災が発生した。菅野はこの時、岩手県盛岡市である金融機関の監督業務に従事していた。停電が起き、2時間断続的に大きく揺れが続いた。ただ事でない。携帯電話は通じないが、ワンセグ放送で福島県いわき市に津波が押し寄せているとの断片的な情報を入手した。地元テレビ局に入れてもらい、テレビ中継で各地に津波が押し寄せている信じられない光景を見て、言葉を失った。

数日してようやく職務に戻ったが、震災対応に追われた。東京電力福島第一原発事故に伴い閉鎖が拡大していく金融機関の状況、その各店舗に現金を運ぶためのガソリンの確保に東北経済産業局と一緒になって奔走した。デマへの対処、避難所対応など思いつく業務はなんでもやった。

折しも、金融機関に対して、復興に向けて自治体などと連携しながら被災者のニーズに応えるプロジェクトチームを立ち上げることになり、菅野がリーダーに選ばれた。

14年7月からは福島財務事務所に配属されたが、ここでも震災後の福島の風評・風化防止のためのプロジェクトチームが発足し、菅野が再びリーダーとなった。

さらに16年7月に東北財務局総務部総務課の企画係長となってからも、地方創生・地域貢献に向けたプロジェクトチームが発足し、3度目のリーダーに就いた。しかし、菅野は悩み、逡巡していた。

(いままでの仕事のやり方では、震災後に、さらに力を入れなければならない地域貢献などできるはずがない。国の唱える地方創生も、実際には、情報を「右から左へ」と伝達しているだけで、それ以上踏み込もうとしていない。他方、自分は本業ではないこうしたオフサイト活動にどこまで本腰を入れるべきなのだろう。結局、自分が離れれば、プロジエクトは立ち消えてしまうかもしれない。継続性が欠落している。何より自分の後任がいないじゃないか……）

　迷いがあった菅野は18年2月、菅野よりも若い四国財務局の寺西康博が中心となって開催した、ネットワークでつながった人たちと集まるイベントに参加した。そこに出席していた「よんなな会」の脇、九州財務局の渡邉隆司らと知り合った。彼らと話して気づいた。

（自分は後任がいないとか、継続性のことを考え過ぎていた。彼らは、人を触発して巻き込むことに集中し、巻き込んだ組織外の人がプロジェクトを引き継いでいるじゃないか。それが最も難しく、そして最も大切なことなんだ）

　脇から掛けられた言葉も菅野の心に刻まれた。

「これからの**地方創生を目指す公務員は人を巻き込み、壁を壊せる人**じゃないとダメだよ。誰にでもできることじゃない」

キーパーソン同士をつなぐ

　２０１８年４月、阿武隈急行30周年記念事業として沿線の活性化を目指すクラウドファンディングの創設が発表された。酒税法改正に伴って可能となった地元のはちみつ入りビールの製造・販売事業で資金調達を目指した。菅野がプロジェクトマネジャーを務め、沿線の市町、福島学院大学、七十七銀行、東邦銀行、仙南信用金庫、福島信用金庫等の有志と組んで実現させた。目標額246万円に対し、約340万円が集まり、残金は阿武隈急行に寄付した。

菅野が配属先でプロジェクトチームのリーダーに選ばれたのは、東北財務局・佐藤義伸の後ろ盾があったからだ。佐藤がたまたま菅野の異動する部署の上司となっており、プロジェクトチームを発足させる段取りまでつけ、実働部隊のリーダーを菅野に任せていた。

「チームをつくり、この課題に対して何ができるのかを突き詰めるのが我々の仕事だ。たとえば、そこから先は金融機関にバトンタッチして融資しながら事業を進めてもらってもいいじゃないか」

と、佐藤は菅野に挑戦すること自体の意義を語った。これも菅野の心の支えになった。

そんなある日、佐藤は菅野に話した。

「金融庁が地域経済エコシステムづくりを考えているらしいぞ」

菅野は、再び金融庁出向を希望していた。念願叶い、18年7月、菅野は2度目の金融庁勤務となった。富士山の登山はこの2ヵ月後の出来事だ。

何もない「部活」から始まった菅野たち地域課題解決支援チームは、全国規模で地方自治体と金融機関の交流会を開催し、地域特化型のダイアログも開催して課題解決に取り組み、首都圏の人材を地方に呼び込む「新現役交流会」の複数開催にもこぎつけた。そして金融庁の組織改編をも実現させた。並の公務員のなせるわざではない。しかし、コロナ禍で予定していたプロジェクトは軒並み延期・中止となってしまった。さぞや悔しい思いをしているだろうと質問を向けると、意外な答えが返ってきた。

「はい。もちろん残念ですし、早く収束して開催したいです。ただ、外出自粛になって気づいたこともあるんです。それは、これまで各地で私たちが開催してきたイベントに参加した自治体、金融機関の双方の関係者から『こういう話を考えているのだが、誰か紹介してもらえませんか』と依頼が寄せられるようになったのです。同じ地元同士の案件なのに地域課題解決支援チームに紹介依頼が来るのです」

コロナ禍は人の移動と集結を阻んだ。しかし、オンラインでも熱量は伝わる。地域課題解決支援チームへの依頼は、なんと20年4月だけで40件以上に及んだ。「自治体の制度融資に精通した動きの良い職員を紹介して欲しい」、「オンラインの人材マッチング会を開催したいのだが、金融機関と企画したいので紹介してくれないか」などの要請が引きも切らない。チームは既に課題解決の調整役だけでなく、キーパーソン同士をつなぐハブ機能も果たしていた。こういう仕事が次代の若手官僚が憧れる仕事なのではないだろうか。

5 金融機関は地域創生にどう関わるべきか
——地域商社の新しいモデル

プーチンに覚えられた男・天間幸生

変わるのは公務員だけではない。銀行員も変わる。

ロシアが極東への投資拡大を目的として2015年から毎年ウラジオストクで開催しているのが東方経済フォーラムだ。

ここに、名だたる日本の大企業トップと席を並べて16年から毎年参加している40代の男がいた。北海道総合商事社長（当時）の天間《てんま》幸生《ゆきお》だ。北海道銀行などが中心となってつくる地域商社のトップだ。

言わずと知れたロシアの最高権力者、プーチン大統領を囲む財界人とのミーティングは、SPが目を光らせる厳戒態勢で開催される。さすがの日本企業のトップたちにも緊張が走る。

18年9月、ここに天間の姿があった。

極東連邦大学のフォーラム会場から専用のマイクロバスで移動し、セキュリティーチェックを受け、2時間ほど待たされてから昼食会が始まった。参加者はロシア側から選ばれた財界関係者のみ。天間の先隣に座ったのは中国のEC（電子商取引）最大手アリババグループの馬雲（ジャック・マー）だった。

「ジャック・マーさん、退任されて年金生活に入るのですか？」

プーチンはジャック・マーが1年後に退任することを冗談めかして話しかけると、

「そんな年齢ではありませんよ。プーチン大統領」

とジャック・マーが笑って切り返すなど、和やかに昼食を取りながら、意見交換が行われた。

発言の機会がまわってきた国際協力銀行（JBIC）総裁の前田《まえだ》匡史《ただし》は、流暢な英語で話し始めた。

「（露地栽培では）寒さで野菜を育てることのできない時期もあるヤクーツクで、リスクを取り、日本の技術で年中野菜を育てることができる温室野菜工場を建てたのが北海道総合商事です。私はこういうところにこそ金融支援をしたいと思っています」

前田は、昼食会に先立つフォーラムでもこの話題を出して天間を「天才」と高く評していた。プーチンは、前田の話をじっと聞いていた。

昼食会の終了後、プーチンが退出するため、天間の席の後方にあった出入口に歩いてきた。天間が起立して見送ろうとすると、プーチンは天間のところへ歩み寄ってきた。天間はとっさに自己紹介をした。

「北海道総合商事の天間と申します」

するとプーチンは手を差し出して答えた。

「Я знаю（ヤ・ズナーユ、私は知っていますよ）」

日本の財界人でプーチン大統領と握手を交わしたのは天間一人だった。

会合後、ウラジオストクの居酒屋チェーン「炎」を貸し切り、安倍首相を囲む夕食会が開かれた。この居酒屋チェーンの社外取締役も務める天間が居酒屋の関係者として同席していると、プーチンと天間との握手が話題となった。

「それは凄いね」

と、安倍首相が驚いたという。

なぜプーチンが日本の小さな地域商社の天間を記憶しているのか。それは、日本の政府系金融機関などが主導する巨大な官民プロジェクトに相乗りするのではなく、**ロシアに入り込んで、ロシアの課題を解決しながらビジネスを切り拓いていく天間の実行力が現地で高く評価されたためだ。**

銀行にはできなくても地域商社ならできる

天間は青森のみちのく銀行出身で北海道銀行に転職後、北海道総合商事を設立した異色の経歴を持つ。地域商社の経営手腕に定評があり、政府内の人脈も豊富だ。

天間は1972年、青森県七戸町で生まれた。学生時代は柔道に打ち込んだ。就職氷河期に就職活動を迎えた。今となっては想像もつかないが当時は、安定志向から公務員、警察官になることも考えたそうだ。が、結局、みちのく銀行を選んだ。

入行から4年間は五所川原支店に勤務した。折しも不良債権問題で旧大蔵省の金融検査の対応で、徹夜の日々だった。妻の実家は川崎市。将来は東京や海外で働くことも漠然と考えていたが、下積みの日々が続いた。

審査部に配属された4年間は不良債権問題の処理で最も厳しい時期だった。しかし、転機もあった。当時、みちのく銀行はロシア事業を強化しており、監査法人からの質問に対応しなくてはならないため、天間がロシアでの貸出債権を担当することになった。

ロシアに何度も出張し、2004年にはハバロフスクに赴任した。当時のロシアは高度成長期でビジネスチャンスに沸いていた。わずか34歳で支店長にも抜擢された。既に天間は行内で「ロシア通」と、認知されるようになっていた。

しかし、みちのく銀行は相次ぐ不祥事で国から業務改善命令を受けたこともあり、ロシア事業からの撤退とみずほコーポレート銀行（現みずほ銀行）への営業譲渡を迫られた。せっかくロシアに足場を築いていた天間は活躍の場を失いかねない。この時、ロシア極東のビジネス展開を考えていた北海道銀行が天間の獲得に乗り出した。

みちのく銀行の頭取に就いた杉本康雄（現相談役）は当初、これを許さなかった。しかし、天間の心が既にロシアにあることを知っていた須藤慎治（現専務執行役員）が行内の説得にあたり、天間の円満退社に動いてくれた。天間は今でも須藤に頭が上がらない。天間が今でもみちのく銀行に出入りできるのは、こうした背景がある。08年9月、天間は北海道銀行に転職した。

国際部に配属されたが、すぐにリーマンショックに巻き込まれた。ユジノサハリンスク駐在員事務所を設立したが、天間自身は今後の極東ロシアの中心地であるウラジオストクに拠点を置くべきだという思いを強くしていた。念願叶って14年3月、ウラジオストク駐在員事務所長に就任した。

しかし、天間は次第にもどかしい思いを抱くようになっていた。銀行という立場である限り、ロシアと北海道の企業との貿易取引には積極的に関与できないからだ。

契約の当事者でもなければ、リスクを伴う直接取引にも応じられない。さらに為替手数料はメガバンクに持って行かれてしまう。何をするにも中途半端なのだ。天間は言う。

「顧客の利益を優先すると銀行の利益にはならない。アドバイスをするだけでなく、顧客の問題を根本的に解決するには、もはや銀行とは違う地域商社をつくらなければダメだと思いました。北海道の企業のためにも、ロシアのためにも銀行という立場では貢献できないと痛感しました」

銀行への利益誘導よりマーケットイン

「銀行を辞めます。そして地域商社をつくります。資本を集めますのでご支援いただきたい」

天間は意を決して、辞表を出した。しかし、堰八義博《せきはちよしひろ》頭取（当時）は退職を認めず、話し合いは物別れに終わった。

２０１４年12月30日、札幌の繁華街すすきので催された国際部の忘年会に天間の姿があった。宴もたけなわ、２次会に移ったところで、会に参加していた堰八が天間に語りかけた。

「おまえが通るかどうかは保証できないが、今度、社内ベンチャー制度をつくることになったから、そこにエントリーしないか」

15年６月の行内プレゼンで認められ、10月に資本金１億円で地域商社「北海道総合商事」が設立された。ここから僅か1年もたたずに、天間は東方経済フォーラムに参加し、ウラジオストクの地を踏むことになる。人生はどう転ぶか分からない。行動した者にのみ道は拓ける。

北海道総合商事は海外に販路を拡大するだけでなく、海外からの直接仕入れにも乗り出した。ロシア、アジアのチャンスを日本に取り込むのだ。

天間の動きが面白いのは、始めから北海道産の商材の売り込みに固執しなかったことだ。この辺りが多くの地域商社とは異なる点だ。銀行主導だとどうしても銀行への利益誘導が最優先される。

「マーケットインです。まずはロシア、アジアの買い手の望むものをお聞きして、北海道のものをご希望であればもちろんすぐに対応します。北海道以外のサービスや産品でもしっかりと応えます。その後に北海道の産品やサービスなどの交渉をするのです。商売ってそういうものですよね。**まず信頼関係を構築してマーケットを開拓**しなければなりません。だからこそ、それ以降も交渉事が進みやすくなるのです」

リスクを取らないリスク

北海道総合商事は2017年から破竹の勢いで、海外事業を進めた。

前述の通り、ロシア・サハ共和国のヤクーツク市で、温室野菜工場を建設。ダイオキシンの発生を抑えたごみ処理施設導入で覚書を交わした。さらに、道内の寒冷地に強い建設技術を活用したホテル建設にも乗り出した。ヤクーツク空港国際線ターミナルの改修事業に参画することも決めた。窓口システム、荷物の通関制御システムを更新する。北海道総合商事が紹介した国内メーカーの最先端技術を使用した装置を導入する予定だ。

18年2月には、ロシア国営郵便会社「ロシアポスト」と日系商社では初めて仕入れ販売で提携した。ロシア全土で約4万2000店を展開するロシアポスト内の一部で日本産品の小売ルートを開拓した。

ロシア以外でも、ベトナムで高糖度トマトのハウス栽培、シンガポールの現地コンビニで道産品250種の販路を拡大、温室野菜工場はモンゴルでも事業化させ、中小企業の海外進出支援、道産米の中国輸出契約も取り付けた。

最初は4人で始めたが、いつしか社員は30人になった。僅か3年で売上高10億円、営業利益3000万円を出す会社に育て上げた。地銀が関与する地域商社としては破格の大成功を収めた。国内外を飛び回り、プーチンにも記憶され、政府でも天間の評判は高まった。天間個人としても成功したはずだ。しかし、天間はなおも満足していなかった。

起業してすぐ「社員の給与を支払えるのか」「3年以内に潰れるのではないか」と、銀行員が決して味わうことのない恐怖を感じた。ゼロからイチをつくることがどんなに大変か、身をもって知った。銀行に身を置いていては「リスクを取ろうとしないことが最大のリスク」であることに鈍感になってしまう。地域商社で勝負を懸けるため、銀行を退職し退路を断った。しかし、天間の夢はこんなものではない。

「もっと幅広く地銀と連携して、地域企業の生産性向上や国内外への販路拡大に取り組むことができれば、地方の持続可能な事業モデルも構築できるはずだ。それが本当の地方創生なんじゃないのか」

地域商社支援会社「RCG」の挑戦

「天馬」は駆けだした。2020年3月、北海道総合商事の社長を辞任した。そして、かねてより構想を温めていた全国の地域金融機関、そして全国の地域商社のためのプラットフォームとなる地域商社支援会社「RCG」を4月に創業。代表取締役に就任した。RCGとは、Regional Company Group の頭文字からつけたものだ。

筆者の手元に天間が運動体の勉強会で金融庁長官の遠藤にプレゼンしたRCGの事業計画書がある。

これによれば主力事業は3つ。地域企業の海外展開を支援する「**海外販路拡大**」、地域金融機関の地域商社設立支援や既存の地域商社へのコンサルティング、商材紹介などを手掛ける「**地域商社事業**」、そして夏場涼しく、冬場温かい地域で生産を分担することで、農作物の安定供給を目指す産地リレーなどの「**農業産地連携**」だ。

商取引、決済、ロジスティクス、立替与信と代金回収などの商社機能を果たすのは当たり前だ。RCGならではの特徴は、**中小企業が海外進出する際に直面するリスクや負担を最大限軽減できるサービス**だ。たとえば、日本語対応可能で地元企業にパイプを持つ担当者を配置し、海外営業所の代行業務も引き受ける。

さらにコロナ禍をきっかけに普及したオンラインミーティングを活用することで、海外渡航をしない海外進出が可能になる。海外出張費や通訳などの関係経費も大幅に抑制できる。

また、マーケット調査、営業、会計、税務などのバックオフィス業務や拠点となる物件を他の事業者とシェアリング(共有)することで、初期コストも低減する。サブスクリプション(課金型サービス)とシェアリングを組み合わせることで、企業のビジネスが仮に不調に終わった時も、低コストで撤退できるようにする。目指すは「営業所、担当者のシェア」「海外出張不要」だ。

天間はコロナ禍に際して、次のように語った。

「コロナで多くの中小企業の経営者の心は折れかかっています。それを海外進出で応援しようとしても地域金融機関も独力では難しい。ならば、**もっと中小企業が海外進出へ気軽に挑戦しやすい環境をＲＣＧが提供したい**のです。本業以外の不安は任せてください。自前で進出するよりも遥かに低コスト、低リスクのサービスを目指します。それを実現するには、地域の企業の人脈、海外進出の意向や可能性などの情報を最も多く持っている地銀、信金信組に中小企業をつないでいただく必要があります」

地域とともに未来を創る会社へ――山口フィナンシャルグループ

単なる「地銀グループ」という発想を超え、地域創生自体を成長産業へと変えていく「リージョナル・バリューアップ・カンパニー」（地域価値向上会社）を目指す、と宣言したのが山口フィナンシャルグループ（ＹＭＦＧ）だ。

従来の金融の枠を超えているのは「圧倒的な当事者意識」を持って、地域を巻き込みながら、社会課題を解決していく「地域共創モデル」を掲げたことにある。改革を主導するのは最高経営責任者（ＣＥＯ）の吉村猛会長だ。

金融領域で培ってきた人材、ベンチャー企業などとのネットワーク、データを使いながら、ともすると旧態依然となりがちな銀行文化を変革し、起業家精神と融合させていく。

ＹＭＦＧがリーダーシップを取り、顧客基盤、技術、システム基盤、モノ・サービスを使って地域の課題解決に取り組んでいく「地域エコシステム」を構築し、非金融領域で事業収益を目指す。

伝統的な銀行のビジネスモデルは、集めた預金を長期の貸し出しや国債運用に回して、長期金利と短期金利の金利差（利ざや）を確保することに依存してきた。決め手は規模だ。銀行が貸出シェア争いに血眼になり、再編統合が叫ばれたのはこのためだ。しかし、長期の低金利によって預貸ビジネスで収益を確保することは現実的に難しい。

地方公共団体向け取引など収益を望めない事業も含め、フルラインナップのサービスを展開しなければならない。高コスト体質な地銀であればなおさらだ。「金融だけで稼ぐ」という発想自体を変えるという道も、未来の地域金融のあり方の一つかもしれない。

しかし、非金融領域である地域の課題解決と収益化の融合を正面切って掲げたのは、ＹＭＦＧが初めてだ。なぜ変革は起きたのか。

19年10月１日、山口銀行（下関市）、もみじ銀行（広島市）、北九州銀行（北九州市）を傘下に持つＹＭＦＧ本社に筆者はいた。応接室に吉村社長（現会長）がスーツ姿で現れた。

続いて入ってきたのがＹＭＦＧ子会社のＹＭＦＧ ＺＯＮＥプラニング（ワイエムゾッ

プ）の椋梨敬介《むくなしけいすけ》社長（現ＹＭＦＧ社長）であった。吉村と対照的に、椋梨はＴシャツとジャケット姿だ。どこかのベンチャー企業を思わせる出で立ちだった。この時、まさか椋梨が約9ヵ月後にＹＭＦＧの社長に就任するとは、筆者も思わなかった。

「彼らは年中Ｔシャツ、こっちはネクタイを締めなくてはならない。暑くて大変ですよ」

吉村は笑った。吉村がＹＭＦＧの中で改革の旗手として位置づけたのがワイエムゾップだ。

金融庁が19年8月に公表した「金融仲介機能の発揮に向けたプログレスレポート」で取り上げられた先進的な取り組み事例がワイエムゾップであった。地銀業界からも非金融領域の挑戦として注目を集めている。

ワイエムゾップは、単なるコンサルティング会社ではない。「地域の様々な課題を発掘し、顕在化させ、外部の先端企業や人材と連携することで、まだ見ぬ解決策さえも創造し、戦略をたて、地域の未来をトータルでデザインし、実行していく会社」というところだろうか。「**地域とともに未来をデザインする会社**」というイメージに近い。

吉村は設立の経緯を次のように語った。

「第2次安倍内閣が発足した翌年の13年、下関市が総合計画の策定で業務委託を募集しました。うちのグループも当然、応募したのですが、審査の結果、落選したのです。当時、東京の責任者をしていた私は愕然としました。残念ながら、確かに自治体が期待する水準の提案内容ではなかったと思います。同時に『地域の課題に対して我々は何もできない。このままでは大変なことになる』と思い、15年に設立しました」

目先の利益より中長期での地域付加価値向上

ワイエムゾップは当初、人口減少や高齢化が進む地域において、特徴を活かしながら自律的で持続的な社会を目指す地方版「まち・ひと・しごと創生総合戦略」に基づく様々なプロジェクトの実行支援の業務受託で経験を積み、ノウハウを習得した。

2017年6月、椋梨がワイエムゾップ社長に就任してからは、ソフトバンク、日本マイクロソフト、スノーピークなど、外部との提携戦略が一気に加速した。

18年11月の日本マイクロソフトとの提携は、営業エリアの山口、広島、北九州の中堅、中小企業のIT化を進め、生産性を向上させることを目指してのものだ。マイクロソフトのチャット、ビデオ会議ツール「Microsoft Teams」を活用し、オンラインによる効率的な商談や会議の実施、さらには資料をクラウド化することによって、フリーアドレスやペーパーレス化を促進するのが狙いだ。

ワイエムゾップが斬新なのは、**たとえ目先の収益につながらなくとも、銀行の取引先が**

IT化することによって経費を削減し、生産性が高まれば、中長期では地域の付加価値向上につながるというビジョンを打ち出したことだった。

思うに銀行グループの改革がうまく行かないのは、銀行へのシナジーを優先するからだ。銀行は自らを装置産業、黒子と口をそろえて言う。地域の事業者が成長したことによる恵みを享受する存在だ。にもかかわらず、実際には先に銀行の利益を求め、事業を進めようというところに無理がある。銀行文化を捨てた組織からの方が案外、変革は早いかもしれない。

ワイエムゾップを牽引する20～30代は、提携先などへの出向から戻った精鋭たちが中心だ。当初10人で始まったメンバーは、21年には100人を超える計画だという。

吉村はYMFGの将来像をこう語る。

「いずれ今のままでは銀行サービスは立ちゆかなくなります。省力化は避けられません。そうなるとワイエムゾップのような存在が未来には必要です。今からどんどん行員を移して、新しい感覚に慣れてもらいたい。そしてYMFGは、地域の課題を解決し、地方創生を実現するのであれば、金融機能はもちろん、それ以外のツール、ノウハウ、人材は、どこよりもそろっていますというグループを目指したい」

地域版「総合」商社へ

非金融領域で、ＹＭＦＧが力を入れていく事業の一つが「地域商社やまぐち」だ。

全国の地銀で地域商社を設立する動きが広がっているが、そのほとんどは地元産品の販路拡大が目的だ。地元産品の販売だけでは、売り上げは数億円程度に過ぎない。地域経済に対するインパクトは限定的であり、他に真似のできない独自性を確立するなど、本質的な課題を解決する存在とまではいえない。これにＹＭＦＧは挑戦しようとしている。

具体的には、マーケットイン型の商品開発からブランディング、生産、小売までの商流を構築していく。売りたい商品をただ売るのではなく、市場のニーズに応える形で商品開発から流通まで関わっていく。

国内はもとより、地域商社では難しいとされた海外にも販路を拡大する。この実現のためには業種を問わずに提携していく方針だ。２０２０年６月に地域商社支援会社ＲＣＧと提携したのもこの一環だ。地域商社ではない。**地域版総合商社**を目指すのだ。

また20年4月に設立した農業法人「バンカーズファーム」は、山口県岩国市で「畑わさび」の生産を10月に開始する。銀行員が農業に入っていくことで、就農人口の高齢化、産地縮小、増加する耕作放棄地など農業従事者の抱える課題の解決モデルを構築しようという試みだ。

日本の産地の寒暖差をいかして、季節ごとに高品質農作物を各地で生産・出荷していく「産地連携」などにも取り組み、「稼ぐ農業」を目指す。

YMFGは20年6月25日、50歳の椋梨が社長グループCOO、吉村は会長グループCEOにそれぞれ就いた。

誰もが疑わない既成概念を打ち破る時、これまでにない変革のエネルギーが必要だ。長州が生んだ偉人、吉田松陰がこう言い残している。

「諸君、狂いたまえ」

6 金融行政が目指す「地域経済エコシステム」

「万国の架け橋」目指す沖縄銀行

2019年10月31日未明、首里城で火災が発生し、正殿、北殿、南殿がことごとく焼失した。沖縄のシンボルであり、誇りそのものだ。炎上し、崩れゆく首里城を見た人々の胸は潰れ、悲嘆に暮れた。

15〜16世紀に建造された首里城は、何度も火事に見舞われ、その度に復活を遂げてきた。1945年の沖縄戦では、米軍の攻撃によって全焼した。その後、復元され、2000年7月の九州・沖縄サミットで夕食会が開催され、同年12月には、首里城跡が世界遺産に登録された。

この首里城正殿には元々「萬國津梁之鐘（万国津梁の鐘）」と呼ばれる鐘が懸けられていた。大工・藤原国善が1458年につくったものだ。現在、首里城にある鐘はレプリカで、本物は県立博物館にある。その鐘には相国寺住職・渓隠老の銘文が刻まれている。

「琉球国者南海勝地而（訳：琉球国は南海の優れた地にして）」

で始まる漢文だ。沖縄県知事が要人と会談する際に、背景に掲げられている屏風の漢文はこれを写し取ったものだ。

銘文によれば、沖縄（琉球）は明、日本との中間にあり、台湾（小琉球）とも交流が深く、まさに万国の津梁（架け橋）として貿易で発展してきたとある。南海の交易ネットワークで、ハブ機能を担っていたのが琉球であった。それはとりもなおさず沖縄の人々のアイデンティティとして育まれてきた。

筆者はこれと同じ屏風を沖縄銀行で目の当たりにした。頭取の山城正保がその由来を丁寧に説明してくれた。

山城は応接室の壁に貼られた一枚の地図についても話し始めた。見慣れない地図だ。地図の中心に沖縄があり、それを取り巻くように中国、台湾、本土、そして東南アジアが広がる。沖縄を基点に円が描かれている。

「分かりますか。沖縄からみると、台湾は飛行機で1時間半程度です。沖縄から東京よりも台湾の方が近いくらいなのです」

なるほど。沖縄の地理的感覚とはこういうものなのだと思い知らされた。今、ビジネス展開で沖縄銀行の目も広くアジアに向けられている。「万国の架け橋」たらんとする心意気を感じた。

筆者が沖縄銀行を取材した理由は2つある。一つは2019年4月に青森のみちのく銀行が実践している「戦略ミーティング」と呼ばれる営業戦略を採り入れたことを知ったからだ。その背景事情を取材するためであった。

みちのく銀行の「戦略ミーティング」とは、異なる店舗の営業担当者同士が週1回集まって開く課題解決のための会議だ。その最大の利点は、異なる営業経験、異なる人脈を持つ営業担当者が集まるネットワークだ。各人が抱える取引先への提案内容や課題解決に関する悩みについて、幅広い意見を集約し、自分だけでは気づかない最適解を目指す「三人寄れば文殊の知恵」、「集合知」のアプローチだ。

ミーティングでは、いわゆる「ダメだし」をせず、建設的な意見交換をルールとする。

心理的安全な話し合いの場であり、支店という部署を超えた「知が交流する部活」だ。

顧客からみれば、1人の営業担当者では思いつかない重層的な提案を受けることになる。さらに様々な提案の工夫、斬新な視点は営業担当者たちの個々の成長を促す。限られた時間と人材の中で、営業提案の高度化と人材育成も同時に目指そうという取り組みだ。

取材理由の2つ目は、沖縄銀行が地域金融ソリューションセンター代表、竹内心作を講師に招いたことだった。

竹内は銀行の営業担当者と同行訪問して、事業者のお困り事を解決するソリューション営業を提唱している。大阪市の外郭団体「大阪産業創造館」を拠点とした大阪の金融機関との連携、さらには竹内を本業支援推進顧問として招いたトマト銀行、鳥取銀行などでも竹内のノウハウが生かされた本業支援が広がっている。

明らかに打ち手や動きが変わってきている。沖縄銀行で何らかの変革が生じている兆候だ。変革が起きたとすれば、それはなぜなのかを追うのが本書の姿勢だ。

事業者の痛みを知るバンカーたち

沖縄銀行は2016年以降、取引先の企業の事業性を評価する能力を向上させる取り組みを本格化させた。17年には、営業担当者1人が1社に対して事業の成長と課題解決に資するソリューションを提案する「1人1社運動」を実施した。また現場の司令塔となる「事業性評価推進役」を配置し、事業性評価を進めていく上でのサポート体制も構築した。財務診断、ヒアリング、事業性評価を整えていた。筆者が注目したのは、いよいよ、後工程として採り入れようとしていた「戦略ミーティング」と「ソリューション提案」だったのだ。

戦略ミーティングをみちのく銀行から導入するきっかけは、法人事業部の砂川恵太だ。砂川が中小企業大学校で知り合ったみちのく銀行の豊川友樹のツテを使ったことだったという。18年10月、沖縄銀行からみちのく銀行への視察が実現した。

ちなみに豊川は、『金融排除』（幻冬舎新書）で取り上げた青森県弘前市でクラフトビール醸造と飲食店「ギャレスのアジト」を手掛ける元米兵のギャレス・バーンズを支援したバンカーの一人だ。世界は狭い。

みちのく銀行は戦略ミーティングの導入支援で沖縄にも職員を派遣。模擬研修、試行導入を経て、沖縄銀行は19年4月、戦略ミーティングを導入した。

沖縄銀行で、事業性評価や顧客の課題解決の動きが加速してきたのは、屋台骨を支える人材がそろっていたからに他ならない。頭取の山城を始め、経営陣の多くが歴任してきた事業再生を担当した精鋭たちだ。

当時、事業再生を所管したのは審査第2部。山城はバブル崩壊前から営業現場で業況の厳しい先に対して、リストラの提案や経営改善の伴走支援、さらには旧大蔵省の検査にも対応し、文字通りの修羅場をくぐってきた。そのDNAが連綿と引き継がれたからこそ、変革の土壌が育ったのだ。

1998年10月、審査第2部に30代前半の又吉司（現法人事業部長）が配属された。そこには当時主任調査役の伊波《いは》一也《かずや》（現常務）がいた。その後、仲里輝彦（現業務革新部長）も加わってきた。山城のリーダーシップの下、沖縄銀行の変革を牽引する中核人材たちだ。

当時は不良債権問題で98年6月に発足したばかりの金融監督庁が厳しい資産査定の銀行検査を行っていた。この矢面に伊波たちは立たされた。

「この会社は債務超過ですよね」

しらみつぶしに不良債権を追及しようとする検査官に対して、

「売り上げがこのように出ています！　マーケットも先行き悪くありません！　我々が回収に走らなければこの貸出債権は会社にとっては『資本』と一緒ですよね」

と、食い下がった。

事業再生の担当者たちは、会社の経営者がどんな人物か、従業員がどんなに頑張っているのかも知っていた。倒産すれば家族は路頭に迷う。オーナー株主が自分のことしか考えない会社はすぐに潰れた。私財をつぎ込んでも会社と雇用を守る経営者もいた。伊波、又吉、仲里らは事業者を守るのと同時に銀行も守らないといけないと必死だった。朝も夜もなく、銀行に泊まり込んでの対応に追われた。

「再生業務とは、企業の資金繰りから事業内容、マーケットで安定したシェアがあるのか、ビジネスモデルのすべてを理解しなければならないのです。これが我々の原体験です」

と、又吉は当時を振り返った。

ある時、日曜日にもかかわらず出勤していた伊波が先に昼飯へと出て行った。少し遅れて又吉も昼飯に出た時のことだ。

本店裏の路上で、伊波が子供とキャッチボールをしているのを又吉は目撃した。当時、伊波には次男が生まれたばかりであったが、家にはまともには帰れていなかった。この日は家族を銀行の外に呼び出し、僅かばかりの昼休みの時間を削って、日頃遊んでやれない子供のためにキャッチボールの時間をつくっていたのだ。又吉はその光景を目の当たりにし、いたたまれない思いをした。

「明日の朝9時までに資料を整えて提出してください」

苛烈な資産査定で迫る検査官に対応するため、また銀行に泊まり込み、朝8時に伊波の妻が新しいシャツとネクタイを銀行に届けにくる日も珍しくなかった。

金融危機で日本中が揺れた98年当時、沖縄銀行に限らず、この時期に事業再生を経験した銀行員たちは強烈、且つ一種、特殊な体験をしている。それは、99年に導入される**金融検査マニュアルがまだ整備されていない時期であった**、ということだ。検査マニュアル後は、事業者の工場に足を踏み入れたこともなく、担保と保証に過度に依存した取引に何の違和感も持たない銀行員ばかりとなってしまった。いわば「検査マニュアルチルドレン」だ。98年は、銀行員がまだ矜持を持つことを許され、事業者の痛みを知るバンカーがいた最後の時期であった。

沖縄みらい元気応援室

しまなみ債権回収（しまなみサービサー）で事業再生の実務に精通し、現在は、みちのく銀行傘下の、みちのく債権回収（みちのくサービサー）社長を務める坂本直樹は次のように事業再生の目線を語る。

「1998年は金融検査マニュアルが発表される前年でした。金融検査マニュアルがまだ存在しない時期で、当時の事業再生の担当者たちは最前線で戦わなくてはならなかったのです。その後、検査マニュアルが導入されましたが、以前を知っているからこそ**検査マニュアルが絶対ではない**との認識が根底にあったのではないでしょうか。そうした人材は、比較的自由な発想で知恵を絞ることができたように思えます。逆に言えば、『検査マニュアルに基づく債務者区分と引当方法こそが絶対だ』としか考えられない人は、同じ破綻懸念先でも再生の仕方によっては、1億円の実質価値が1000万円になったり、7000万円になったりもすることが腹に落ちないかもしれません。『**時価に引き直して、取引先の能力を最大限に活かす**』という発想を持てないのです。98年以前で、特に事業再生を担当した方々には、自分の視座と修羅場を経験した強さが根底にあるように思えます。2019年12月に金融検査マニュアルは廃止されました。検査マニュアル導入から20年を経過しましたが、コロナ禍を経験した今だからこそ、『企業の実質価値は対応次第で変容するものであり、ケースによっては再生の道もある』という、自由な発想で臨むことができる『再生人材』が出てくることを期待します」

沖縄銀行で変革の兆しが鮮明になったのは、不良債権処理時代の修羅場をくぐったかつての事業再生部隊が中核人材となり、地元の事業者と地域全体の成長なくして銀行の未来はないとの覚悟を持ったからだ。結果、砂川のようなアンテナを高く張り、跳躍力のある若手が生き生きと仕事のできる環境が生まれている。

20年6月には、地域商社支援会社RCGと業務提携を結び、コロナ禍の影響を受けた中小企業を支援する専門部署「沖縄みらい元気応援室」を又吉が率いる法人事業部に新設した。27人の職員を配置した沖縄みらい元気応援室が核となり、外部組織と連携をしながら地域の顧客の課題解決に取り組む。具体的には、オンライン会議を使った非対面による海外販路の拡大、M&A（企業の合併と買収）、事業承継、人材紹介、返済順位の低い劣後ローンの提供などの支援策を講じていく。

もちろん課題もある。コロナ禍は観光・サービス業に依存していた沖縄の成長に予想以上のダメージをもたらした。県外、海外から相次いだ投資が逆回転を始めれば雇用にも悪影響が及ぶ。観光とサービス業だけに依存した沖縄の経済戦略は一定の修正を迫られる。副業人材を沖縄に呼び込んだり、沖縄ならではの多様な価値観を受け入れて、その価値を高めることはできるだろうか。沖縄銀行の本領が試されている。

泛溢《はんいつ》四海　震梵音声《ぼんおんじょう》
覚長夜夢　輸感天誠

※この鐘の音は四海のはてまで響き、人々の長い迷いを覚まし、天の誠を感じさせるであろう（「萬國津梁之鐘」より）

氷見野ペーパーから読み取れる新長官の覚悟

20年続いた金融検査マニュアルを廃止する流れをつくり、創造的破壊に踏み切った元金融庁長官の森、そして金融庁の組織活性化を進め、早期警戒制度を体系化した遠藤のバトンは新長官の氷見野良三に託されることになった。金融行政は、新たな段階に進む。

2020年7月21日、第11代金融庁長官・氷見野は庁内で訓示した。「遠藤前長官からは『国際金融都市構想をやり残した』と引き継いだ。それ以外はこれまでの金融行政を力強く進めていく」

基本的には遠藤路線の踏襲だ。ただ、コロナ禍によって日本経済を取り巻く環境は、森、遠藤時代とは比べものにならないほどに厳しい。路線は同じだとしても、間違いなく次元の違う金融行政の舵取りが必要になる。

その氷見野の問題意識が示されたのが幹部らにのみ配布された「当面の課題と対応」と題された氷見野ペーパーだ。執筆時点では公表されていないが金融行政方針の骨格となるであろう。明記された柱は3つ。

1「コロナと戦い、コロナ後の新しい社会を築く」
2「高い機能を有し魅力のある金融資本市場を築く」
3「金融庁の改革」

1では、コロナ対策として、金融機関が金融仲介機能（資金繰り支援だけでなく、経営改善・事業再生支援等）を発揮して、企業や家計をしっかり支えることが第一とし、同時にコロナ後の経済の力強い回復と新しい社会の建設に備えられるよう目配りしながら、対応を進めるとした。

それは、コロナ後の産業構造の変化を支えながら「（企業が）**新たな事業に取り組むリスクを適切に分担し規律できる金融システムを構築していくこと**」だ。

しかし、本書の冒頭に述べた通り、企業は1998年の金融危機・不良債権問題、リーマンショックと危機を迎える度に銀行離れを進め、内部留保と自己資本を積み増して自分で身を守る姿勢を強めてきた。晴れた日に傘を差し出し、雨が降れば傘を取りあげる。そのような銀行に身を託すことはできないからだ。

他方、今回のコロナ禍で、国の融資制度にさらに依存することになった金融仲介の先行きにも懸念が強まっている。コロナ危機を乗り越えたとしても、制度融資への過度な依存が日本経済を停滞させてはならない。20年間、金融行政を見続けてきた氷見野の覚悟がペーパーから滲む。

銀行経営の健全性を担保しつつも、金融システムの安定を守るだけでは、存在意義はない。コロナ禍に伴う産業構造の転換期だ。企業のライフステージに応じた資金繰り支援は勿論、さらには経営改善、事業再生、事業承継など経営全般の支援を銀行がリスクを分担して手掛けなければならない。

これを実現するため、金融庁は顧客・地域の再生に必要なサービスを行う銀行の業務範囲を見直す。具体的には地方創生業務に取り組む範囲を拡大し、事業再生・事業承継、ベンチャービジネスを支援するため、一般事業会社への出資も緩和する。一般事業会社が保有する銀行のあり方も競争条件の公正さの観点から見直しを検討する。

金融サービスの非対面・ペーパーレス化などのデジタル化と顧客本位の業務運営、そして気候変動など、持続可能な社会の実現を目指すサステイナブル・ファイナンスにも取り組む。

2では、日本の金融市場のアジアや世界における役割を高めることが狙いだ。地政学的なリスクが強まるなかで、日本の金融市場は、国際的なリスク分散にも貢献できるとした。日本にも世界全体にも役立つ形で日本市場を発展させられるよう、知恵をしぼると示した。

国際金融都市の実現を目指し、海外金融機関の受け入れ、英語での対応の強化、規制監督上の対応、人材育成、税制、予算上の措置などを講じる。遠藤行政で進めてきた資産運用の高度化、コーポレートガバナンス改革、資本市場改革も引き継ぐ。

3の金融庁改革は、コロナ禍を働き方改革の機会でもあると発想を転換。遠藤行政が取り組んできた金融処分庁から育成庁への転換、心理的安全性の確保によって職員が自由闊達に議論し、思い切った提案をできる環境づくりも踏襲する。

コロナ後の国際的な成長競争を勝ち抜くには、金融行政の質を一層高めていく必要があるとして、職員の自発的な行動を促し、課題解決への取り組みを通じ、よりよい政策の企画・立案・実行につなげるプロジェクトを試行する。

幹部、課室長がマネジメントの方針・考え方を部下と共有し、事後的に検証する360度評価やマネジメントの意識向上策も実施する。職員の意欲やスキルを重視した人材育成・配置、業務との関連性を意識した研修を進める。また金融庁と地方の財務局の協働、庁外関係者との「オンライン対面」も行う。

地域経済エコシステム

コロナ禍に際し、氷見野は次のように事業者と金融機関との関係を捉えた。

「今般のコロナ禍では、事業性評価や伴走型支援といった金融機関の平時からの取組みの真価が問われた。危機時において、事業者のためにリスクを取り、迅速に支援するためには、平時から事業者と緊密な関係を築き、事業実態を理解している必要があることが、改めて認識された」

「こうした事業者と金融機関の緊密な関係構築を促し、価値ある事業の継続に繫げていくことは、将来の危機への耐性を高める上でも、今後の日本経済の力強い回復を支える上でも、重要だ。事業継続を支えられるような望ましい融資・再生実務のあり方について、実務家や有識者との研究会を通じ、現代の経済環境や海外の実務も踏まえつつ、検討していく」

目を覚まさなければならないのは「**預金をできるだけ集め、担保を取って事業性も理解できずに、貸し出しをできるだけ増やす」という旧態依然の銀行モデルだけでは、地域は支えられない**ということだ。不動産を持たないベンチャーなど将来性ある企業を支えるため、従来の個別資産ベースではなく包括的な担保法制の見直しも検討する。

むしろいくつかの地域金融機関においては預金と貸出（預貸業務）は、もはや銀行が稼ぐための事業とは捉えない方がいい。**地域や事業者の課題解決のための手段**の一つでしかないと頭を切り替えた方がいい。

事業者の突然の資金繰り破綻を予防するために地域金融機関として当然しておかなければならない途上与信管理と捉え直すべきだ。事業性を見ない担保依存や信用保証協会に丸投げしてしまう融資は、稼ぐために、規模を追う預貸業務を主力業務としている限り、抜け出せぬ宿痾《しゅくあ》かもしれない。持続可能性が問われる地域の事業者が本当に必要としているのは、資金そのものではなく、**生産性を向上させる付加価値**だ。つまりは**企業支援**であり、あくまでも融資は支援に実効性を持たせるための手段にすぎない。

金融機関が企業に付加価値を提供するには、**1社あたりに掛ける十分な時間と人員を確保**しなければならない。貸出先を増やすほど、皮肉にも1社あたりの取引内容、1件あたりの融資の価値は希薄になる。地銀の営業担当は1人100社以上を抱える場合がある。これでは毎月全社をまわり、じっくり経営課題を聞くことなど不可能だ。資金繰りのアドバイス程度しかできない。そして資金繰りのアドバイスだけでは、経営者が超高齢化していく中小企業の様々な経営課題に応えることはできない。

付加価値提案型営業に切り替えるには、1社あたりにどれだけの時間、人員を投入できるかどうかが鍵となる。せいぜい1人あたり40社程度だろう。そして、付加価値提案型営業を可能にする収益モデルを構築しなければならない。それが金融機関の経営者に求められる難しい仕事だ。地域ごとにどのような絵姿になるのかは、金融機関の競合関係、産業構造などによって、大きく異なる。答えは一つではない。

そこで遠藤が退任間際に遺産として残し、氷見野金融庁が発展的に継承していくのが地域金融における「**地域経済エコシステム**」だ。

地域の活気と持続可能性を実現するための「地域ごとの最適なエコシステム」は何かを対話を通じて、答えを探る。金融機関ごとの棲み分けだ。

たとえば、トップ地銀は地域経済の地盤沈下をどう防ぐのか。そのためにどのような機能を発揮していかなければならないのかが問われる。中小の金融機関を敵対視して、追い詰めるようなバカげた消耗戦は、中小企業の付加価値向上のためにはならない。

一方、地域二番行、第二地銀はむやみな低金利の貸出競争ではなく、中小企業の付加価値を向上させるサービスに特化していくことも一つの道だ。信金信組は地域密着をより深化させ、担保や保証がないというだけで金融機関から見捨てられる「金融排除」を解消する本来の使命に原点回帰することが期待される。

コロナ禍で、深刻なダメージを受けた中小企業向け貸出債権は、旧検査マニュアル基準では、債務者区分が破綻懸念先に分類され、厳しい償却・引当を迫られる。

しかし、決して倒産させず、実効性のある企業支援を行っているのであれば、債務者区分の格付を杓子定規に引き下げる必要もないはずだ。コロナ禍で貸出債権の不良債権化が懸念されるが、企業支援こそが明暗を分ける。

銀行経営も「新常態」に適応しなければならない。人材開発や多様な生き方を可能にするための副業の解禁、持続可能な収益事業とそれに見合う人件費の管理など、かつてより段違いに経営の舵取りは難しくなる。当然、次代の経営トップ候補として、銀行だけにとらわれない柔軟な思考ができる人物を育成しなければならない。銀行組織で偉くなった者が、自動的にグループトップに就くという時代も終わる。

2020年6月、YMFG及びワイエムゾップ、沖縄銀行、みちのく銀行は、それぞれ地域商社支援会社「RCG」と業務提携を結ぶと発表した。RCGに出資や人材出向などを検討し、地域商社事業の拡大を目指す。

RCGはロシア、ベトナム、中国を皮切りに将来、海外20ヵ国に拠点網を張り巡らせる予定だ。日本中の地域商社、その先の中小企業の成長のために販路や各種業務代行サービスを提供しながら、結果として銀行にも新たな収益機会をもたらす。

この連携が新しいのは、北海道総合商事で実績を残した天間率いるRCGが中核となり、各地の地銀がRCGとつながり、ノウハウの提供を受ける点だ。従来のような銀行同士の単純な組織提携ではない。組織の外にある地域商社の知見を吸収するネットワーク構造をなしているという点だ。一つの事例だが、こうした外部の知性を取り込んでいくネットワーク思考を持つことが新常態の経営者には求められていく。

第三章　感染する知性

1 企業―大学―金融――山形県から広がった「産学金」連携モデルへの希望

奇妙な山形県

「不思議なんですよ。中小企業の設備投資を補助する『ものづくり補助金』の採択状況なんですが、事業計画の策定を支援する認定支援機関を調べてみると、山形県だけが特殊なんです。地元金融機関が認定支援機関を担っている件数が突出して多いんです」

2019年2月末、仙台市内の居酒屋で経済産業省東北経済産業局地域経済部産業支援課総括係長（当時）の六沢翼は、筆者にこう語りかけてきた。

資料を取り寄せてみると、なるほど六沢の言う通り奇妙だ。他の都道府県では認定支援機関が税理士法人や商工会連合会、一般財団法人・公益財団法人の産業支援機関、コンサルティング会社である場合も目立つ。しかし、山形県は金融機関がやけに多い。そして特定の金融機関に集中している訳でもない。

山形県は、そもそも採択件数が多い。12年度から17年度までで、計971件と東北6県ではトップだ。小規模事業者持続化補助金の採択件数でも13年度から17年度までで1875件と、こちらもトップだ。補助金の採択件数が多いのは「認定支援機関のほとん

ど を占める金融機関の支援があるため」という可能性もあるが、断言まではできない。そもそも山形県は全産業に占める製造業の割合が大きいからだ。元々、申請しやすい地盤があるとも言える。認定支援機関である金融機関の支援が採択件数を押し上げているとまでは言い切れない。

ただ、気になる特徴はまだある。手数料収入にはなりにくいため、稼ぎ目当てのコンサルタントが敬遠しがちな小規模事業者持続化補助金の申請・採択まで山形の金融機関は手を抜いている様子がない。手数料収入のために申請している訳でもなさそうなのだ。

ここで一つの仮説が浮かんだ。それは、山形大学学術研究院（大学院理工学研究科担当）の小野浩幸教授が続けている地域金融機関職員の目利き力や経営改善支援の課題解決力を育てる「産学金連携コーディネータ制度」の効果が、じわじわと山形県内の金融機関でネットワークのように広がっているからではないか、というものだった。六沢も筆者と同じ見立てをしていた。

それでも不思議なのは、山形県では、まんべんなく地元金融機関が認定支援機関を引き受けていることだ。もしかすると山形県では、金融機関の担当者レベルで企業支援の「感染」が広がっているのではないか。

地域金融の松下村塾――山形大学・小野浩幸

小野が世話人を務める「産学金連携プラットフォーム」と呼ばれる取り組みは2007年にスタートした。山形大学が県内12金融機関と連携し、研修を受講し、実践を踏まえたレポートの審査によって認定された「産学金連携コーディネータ」が能動的に企業の経営支援を行う人づくりの枠組みだ。

県内すべての地域金融機関を対象として、中小企業の「経営」「事業」「技術」「市場」の全体を分析し、どのような打ち手を講じていくのか、実践的なスキルを培っていくのが目的だ。銀行の枠を超えた「部活」のようなものだ。

研修内容は、山形大学が独自の教材を作成し、基礎的な知識はもちろん、地元企業の協力を受けながら、工場、作業場などを訪れ、現場の課題把握や解決策の提案まで行う。小野によれば「座学3割、協力企業100社の現場学習が7割」だという。**ここまでのリソースを規模の大きくない金融機関が提供することは難しい。**継続しながら練度を上げていくのはさらにハードルが高い。仮に一つの金融機関が成し遂げたとしても、県全体にその効果を広げていくことは、人手、財源の面からもさらに困難だ。**組織を超えたネットワーク学習**だからこそ、それを可能にした。

コーディネータの認定は毎期更新されるのが特徴だ。「名ばかりコーディネータ」は生き残れず、その品質が毎期問われる。研修の総受講生はもはや700人を超え、令和元年度（19年度）の認定者数は299人、過去年間最大2000件の事業者の相談に対応してきた。

実務経験3年以上の産学金連携コーディネータはスキルアップ研修で「シニアコーディネータ」、さらに実務経験5年以上で基準以上の実績を出している者を「コーディネータエキスパート」に認定することとしている。「シニアコーディネータ」は20年現在、157人が認定され、コーディネータエキスパートは今後認定する予定だという。

講義は金融機関の協力金と受講料でまかなってきた。大学として、経営革新等支援機関の認定を受けているのは全国でも珍しい存在だ。

経営革新等支援機関は、金融、企業財務、税務に関する専門的知識や支援の実務経験が一定レベル以上の個人、法人、中小企業支援機関等を国が審査して、認定する。12年8月に施行された「中小企業経営力強化支援法（現「中小企業等経営強化法」）」に基づく制度だ。中小企業は、認定支援機関の支援を受けると、補助金や税制優遇の申請を行うことができる。売り上げの拡大や生産性向上などの経営課題を抱える中小企業がより専門性の高い支援を受けられるようにするための政策だ。

そして小野ら山形大学の教員がグループで、16年から金融機関と組んで企業経営者講習も始めた。組織を超えた地域金融の松下村塾といった観がある。

付加価値低下への危機感

小野を突き動かしたのは、東北地域の製造業の付加価値率が顕著に低下しているという危機感だ。

小野の分析によれば、東北地域の工業出荷額は、2008年のリーマンショック、11年の東日本大震災による落ち込みを除けば、バブル崩壊以降、16兆～18兆円で比較的安定して推移していた。しかし、粗付加価値額（出荷額から原材料費を差し引いた額）を工業出荷額で割った付加価値率は、06年を境に明らかに低下傾向にあるのだ。出荷額が震災前の水準に戻っても、付加価値率はなぜか戻らず、付加価値比率は以前の35％を下回り、低位安定してしまった。

製造業における付加価値の低下とは何を意味するのか。製造業といっても、必ずしも企業の技術が有効に活用され、新製品の開発や顕著な改善につながるなど、開発提案に生かされる訳ではない。たとえば**単純な完成品の組み立てなど、付加価値の低い下請け主体に構造が変わってしまった可能性**がある。

小野はこう語る。

「金融仲介を血流に譬えると、**金融界ではこれまで資金量が問題にされてきました。成長期にあった日本経済のときはこれで良かった。しかし、成熟期には知識や情報といった様々な他の栄養素が重要になります。**血管に相当する金融機関は、どの細胞（企業）がどのような栄養（知識・情報）を必要としているかを探知し、適切に届けることができる社会的地位にいます。必要な知識や情報を生産し、どの栄養素（知識・情報）を細胞に届けるかを担う毛細血管モデルを目指したいと思います」

小野の言葉を逆手に取ると、こうも考えられる。金融機関が利ざや縮小などで収益面の余裕がなくなり、切羽詰まって手数料の高い投資信託や保険商品を売りつけたり、アパートローンなどの不動産関連融資といった企業の栄養になっていない血流を流し続けた結果、情報や知識、人材の足りない企業が成長力を失い、栄養失調に陥っている可能性だ。

小野は皮肉な分析もしている。

12年以降、地銀106行の総貸出残高は伸びているのだ。事業性貸出残高自体も伸びているが、総貸出残高における事業性貸出の割合は低下傾向にある。金融庁が地銀に取引先の事業内容を見極めて取引するよう求めた「事業性評価」を打ち出して以降も「割合」は低下している。これは非事業性貸出が、事業性貸出以上に伸びていることを物語る。

「手間暇がかかる割に低金利で収益に結びつかないと思い込み、事業性融資を避ける傾向にあるのではないかと考えていますが、違うデータもあるのです」

と、小野は研究室で筆者に語った。

産学金連携プラットフォームに初期から参加し、コーディネータを着実に増やしているある金融機関に注目して分析すると、事業性融資は増加傾向にあり、業績も堅調なのだ。しかも「破綻懸念先」のランクアップ（債務者区分の引き上げ）率も東北地区の同業、全国の同規模の金融機関と比べて高いことが判明した。

つまり、小野の取り組んできた地域と顧客に密着するリレーションシップ・バンキングは、手間をかけずに短期間で収益を伸ばすことには不向きかもしれないが、コーディネータを担える人材を育て、経費をコントロールしていけば頑健な経営基盤となるというのだ。経営の厳しい事業者のランクアップ実績を鑑みれば、コロナ禍の地域経済の持続可能性という点において、注目すべき取り組みだ。

小野が講演などで紹介した産学金連携コーディネータの支援による活動成果をほんの一部だけ取りあげる。僅かな事例だが、付加価値の向上とは何かを考える参考になる。

■集客力と売り上げが落ちていた居酒屋には、担当したコーディネータが徹底的に話し合って、課題を洗い出し、顧客層の明確化、店舗の改装、メニュー改定を実施したところ、売上高15％増、新規顧客の増加、想定顧客層の増加、社員のモチベーションアップを実現した。

■顧客から新たな価値提供を求められ悩んでいた製本機械製造メーカーには、製本機械の性能向上をコーディネータが専門の大学研究者に橋渡しすることで、性能を50％向上、試作段階での新規注文、円滑な開発資金調達を実現させた。

■完成段階での不良率が20％と高止まりしていることを悩んでいた金属プレス加工メーカーには、大学研究者への橋渡しや他の金融機関との連携で、不良率をほぼゼロにし、営業利益率を20％改善、さらに新規投資需要を喚起した。

■有機溶剤系洗浄工程を有していた表面処理会社では、独自技術の特許取得と有機溶剤レス除膜工程ラインの整備を支援することで、国の補助金の獲得や環境親和ラインの構築、大幅なコストダウン、リードタイム短縮を達成した。

■生産性向上と利益体質への転換が課題だった強電設備会社には、生産性改善の専門家の紹介と派遣、補助金申請を支援して、生産性向上はもちろん、円滑な事業承継、新工場の設立を実現させた。

コーディネータの取り組みには、無数のこうした付加価値向上の支援事例がある。しかも、毎年、新たに実践してレポートにまとめて提出し、その品質が認められることで、ようやく認定コーディネータを名乗ることができるのだ。その肩書を名刺に載せることができるバンカーは誇らしいだろう。

感染する知性

小野たちの産学金連携プラットフォームの取り組みは、山形にとどまらず各地へ、ネットワークを通じて伝播している。知性は感染するのだ。

まず、小野のアカデミックな人脈で共鳴した研究者や協力者がいる青森、東京に広がった。青森は、県が事務局を務める地域活性化のための産学金を横断するネットワーク「イノベーション・ネットワークあおもり」が受け皿となり、コーディネータ研修を導入している。

さらに東京都荒川区との連携で、技術相談、経営相談、共同研究などを行っている山形大学工学部荒川サテライトを拠点にした知財経営支援バンカー育成研修も始まった。山形、青森、東京都荒川区の3地区、計22金融機関まで連携を拡大した。2018年11月には3地区の交流研修も開催した。企業支援のコーディネータたちが組織を超えて集結することで、知の交流を狙ったものだ。このネットワークにおけるハブは、紛れもない小野だ。ネットワークの変革にハブは欠かせない。

さらに産学金連携コーディネータは、思わぬ地へ感染している。小野の活動に触発され、大分や岡山などにも独自の連携の兆候がある。

他方、小野に懸念がないわけではない。受講生の感想だ。

山形、青森、東京3地区の受講生に行った4段階評価のアンケート（4：思う、3：やや思う、2：あまり思わない、1：思わない）によれば、「このような支援は企業から求められると思うか」に対しては「3・50前後」、また「本研修内容と同様の活動を実践した場合、企業に対する金融機関の評価は変わると思うか」も「3・50前後」と評価が高かった。しかし、「貴金融機関の企業目利きと同一ですか」に対しては「2・48〜3・00強」と、他の質問項目に比べて顕著に評価は低かった。しかも、**研修年数が長かった山形が最も低い評価だった。**

組織とのギャップ——。これは一体、何を物語るのだろうか。ここで筆者に一つの仮説が浮かんだ。

やけに金融機関が認定支援機関を担って、事業者の経営支援に取り組む奇妙な山形県は**「小野スクール」に感化された個々の金融機関の人間たちが、組織の意向にとらわれず、**

目利きを発揮して企業支援に動いているのではないだろうか、と。「地域金融の仕事に携わるとは、こういうことなのだ」という自らの信念に基づいて、ある種の没頭、フロー状態で企業支援に取り組んでいるように思えるのだ。

一部の金融機関においては、コーディネータが増え、各支店に1〜2人のコーディネータが存在するようになったために、企業支援というムーブメントが閾値を超え、組織全体が変わり始めた。「組織さん」がある日、一念発起して変わるのではない。変革の感染が個の間で無数に広がったため、ネットワークの中で変化が起きたのではないか。

小野の活動は、組織という感覚ではなく、ネットワークという捉え方がふさわしい。変革の意味を考える格好の題材だ。

「カロリー金融」からの脱却

2019年9月、地域金融変革運動体東京の勉強会で、小野がスピーカーを務めて議論が交わされた。

「手段の完璧さと目的の混乱。この2つが私たちの主な問題に見える」

小野はアインシュタインの言葉を引用した。日本における昨今の「生産性向上」という言葉が、本来「手段」だったはずなのに、あたかも「目的化」して考えられている風潮に小野は疑問を投げかけた。

小野は、効率の生産マネジメントを理論化し、20世紀の大量生産時代をもたらすきっかけをつくったテイラーが考案した「科学的管理法」について触れた。

テイラーは、効率的な生産を極限まで引き上げるため、たとえば工場労働者が、何度の角度まで腰をかがめ、何時間、集中力を保って同じ作業を続けることができるのか、というところまで人間の作業の効率化を追求した。前述の通りテイラーイズムと呼ばれたこの理論は、フォード・モーターによるフォード生産方式と結びつき、米国を大量生産国家に押し上げ「超大国アメリカ」を生み出した。戦後、日本にもテイラーイズムは導入され、日本の驚異的な戦後復興を牽引した。

ところが、今度は1980年代に世界中のマネジメントの研究者が、日本の驚くべき生産性の高さを研究した。小野は説明した。

「**日本の驚異的な成長のポイントは、人間の効率化ではなく、人間の向上心だったのです。向上心こそが、生産性向上に極めて大きな役割を果たしたのです**」

小野は、日本がテイラーの唱えた時間当たりの労働力という単純化された作業の管理手法をそのまま採り入れたのではなく、トヨタ自動車に見られるように、人間の向上心、あるいは人間の成長を伴った生産を探求したのだと主張した。製造プロセスの意味、本質、何が成果を決定づけるのかを十分に理解した上で、生産性向上に取り組んだという見方だ。

小野が考える生産性向上は2つある。

①「1人あたりの労働生産性・単純化した数値ノルマによってある特定の時点で確かに生産性を高めるもの」

これは、確かに省人化、AI化によって「さらなる効率化」が可能だ。もう一つが小野自らが実践する、

②「付加価値の生産性向上」

人の向上心に重きを置いた方法だが、これを実現するには、5〜10年の時間を要する。なぜならば**人の成長を伴うもの**だからだ。

「我々は何を目的に生産性を上げるべきなのでしょうか」

小野は問題の核心に触れた。

「**人の向上心、成長を伴う生産性向上です**」

これを山形県で実現するために、小野は思案を巡らせてきた。最終的に辿り着いたのが地域金融だ。地域の最大のリソースが地域金融だったからだ。小野は地域金融の専門家で

も出身者でもない。地域の生産性向上を本気で考え抜いたからこそ、産学金連携事業という変革に一人、理工学研究科教授という**畑違いの人間**が走り始めた。金融業界の「常識」で見れば、理系の大学教授が滑稽なことを始めたとも見えるかもしれない。しかし、信念の行動に共感したネットワークは、「常識」も「理系・文系」の壁も超える。

「地域経済、事業者も人の成長曲線に似ています。成長期を終え、体に不具合が出てくる衰退期に入った。そうであれば金融も変わらねばならないはずなのに、相変わらず、貸出残高をできる限り増やすという『三食肉料理』というカロリー金融を続けているのではないでしょうか。21世紀の金融には、資金量よりも遥かに高度なものが求められていると思うのです」

ライバル金融機関からシェアを奪う狩猟型モデルだったものが、農耕型に変移するよう時代が求めているのだ。それは外見的には事業承継・相続であり、事業転換であり、M&Aであり、場合によっては廃業と第二の創業支援かもしれない。問われているのは地域をどう支えるのかという矜持だ。小野は続けた。

「ノブレス・オブリージュ（崇高なる義務）を地域金融機関は果たさなければならない。**地域金融機関のポテンシャルは『個々の金融パーソンのスキルの総和』**なのだと思います」

たった2つの金融機関のトップが小野の話に耳を傾けてくれたことから、この変革は始まった。

しぶとく戦い続けてこそ地域金融に存在価値

小野のプレゼンに対して、勉強会に出席したメンバーから意見や質問が出た。

一般社団法人日本金融人材育成協会の森俊彦会長は、

「破綻懸念先のランクアップに取り組んだ山形の金融機関で6年目以降に成果が出始めたということは、社長の口コミが広がり、中小企業診断士や税理士がどの金融マンと連携すれば話が進むのかが分かるようになり、**事業者と金融機関、支援機関や士業のネットワークが形成され、全体の動きが良くなった**のではないか」

と指摘した。

第一勧業信用組合（かんしん）の新田信行理事長（当時）も続いた。

「私が理事長として『かんしん』に入った時、最初に手を付けたことは、破綻懸念先のランクアップでした。『短期でやるもの、長期でやるもの。自分でやるもの、任せるもの』という具合に、明確な優先順位をつけることが経営です。**明確な優先順位を付けられないものは経営ではありません**」

経営危機に瀕していた地域金融機関に身を投じ、コロナ禍でも多くの事業者から頼りにされる存在に建て直した新田のような優れた経営者は、残念ながらごく僅かだ。どうして地域金融機関は組織として力を落としてしまったのかについて広島銀行出身で、金融庁で地域金融行政の司令塔を担う日下智晴が答えた。

「銀行は、統合的リスク管理の罠に陥り、ともすると、**地域に存在している事業者、顧客をリスク量で見るようになってしまい、顧客そのものに関心を失ってしまった**」

と、不良債権問題以降、金融行政と金融業界が歩んできた歴史の本質をえぐるような見解を述べた。

地域の銀行という組織が学ぶべき文化、学ぶべき習慣を取り戻すにはどうしたらよいのだろうか。この疑問に対して意見を述べたのはゲストスピーカーとして参加していたマネーフォワードFintech研究所長の瀧俊雄だった。

「地元出身の方で地元の金融機関に入ったのであれば、地元への誇りや矜持があるはずです。**恥の文化に訴える**のは効果的だと思います」

テレビドラマで人気を博した「逃げるは恥だが役に立つ」とは、ハンガリーのことわざだ。「逃げれば、戦う場所を選べるようになる」というのが本来の意味だ。戦況に応じて対応しながらも、工夫を凝らして、しぶとく戦い続けるのが、「ノブレス」である地域金融機関の存在価値だ。地域から逃げるのを恥とも思わず、創意工夫もなく戦意を喪失した地域金融機関は役にも立たない。「捨てられる銀行」だ。

学びを失った地域金融機関の行く末はどうなるのか。地域金融に豊富な経験を持つ一般社団法人地域の魅力研究所代表理事の多胡秀人の言葉が適当だ。

「上場地銀は、金融庁は気にするが、ともすると株主のことも顧客のことも気にもとめなかったかもしれない。しかし、**未来に絶望した人が大量に辞め始めると、急に浮き足立ってきた**」

「学習なき組織」はヒューマンリソースの崩壊をもたらす。小野は勉強会での発表を次の言葉で締めくくった。

「クラーク博士の言葉とされる有名な『青年よ、大志を抱け！』には続きがあるのです。当時は、江戸幕府の封建制が終わり、努力次第で未来を変えることができる時代に移りました。そういう時代背景から、未来を変えるのは君たちだという意味だったのです。**『未来を変える行動に踏み出すべきだ』**とクラーク博士はおっしゃっているのです」

2 荘内銀行・科学技術に精通したバンカーの課題解決支援

科学技術を話すバンカー——荘内銀行・渡邊浩文

「千葉では人気のバンドだったんですよ」

2019年8月6日、山形花笠まつりで賑わう大通りから少し外れた七日町の鳥料理「河島《かわしま》」。対座した荘内銀行の渡邊浩文は、若い頃は音楽で人生を切り拓きたかったという、思いがけない身の上話から切り出した。

渡邊は鶴岡市出身。千葉の大学に通い、学生寮で一部屋に大学生4人暮らし。決して裕福な生活ではなかったが夢はあった。3歳からピアノを習い、音楽に懸けてみようという青春時代を送っていた。

しかし、突き付けられた現実が渡邊の人生を変える。漆塗り師の父が体調不良で、渡邊が家計を支えなくてはならなくなった。1990年、音楽への道を諦めて、荘内銀行に入行した。筆者の作品にはなぜかミュージシャン、元ミュージシャンの金融マンが登場する。みちのく銀行の小山内創祐、飛驒信用組合の古里圭史。これで3人目だ。

三者三様だが、いずれも音楽に真剣であったし、地域金融に本気だ。芸術性や美的センス、時代の空気を感じ取る感性に秀でて、そして情感が豊かなのかもしれない。「冷めた銀行員」というステレオタイプの人間が多い中、彼らは不思議な魅力を放っている。

渡邊を取材した理由がある。ネットワークのスーパーハブ、すなわち山形大の小野から「技術の分かる数少ないバンカー」との太鼓判を得たからだ。しかし、鳥料理屋で目の前に座る渡邊は、大学時代は音楽に憧れた、根っからの文系出身の人間。何が渡邊を変えたのか興味が湧いた。

渡邊の転機は96年に配属となった桜田支店だ。

センタレス（芯なし）研削盤メーカーのミクロン精密（山形市）からスピンオフした研削盤メンテナンス会社が新工場を建設することになり、その融資案件を渡邊が担当することになった。

芯なし研削盤とは、円形の金属加工物をつくる際に用いられる装置だ。自動車のピストンなどの生産・加工には不可欠な作業だ。加工物の形状や精度などによって最適な研削方式が採用される。代表的な研削方式は、インフィード研削とスルーフィード研削だ。

インフィード研削の場合、円筒状の調整砥石とブレードで支えられた加工物を回転させながら同じく円筒状の研削砥石で削りだしていく。目指すは、完全なる円、つまり真円だ。完成度を左右するのは調整砥石、ブレード、加工物の3点の位置関係を保ったまま正確な回転を与え、高速回転する研削砥石で削りだしていく加工技術の精度にある。

加工物に存在する極小の突起物を削っていく一定割合でひずみが小さくなることを造円作用という。加工物は、研削砥石、ブレード、調整砥石の3点と接するため、削り出していく工程で最終的には同じ1点に研削のポイントが絞り込まれていく。これによってミクロンを超え、ナノレベルで真円に近づけることができる。

一方、スルーフィード研削は円筒状の長めの加工物をつくる際の方式だ。一定の角度で軸が傾けられた調整砥石によって加工物に回転と推力が加えられる。加工物は、ブレード上を滑るように回転して、研削砥石に削り出されながら移動していく。調整砥石の回転速度が速く、調整砥石の傾きの角度が大きいほど、加工物の推力は大きくなる原理だ。つまり、砥石の傾きが急なほど、速いスピードで加工物は研削されることになる。

「単なる銀行員」では地域の役に立てない

以上のことを融資や審査を担当する銀行員の読者はどこまで知っているだろうか？　もちろん、筆者は何も知らない。執筆に際して、ゼロから学んだが、桜田支店で営業担当となった渡邊もそうだった。

「初めは、お客様が何を話しているのかさっぱり分かりませんでした」

技術用語辞典をひっくり返して、分からない用語を片っ端から調べてみたが、**それを説明しているはずの基本の技術用語すら理解不能**だった。

（これは科学技術を知らなければダメだ）

愕然とした渡邊は銀行員としては奇異な行動に走った。

山形県商工労働部へ「これは何ですか。何を意味しているのですか」と、聞き込みに出向いたのだ。普通の銀行員であれば、まずここまでしない。渡邊が尋常ではないのは、ここからだ。商工労働部の県職員が困っている渡邊を見かねて、県工業技術センターに行くようにアドバイスしたところ、なんと渡邊は2週間連続で、就業時間後、自主的にセンターへ通い詰めたのだ。

センターの担当者も好意的であった。就業時間外にもかかわらず「変わり者の銀行員」に付き合ってくれた。

「センタレスグラインダーとは何ですか」

という初歩的な質問から、分からないことを一つ一つ潰すように学び取っていった。パソコンもメールも銀行では普及していない時代だ。毎日、根を詰め、体にしみこませるように技術用語や仕組みを覚えた。

新工場建設計画は、時期尚早ということで結局、融資には至らなかった。しかし、会社社長と技術担当者から渡邊は声をかけられた。

「よく君はここまで分かったね。君だけだよ、銀行員で技術の話ができたのは。あとの銀行員は融資の担保はこうです、金利はこうです、と融資条件しか話してこなかったよ」

過去の経験を徒労とするのかどうかは、未来に踏み出す行動が決める。未来へ有益な形として引き継いだり、学習経験として別のチャンスで生かせれば、徒労でも無益でもない。技術の真価を知らずに、融資案件を獲得し、期中の収益に貢献したと褒められることの方が見方によっては無益だ。

ところが渡邊は２００１年に異動となった酒田中央支店で、再び行き詰まった。営業エリアの工業団地を担当したが、またもや技術者たちの話がほとんど理解できないのだ。そう。科学技術と一口に言っても多種多様なのだ。機械、電気・電子、通信、バイオ、FA（**Factory Automation**）、化学、科学など広範であり、渡邊が「かじった」前述の金属研削は、その一つに過ぎない。渡邊は科学技術という広大な「宇宙」を垣間見たに過ぎなかった。現実は甘くない。

「これでは理系、技術系の人間とまともな話はできない。取引先の工場で一体、何をつくっていて、その水準はどれくらい高いのか、先進的なのか、競争性はどうなのか。銀行

内では誰も理解できないのではないか。このようなことで銀行は、地域の役に本当に立てるのだろうか」

と、渡邊は痛切に感じた。

渡邊は、若い頃から銀行員として営業成績を出していた。そのため、科学技術を学ぼうとすることに対して、周囲からのプレッシャーは感じなかったという。「やることをやった」上で、科学技術にのめり込む渡邊は、周囲の目にとりわけ「変わった人物」と映ったであろう。心理的安全な場で熱中できる変人ほど、変革を引き起こしやすい。

酒田中央支店のメンバーには恵まれていた。

当時は、不良債権処理に奔走する厳しい時代だったが、支店内ではストレスの押し付け合いなどもなく、一緒に働いている人たちの人柄に救われた。ただ、心の中で思っていた。

(「銀行員」をやっているだけでは、本当の意味で地域の役には立てない)

渡邊は行動に移した。この日から「単なる銀行員」であることをやめた。

科学技術の洗礼、そして伝道者へ

2004年、渡邊は銀行内の公募制度に応募し、山形県産業技術振興機構(有機エレクトロニクス研究所）に出向した。

有機エレクトロニクス研究所は、白色有機ELの開発で知られる山形大学工学部機能高分子工学科教授（当時）の城戸淳二が所長を務めていた。さらに副所長に就いていたのは、元三洋電機の米田清だった。

米田は、三洋電機とイーストマン・コダックとの合弁事業で、高解像度ながらも消費電力が低いアクティブ型フルカラー有機ELディスプレイを世界で初めて商用生産・出荷を行ったプロジェクトの陣頭指揮を執った人物だ。１９９０年代に低温ポリシリコン液晶事業、ハンディカムのモニター用途向けパネルの量産を成功させていた。

渡邊は科学技術の奥深さにカルチャーショックを受けた。出向は当初2年のはずだったが3年に延長した。出向先からの強い要望があったことと、渡邊以外に最先端のエレクトロニクス技術を引き継ぎ、研究者と共に「有機エレクトロニクスバレー構想」を進展させる人材がいないと判断したからだ。

当時、米シリコンバレーにならい、山形県を「有機エレクトロニクスバレー」にしていこうという山形有機エレクトロニクスバレー構想が立ち上がった。ここに加わっていたのが山形大の小野であった。

05年、研究所生活が2年目に入っていた渡邊は自身の経験から「**銀行は大学とも本格的**

な人材交流をしなくてはならない」と、強く思うようになっていた。研究所の科学技術をどのように県内企業と融合させていくか。それには**銀行の中に科学技術を分かる者がいなくては話にならない。「ものづくり」から逃げないテックバンカーだ。**

「有機ＥＬだけでなく、様々な科学技術を企業につなぐため是非、銀行と大学の交流事業を成し遂げたい」

と、山形県産業技術振興機構でコーディネータを務め、渡邊と机を並べていた近藤健夫（元山形大学工学部事務長）に相談したところ、山形大学工学部教授の小野と高橋幸司に会うよう奨められた。

ただし、このとき渡邊は、衝撃的な話を知ることになる。実は、２年前に山形大学から協定話を持ち掛けたが、なんと銀行側が断ったというのだ。当然、小野たちは銀行を快く思っていないだろう。しかし、渡邊は近い将来必ず銀行と大学の連携が必要になると強い信念をもっており、思い切って面談に臨むことにした。

「これからの地域に必要なことだよね」

２００５年11月、面談は山形県米沢市の山形大学工学部キャンパスで行われた。渡邊から、①荘内銀行と山形大学が連携協定を結び、大学と企業の共同研究プロジェクトを発足させ、実用化を支援していく「産学金連携」、②大学での研究成果をいかして起業する際の協力、さらには、③連携協力のための人材交流、を提案した。

案の定、小野、高橋の表情は険しい。小野が口火を切った。

「渡邊さん。あなたは、2年前に大学側から県内の金融機関に、大学との協定を持ち掛けたが『それがどう銀行の収益になるのか分からない。収益にならない協定は意味がない』という理由で断られた経緯を知った上で、ここに来ているんですか」

「はい。経緯は知っています。しかし、協定は必ず締結しなければならないと思ったのです」

渡邊は情理を尽くして説明を続けた。渡邊の提案内容は、具体的である。

小野、高橋は、渡邊が正面からやってきたことを評価していた。「過去のわだかまりは一切感じていなかった」（小野）という。人事交流によって、お互いの文化を知り、新たな連携が生まれることをよく分かっていた。銀行と大学が連携することで地域企業へ、これまでできなかったような支援ができるようになるのは明白だった。小野、高橋に渡邊の熱意が通じ、双方が連携協定の締結に向けて努力することで合意した。ただ、小野は渡邊に対し、交流事業の真の目的を念押しした。

「**いいですか。銀行のためにノウハウを還元するのではない。あくまでも事業化や事業**

者の技術向上のためですよ」

もっともなことだ。さらに小野は渡邊に試すように聞いた。渡邊の正論は銀行組織では受け入れられないのではないかという疑念を抱いていたからだ。

「渡邊さんは、組織を説得できますか？」

「自分の話を聞いてくれる役員に掛け合います」

と、渡邊は精一杯の返答をした。

渡邊は、米沢地区を担当していた専務や法人営業本部長の常務などに交流事業の必要性を訴えた。幸いにも渡邊の話に耳を傾けてくれ、取締役会にかけることになった。

ところが取締役会では、人材交流事業への異論が多く、形勢は不利だった。一度、組織として断った話を蒸し返して、過去の判断を覆すのは並大抵のことではない。しかし、じっと話を聞いていた頭取（当時）の町田睿《まちださとる》が口を開いた。

「これからの地域に必要なことだよね」

この鶴の一声が役員会の流れを変えた。山形大と荘内銀行の人事交流事業の方向性が決まった。荘内銀行を皮切りに、県内の他の金融機関も山形大との産学金連携に加わっていくことになった。渡邊が動かなければ、小野がそれを受け入れなければ、取締役会の風向きを今は亡き町田が変えなければ、何も始まらなかった。

変革はなぜ起きるのか。科学技術の洗礼を受けた銀行員は、いつしか伝道者になった。多くの人間はどうしてこのような変革が起きたのかを知るよしもない。渡邊本人が殊更に強調することもない。一つ確かなのは**組織が変革をもたらした訳ではない。突出して走り始めた個が正論と情熱で周囲を巻き込み、組織がそれを否定できず、推進し始めたからこそ変革が起きたのだ。**

社会的な関係性の豊かさ

渡邊は交流事業にこぎつけたことに安堵していた。しかし、心中複雑なものがあった。本来は、言い出しっぺの自分が山形大学へ行くのが筋であったが、それができない事情があったからだ。

それは当時、県庁から持ちかけられていた新エネルギー・産業技術総合開発機構（NEDO）への出向話だった。NEDO側も渡邊の受け入れを内諾していた。しかし、いざ銀行に話をもっていくと、渡邊は出向が長期に及び、それも既に1年延長していたことからNEDO出向案件は否認されてしまった。銀行と大学との交流事業からも外れてしまった。渡邊は、銀行に戻るしかなかった。ただ、失意はなかった。それどころか、（居場所は違うが、銀行という立場から小野先生のプロジェクトを推進しなければなら

ない）

と、決意を固くしていた。

結局、このあたりの詳細な経緯を渡邊は、小野・高橋に言い出せなかった。

「『なんであいつ（渡邊）が来ないんだ』と小野先生、高橋先生は思われたかもしれませんが、言わなくてもきっと分かってくださると思っています」

と、鳥料理屋で渡邊は穏やかに語った。「分かってくださると思います」とは妙だ。問い質してみると渡邊は、小野、高橋とサシで酒を交わしたことさえないのだという。「なあなあ」ではない。山形の商工を真剣に考える距離感なのだという。

このあたりの人間の心模様、そしてネットワークは興味深い。「庄内や米沢の気質」と一般化してしまって良いのかは分からないが、**「いちいち言わなくても分かる」という人間関係は確かにある。頻繁に連絡を取り合い、濃厚に付き合う繋がりもあるが、「言わなくても分かる共振関係」は、言葉以上に行動がものを言う。「ベタベタ」するのが必ずしもネットワークではない。**

渡邊は語る。

「北欧文化にある『社会的な関係性の豊かさ』（社会関係的知的資本）に似ていると思います。金や権力に惑わされない親愛的関係で発揮される力であり、個と共同体に共有された問題解決の方法ともいえます。そこで展開される自律的な判断と実践があるのです」

「県のワタナベさん」

2007年、渡邊は天童中央支店次長に異動となった。

山形県で、天童の工業出荷高は高い。にもかかわらず、荘内銀行には法人取引が少なく、攻めあぐねていた。そこで科学技術という「言語」を持つ渡邊に白羽の矢が立った。

渡邊は天童のものづくりに合わせて、支店の人員配置を最適化するように提案した。工業だけではない。地元農家を継いだ若手が育てた冬に満開の花を楽しめる啓翁桜《けいおうざくら》を使った6次産業化の支援も行った。天童は幕末に掛けて織田氏が治めたことにちなんで「楽市楽座」を模して、支店の駐車場を貸し出し、自分たちでつくった啓翁桜を売ってみるマルシェを開きたいという夢も叶えた。偶数月の15日の年金感謝デーに合わせて、若者がつくった米、野菜、桜を販売する産直イベントも行った。果樹園向けのオーダーメイド商品も提案した。町田頭取が始めた土日営業も有効活用して、地元の顧客ニーズに応えた。

取引先の事業者からは「県のワタナベさん」と認識されていた。県庁出向時代「山形県産業技術振興機構プロジェクト推進課課長代理のワタナベです」と、挨拶してまわっていたからだ。銀行員とは一切口に出さなかった。渡邊のことを「技術専門の県庁職員」と思い込んでいた事業者の多くが、実は銀行員であったことに驚いたという。渡邊は事業者を訪問して気づいた。

「やはり銀行の担当者は経理部長としか会っていないな」

当然だ。銀行員には科学技術の話などできないからだ。しかし、繰り返すが、山形県は製造業比率が高い。こうした地盤で銀行の全員とは言わないまでも、誰ひとりとして科学技術を語れないということで本当に良いのだろうか。

「次はどういう技術開発をお考えですか」「解決すべき技術課題は何ですか」

経営者や技術責任者とこういう会話を普通に交わすことができた渡邊は「異色の銀行マン」と映ったに違いない。**人ができないことをできるということは圧倒的な強さ**だということを、これからの若い銀行員は肝に銘じるべきだ。

09年、渡邊は山形市の北町支店長となった。

山形市の中心部から北側の郊外にかけて、多くの中小企業が工場と自宅を構えるようになった。「小さいものづくり」が特徴の地域だ。

事業者も様々だ。大別しても4分類ある。①独自製品を企画、開発、生産、販売まで手掛けるメーカー、②大量生産を請け負える事業者、③独自の高い技術でＯＥＭ（他社ブランドの製品を製造）を請け負う企業、④単純な下請け事業者――。

それぞれに違う支援メニュー、アプローチを渡邊は考えた。技術の観点でみれば、課題や困っている悩みがそれぞれ違うのは当然で、支援のあり方もそれに応じなければならなかった。

課題解決型営業の礎を築く

2年間の北町支店長を経て、2011年2月から渡邊は新設された法人営業部企業推進室に配属となった。法人営業部は、部署名を変えているが、現在も渡邊は営業推進部コンサルティング営業室に身を置いている。

「法人営業部企業推進室」は当時持ち株会社フィデアホールディングス取締役会議長だった町田の肝いりで創設された。ミッションは、取引先の本業支援、地域の課題解決のための専門部署だ。当初は県商工労働部の部長級職からやってきた理事佐藤昌弘、銀行から佐藤利哉、渡邊を含めて3人でスタートした。人材交流事業を地域の課題解決にどのようにいかすのか、課題解決型営業の礎をどう築くのか、人数の最適な配置、取り掛かる案件の優先順位、どのように組織文化を醸成していくのか、公的な商工政策の活用などが1年目の仕事だった。

町田は18年1月に逝去した。筆者は町田を取材したこともあるが、残念ながら荘内銀行における法人営業部創設の経緯を聞く機会がなかった。よって筆者の私見に過ぎないが、旧富士銀行（現みずほ銀行）、荘内銀行、晩年の北都銀行会長時代を通じて銀行を知り抜いた町田だからこそ、閉塞し、均質化しがちな銀行に人材交流事業を導入し、外部の人材を招いた部署を新設することで、地域の課題を解決する起爆剤としたかったのではないだろうか。

渡邊が法人営業部に配属されてまもない11年3月11日、東日本大震災が東北地方を襲った。半年近くは震災対応を優先せざるをえなかったが、企業が求めているものと銀行の収益を両立させる方向性は見え始めた。専門家派遣事業、ものづくり補助金の認定支援で動き始めた。

2年目は、事業者の経営課題の把握を県内の5つの地域中核店（母店）に浸透させていくことがミッションとなった。**金融庁が事業性評価を掲げる以前から、地域の課題解決に取り組むことが業績評価にも反映されるようになっていた**ことは特筆すべきことだ。渡邊はこう語る。

「現場の抵抗はありませんでした。むしろ『待ってました！』という感じです。法人営業の担当者は、融資だけではお客様のお役に立てないことが分かっていたんです」

営業で荘内銀行が相手にしてもらえなかった「難攻不落先」に対しても、技術を含めた経営課題を把握し、それを解決する術を提供する積み重ねがあってこそ、話を聞いてもらえるようになるのだと気づいたのだという。

金融機関だからできる工程管理が重要

3年目には、国との人材交流事業も始まった。東北経済産業局からの出向者、畠山淳一がやってきた。当時、国との交流事業は東北6県で荘内銀行だけだった。荘内銀行では既に県の人材を銀行内でも要職に据えており、人材交流を地域の課題解決に活かす素地が銀行内にあると判断されたため国の交流事業にも発展したのだ。これで渡邉のチームの陣容は4人となった。

異文化の人間が加わるとネットワークは、エコーチェンバー（同調）化に陥らずに活性化する。渡邉たちに、畠山が加わったことで、課題解決支援の幅が一段と広がった。

それは国の支援事業の活用法だ。市町村でさえ、国の中小企業支援策をよく分かっていないのが実情だ。このため荘内銀行が自治体と連携することで、国の施策の使い方を共有できるようにしたのだ。

企業が使い勝手が良い施策とは何か。ものづくり日本大賞、中小企業庁の「元気なモノ作り中小企業300社」などで、認定・選定されると補助金を認められやすくなる。またこうした準備には、数ヵ月から数年をかけて取り組まなければならず、何よりも**工程管理が重要**になる。公募が決まってから企業支援に動き出したのでは遅い。ものづくり日本大賞や何らかの実績を残さなければ国の施策には選ばれない。つまり「県の施策でここまでできた」という実績を示し、さらに経済対策に合致しているのかというメドがなければ国の支援を受けることは難しいのだ。

「公的な施策を活用しての企業支援にはプロデューサーとしての工程管理が何よりも重要なのです」

という渡邊の言葉に重みがある。

だからこそ金融機関などの専門家集団による支援が不可欠となる。事業者は技術を磨くことはできるが、同時に生産体制の最適化や改善、借り入れ・返済の資金繰りまで万全な目配りをするのは難しい。ましてや、中小企業支援制度に精通することなどほとんど不可能に近い。言わば、プロの技を磨くスポーツ選手と、最高のパフォーマンスが発揮できるように支えるチームの関係に等しい。

国の施策は幅広く、使いこなすには相応の知識も必要だ。こうした事情を経産局から来た畠山が解説するセミナーを開催したところ、大好評だった。

「具体的にどうすればいいのか教えてほしい」

と、多くの企業から問い合わせが寄せられた。今まで銀行から低金利の融資提案などの営業を仕掛けても振り向いてくれなかった企業が、経産局からやってきた畠山の話に前のめりの関心を示しだした。それを目の当たりにした渡邊たち銀行員もどう動いたらよいのかを学んでいった。

「なんでそんなに分かるの？」

4年目の2014年には、中小企業支援策について寄せられた中小企業のリクエストに応えるための準備、つまり工程管理に乗せる作業が始まった。

渡邊は銀行の中期経営計画で示された「ものづくり企業の支援」の一環で、実動部隊となり、取引のない企業にアプローチして、課題解決型営業を実践することになった。

その一つが木工家具のOEM企業、朝日相扶《そうふ》製作所だ。工場を視察した渡邊は、社長の阿部佳孝に話し始めた。

「乾燥工程はどうされているのですか？　仕掛かり品が多いのではないですか？」

木工の製造工程では、木の乾燥に時間が掛かる。そこを渡邊は指摘したのだ。

「どうしてそんなことが分かるんだ」

と、阿部が驚いた。無理もない。銀行員として応対していた人間からこのような指摘をされるとは、普通の事業者には思いもよらない。

渡邊は**工場さえ見れば、課題を見つけられる自信**があった。乾燥工程を短縮するための乾燥装置を導入してはどうかと提案し、さらに導入事例も併せて紹介した。

荘内銀行は朝日相扶製作所と取引がなかった。しかし、阿部は、渡邊が技術への知見だけでなく、国や県の中小企業支援制度にも精通していることに関心を持った。

ちょうど、トヨタ自動車が使っている設計支援ツールのソフトウェア「フル3次元CAD/CAM」を更新する計画があったので、7つの金融機関を集めて、補助金活用策のプレゼンをさせてみた。どう具体的に申請書を書くのか。それでどのように補助金を活用し、どう収益につなげるのか。そのプレゼンのコンペだ。

選ばれたのは、取引すらない荘内銀行だった。阿部と技術部長が銀行取引の有無にかかわらず、技術の分かる渡邊と仕事がしたいと決めたのだ。

それから渡邊は2週間、会社に通い詰め、技術部長と一緒に補助金の申請書をつくりあげた。

「なんでそんなに分かるの？」

阿部の疑問はもっともだ。

実は、渡邊は朝日相扶製作所の協力会社の実態を調べあげていた。何がどのようになっているのか、どんな装置で、どんなやり方でやっているのかを把握していた。さらに渡邊は筆者の取材に恐るべきことを口にした。

世界で戦える技術の相関図

「県への出向時代に、どの会社にどの技術があるのかを頭にたたきこみました。『自分だったらこういう手を打つ』という戦略を自分なりに組み立てていました。『この技術は絶対に世界に出ることができる』という会社はあるのです。そのうちの一つが朝日相扶製作所でした」

そうした「技術の相関図」が渡邊の頭にはあった。知識とは、その活用によって輝きを放つ。「**こうしたら、ああなるぞ」と面白がって、思考実験や対話を繰り返すことで個々の原石としての技術が輝く「ダイヤモンド」**となるのだ。

朝日相扶製作所の強みは、どんな複雑なデザインの木工家具でも納期に合わせてつくる能力と生産体制を備えていることだ。相手先ブランドによる木工家具のOEMで国内首位。世界中、どの会社とも仕事ができる圧倒的な独自性を持つ。

そんな朝日相扶製作所に目を付けたのが、デンマークの家具メーカー「ワンコレクション」だ。ワンコレクションは国家施策として、国連本部ビルの議場の椅子の製作を請け負っていた。国連からは、特殊な形状と強度を出すよう、高い完成度を求められた。しかし、約260脚もの高品質な椅子をワンコレクションの技術者だけで納期に間に合わせることはできない。世界中を探したワンコレクションが最後に辿り着いたのは朝日相扶製作所だった。決め手は、朝日相扶製作所が得意とする「継ぎ手」で高い強度を出す木工の技術力。精度の高い継ぎ手の技術があれば、一本の木よりも高い強度を出すことができるのだ。

付加価値の高い椅子をつくる朝日相扶製作所といっても国内だけの販売では先行きが難しい。海外売り上げ比率を上げることが経営課題であった。一方、北欧家具メーカーの課題は、職人数の減少であった。職人が高齢化で引退していくため、受注に生産能力が追いつかないのだ。北欧では比較的大きいといわれるメーカーでも職人は30人ほど、というのが現実だ。しかし、140人もの職人を抱える朝日相扶製作所であれば、難しい注文を大量に、しかも短い納期で生産できるという強みがある。

「だとすれば、技術を売りに行けるんじゃないか」

渡邊はそうにらんだ。

1950年代の家具デザイナーがつくった製品の形状は極めて難しい。それを復刻した椅子は、一脚20万~160万円もするにもかかわらず当たり前のように売れていく。

「そこで、もうひとひねりしたんですよ」

と、渡邊はにやりとした。このときレストランで食事をしながら渡邊の取材をしていたのだが、渡邊は料理になかなか箸をつけようとしない。穏やかな口調だが、話に熱中して食事を忘れている。面白くて仕方がないのだ。

渡邊によれば、日本から北欧までは船便で四十数日を要する。北欧ブランドの製品を日本のOEMでつくることができるのであれば、中国、韓国などのアジア市場には、より地理的に近い日本から輸出した方が輸送費を削減でき、納期の短縮にもつながる。このスキームが経済産業省の採択する地域中核企業創出・支援事業（現地域企業イノベーション支援事業）に選ばれた。

経営者の先回りをできる銀行員

しかし、疑問が湧いた。どうして朝日相扶製作所に北欧とのコネクションがあるのだろうか。渡邊によれば、北欧在住のアドバイザー的な存在が偶然いたからだという。「今、こういう状況だよ」という現地からの情報提供が、朝日相扶製作所の進むべき方向性の貴重な羅針盤となった。

さらに東北経済産業局の情報提供も事実を裏付ける参考になった。こうした複数の情報に基づいて渡邊たちは、自分たちの想像や仮説を確かめながら海外展開の構想を組み立てることができた。そして、たまたま荘内銀行から東北経済産業局に出向していた原田拓《たくみ》が銀行に戻っていたことも大きかった。原田は経産局で、地域中核企業創出・支援事業を担当していたのだ。

原田は自分が経産局で培ってきた経験を県内のどの企業にいかせば良いのかを考えていた。それを相談された渡邊は、まさに「それが朝日相扶製作所ではないか」と思いつき、2人で朝日相扶製作所を訪問し、提案したのだという。全国でも地域中核企業創出・支援事業に採択されたのは十数社。その1社に選ばれたのは大きかった。朝日相扶製作所と渡邊は最大限にこれを活用した。

さらに東北芸術工科大学の坂東慶一教授の協力も得た。坂東はオランダのデザイン事務所で働いた経験を有していた。このことを知っていた渡邊は、オランダの仕事ともつなげることができるのではないかと考えていた。かつて、渡邊は、大商金山《たいしょうかねやま》牧場の山形県産豚肉をブランド化するために結成したプロジェクトで、チームに加わってもらった坂東と知り合っていた。オレンジ色のデザインで統一し、高級感を出そうということで坂東と協業した経験があったのだ。こうしたネットワークが決め手となった。

「考えていてくださって、すごく嬉しかったことがあるんです」

ある時、渡邉が朝日相扶製作所の阿部社長に今まで心に秘めていたことを話した。それはOEMではなく、自社ブランドの立ち上げだった。

朝日相扶製作所はOEM専業として、その地位と信頼を勝ち得た。阿部にこのことを尋ねてみると、

「コーポレート・アイデンティティ（CI）の重要性は以前から認識していました。費用が課題でしたが、地域中核企業創出・支援事業でできるということで乗り出しました。また、海外に行ってみると社名のSOFU（相互扶助）は理解されず、CIはやはり必要だと再認識しました。ただ、OEM専業メーカーとして、自社ブランドは持たないことをお客様と約束してきました。ですから、将来的には、自社製品の販売会社としてのセカンドブランドという考え方はあります」

との答えが返ってきた。**経営者が考えていること、悩んでいることを先回りし、相談相手になってこそ、銀行員として付加価値の高い仕事**ができるのだ。

「**言わなくても分かる関係にならなければいけません**」

朝日相扶製作所と5年しか付き合っていない渡邉はこう語る。朝日相扶製作所は山形市の中心部から離れた場所にある。仕事に没頭できる環境だ。これだけの技術レベルの会社になるとちゃんとした提案ができないと銀行も足が遠のく。阿部も「銀行の付加価値」を

しっかり考えた上で、取引をしている。

朝日相扶製作所の阿部は創業者阿部宗一郎の孫。2005年、先代の社長の急逝で係長から一気に社長を務めることになった。手探りで経営に臨んだが、低価格競争で中国やベトナムに負ける戦い方を避け、難しい注文に応え続けた。そのための生産能力、技術、生産管理のカイゼンを続けた結果、世界最高峰のOEMとなった。阿部は語る。

「我々は世界最高のブランド『エルメス』からの受注を目指し、日々研鑽しています。だからこそ貸出条件しか話さない銀行員は残念です。銀行員も付加価値を追求できるはずです」

「本当はこういうことがやりたかったんです」

2015年、渡邊は現場から再びふるさと振興部（旧法人営業部）に戻ってきた。設立から5年目を迎え、ソリューションの幅は広がっていた。たった3人から始まったチームは、いつしか8人に増えていた。18年、営業推進部に改称され、事業承継支援グループやソリューショングループなどが設置された。

人事交流で銀行にやってきた東北経済産業局産業部部長の森谷甚栄は、さらに渡邊たちの課題解決支援を強力に後押しした。経産局の産業部部長ともなれば、大抵の市長よりも地域振興に関する豊富な情報を持っている。そして、いつでも市長と会える。銀行員とは次元の違う動き方ができるのだ。市町村と銀行がどう協力して、何をやっていくべきなのかを森谷は導いてくれた。

航空機、自動車、電気機器などの部品製造を手掛ける難度の高い「裾野産業」（サポーティング・インダストリー）をどうしていくのか、新素材の研究開発事業をどのように展開していくのか。たとえば金属と高分子の融合による不燃性壁材をどういうコンソーシアムで開発・製造をしていくのか。また、どのようなスケジュール感で工程を進めるか。こうしたまとめ役も森谷は果たしてくれた。もはや銀行員の領域を遥かに超えた活躍だ。

銀行という組織は本来、融資を通じて、豊富な情報を持ちながら事業者にアクセスすることができる強みがある。こうした銀行が、課題解決支援のために、経産局など国の施策に精通し、調整力のある人物を人材交流で招くことは、地域経済の将来を大きく左右する。人材交流と一口に言うが、渡邊たちの場合はいわゆる「お飾り」ではない。**「銀行員だけでは、話を通したり、取りまとめることが難しい調整力」を発揮してもらうための大切な役回りを期待されている人事交流だ。**

16年には、様々な組織に出向していたメンバーが戻っており、その後のソリューショングループの中核を担った。それぞれ事業者から課題を聞いて来ることができる体制となった。渡邊は嬉しそうに話す。

「現場の営業担当者とソリューショングループのメンバーが一緒に事業者のもとに行くと、経営者と交わす会話の専門的な内容に驚かれるんですよね」

課題解決支援事業の第一歩は、事業者の悩みを聞き出すことだ。技術を知っていることは重要だが、それだけでは十分ではない。

渡邊たちのソリューショングループも当初と比べると大きく変わった。

ソリューショングループが「本業の足りない部分はここですね。こちらでお役に立てることはこれです」と言えば、事業者は「じゃあ次の展開、打ち手はこういうのがいいだろうか」と尋ねてくる。それに対して「こうした問題を検討し、準備を進めておかなければなりません」と返す、言葉のキャッチボールが長く、深く続くようになった。

こうした相談型の営業が当たり前のようにできるようになった。ある現場の若い営業担当者はソリューショングループの動き方に感化されて、次のように話したという。

「本当はこういうことがやりたかったんです」

自然発生的に動き出すチーム

本書で取りあげる渡邊たちの課題解決支援は、ごく一部の事例に過ぎない。

事業者が技術で勝負するならば、戦うべきは世界だ。それに寄り添う課題解決支援は、そうした覚悟と戦略を持って、あらん限りのネットワークを駆使して、補助金の申請から、ブランディング、販路の拡大なども自分事として、取り組まなければならない。

「生半可な他人事《ひとごと》コンサルでは太刀打ちできませんよ」

渡邊は現実の厳しさを教えてくれた。

それにしても渡邊たちソリューショングループのようなチームにどうしてこのような事業者支援ができたのか。渡邊によれば、**メンバーの大半に外部への出向経験があり、銀行員としては特殊な人間の集まりだから**だという。つまり変人集団だ。

「自然発生的にみんなが動き出すんです」

渡邊は依然として料理に箸をつけないまま、身を乗り出して語り続けた。

人の動きでチームのありようが分かる。たとえば渡邊たちソリューショングループでは電話が鳴り、誰かが応対していると、その会話で漏れ聞こえる言葉を手がかりに、別の仲間が、必要なデータや現況などをそれぞれの得意分野に応じて「自然発生的」に調べ始めるのだという。誰に指示される訳でもない。ルールや手順もない。各人が「役立ちたい」という内発的動機に突き動かされている。これこそ「心理的安全な場」である。この場づくりは誰の手によるものか。この質問に渡邊は答えた。

「銀行の外で異文化に触れた人間の集まりだからだと思います」

ネットワークでつながる者同士が均質化しすぎると、なれあいや惰性、遂には社内政治がはびこり、ネットワークは輝きを失う。均質化しようとしない者への静かな攻撃が始まる。人との出会い、本との出会い。そうした「未知との遭遇」という刺激がネットワークを活性化させるのだ。銀行が輝きを失っているのは、エリート意識という要塞に立てこもり、外界の環境変化からひたすらに身を守ろうとしているからだ。

銀行の収益は厳しく、短期的な収益に頼らざるをえない現実もある。かつては、企業支援などについても「甘い」と、上司から否定されるのが銀行内では当たり前だった。

しかし、そうした取締役たちは自分の任期が更新されないのではないかという恐怖から短期収益に走らざるをえなかっただけだ。問題は、**銀行員の個人の特性や性格というよりも、置かれた環境、場**なのだ。

チームをつくるとは、まずは「場の安全性」を保証することから始まる。そして、何のためのチームかというミッションを見失わないようにしながら、異質性、外部の知性を取り込むことがチームを強靭にするのだ。

試される地域への愛

渡邊は52歳。銀行員人生もそろそろ終盤を迎えようとしている。

「私にしかできないことをやらなければならないと思っています。やるからには周囲に納得してもらうためにも突き抜けなくてはならない。地域全体として生き残ることを考えないとダメですね。企業の成長、付加価値をどう上げるのかを考え、行動していきたいです」

渡邊の取材をしていて、心に強く残ったエピソードがある。

2018年2月、デンマーク・コペンハーゲン駅のプラットフォームに渡邊は立っていた。

ワンコレクションとの商談で、朝日相扶製作所の阿部社長、東北芸術工科大学の坂東教授、原田拓と現地を訪れていたのだ。コペンハーゲン駅から、ローカル線に乗るため、一行は整列乗車位置に並んでいた。

渡邊はふと気になった。周囲にいる地元の乗客たちはプラットフォームに佇み、特に並ぶ様子もない。なぜだろうか。

しばらくすると列車が滑り込み、ドアが開いた。渡邊たちは整然と乗り込み、至極当然のように空いている席に座った。ところがだ。プラットフォームの地元客たちは乗車してくる様子がない。それどころか時折、改札口の方に目を向けている。まだ発車予定時刻には余裕があるものの、一体何をしているのだろう。

やがて改札口から高齢者や赤子を連れた母親、障害者が姿を現すと、プラットフォームの子供たちが数人駆け出し、率先して高齢者や親子の荷物を車内へ持ち運び始めたのだ。「遅れてきた乗客たち」があらかた乗り込み、着座したのを見届けると、プラットフォームで待っていた残りの乗客たちが、ゆっくりと乗車し始めた。渡邊は恥じ入った。

「日本人は乗車位置に並び、整列乗車することが何か『当然の権利』かのように無言の主張をしていますが、とんだ勘違いだったことが分かりました。日本人は、何かにつけ権利を主張しています。確かに違法ではありません。しかし、デンマークの人たちから見れば、**日本人は自分の権利を主張するばかりで、根本的に『愛』が欠落していると見えているような気がしたのです。**ともすれば、こうした習慣が当たり前の北欧の人たちからすると、中国人、韓国人と日本人は何ら変わらないのかもしれません。ルールを守りますが、権利を主張するだけで、愛がないのです」

この話は、目に見えるルールや権利を殊更に叫ぶが、根本的に地域への「愛」が欠けているとしか思わざるを得ない銀行員にこそ聞かせたい。

言わなくても優先されるべき地域への「愛」、地域の事業者を守る矜持は今の銀行員に残されているだろうか。

3 還暦の「技術屋」で変わる
山形銀行

遅れてきた銀行員――山形銀行・久松徳郎

本書を執筆するにあたり、山形大の小野が注目している山形の人物を挙げてもらった。小野は、自分とは地域金融へのアプローチが異なるものの敬意を払っている、いわば「系譜」の異なる人物も推挙した。それが山形銀行の久松徳郎だ。

ネットワークとは日々連絡を取り合う人々のみを指すのではない。手法や関わり方は違うが、その想いにおいて共鳴する「志のネットワーク」のようなものもある。知性だけでなく志も感染するらしい。

山形銀行の「技術のプロフェッショナル」が、2014年4月に嘱託職員として入行した「遅れてきた銀行員」久松だ。1953年、山形県酒田市生まれの66歳（取材時）。

サラリーマンの家に生まれた久松は地元酒田東高校を卒業後、東北大学工学部で精密機械を学んだ。大学では、機器の図面、設計、材料の強度調査などの研究に励んだ。

78年、山形大学大学院精密工学専攻に進み、80年、山形県に就職し、県工業技術センターに配属された。89年に県テクノポリス財団（現山形県企業振興公社）、2004年には山形大工学部に客員教授としてそれぞれ出向し、13年には山形県工業技術センター副所長に就いた。経歴通り、根っからの技術屋だ。山形で、何百社にも及ぶ製造業の技術指導を34年間続けてきた。技術一筋を貫き、充実した人生を送ってきたようにも見える。しかし、久松の思いは少し違った。

「県全体の製造業の力を底上げできないものだろうか」

数多くの個別企業を指導してきた久松ではあったが、心のどこかにもどかしさを感じていた。個々の技術指導だけでなく、より広範な、**面的な技術力の底上げができれば、県全体の製造業の技術力を引き上げ、製品の付加価値も上がるはず**なのだが。

山形県と言えば「農業王国」だ。6月は、さくらんぼ「佐藤錦」、8月には「庄内のだだちゃ豆」、11月には高級果物「ラ・フランス」などの季節の旬な青果を味わう贅沢がある。米作りは言うに及ばず、山形牛、米沢牛、三元豚で知られる庄内豚などの酪農も盛んだ。

そして山形のもう一つの特徴が製造業だ。16年の経済センサスによれば、県内製造業の売上金額は「卸売業、小売業」に次いで2位の2兆6587億円、1事業所当たりの売上金額は5億4808万円でトップ。全体に占める製造業の従業者数の割合は全国が15・6%に対し、山形県は22・4%。「山形の活性化は製造業の底上げなくしてはありえない」

——。久松の憂いは理に適っていた。しかし、一介の県の技術屋が到底成し得ることではない。

定年を迎えた久松は決めた。山形銀行に思い切って履歴書と志望動機を記した書類を送った。自分がどのように技術指導に関わってきたのか、その思いを綴った。県の先輩が、別の銀行に移っていたこともあり、門戸を叩いた。

しばらく連絡は来なかった。還暦の男に銀行が声を掛けることなど、普通ありえない。しかし、山形銀行は門前払いにせずに久松を面接した。面接で、久松は自分の技術指導にかけてきた思いを話した。じっくりと聞いてくれたように思った。しばらくして、採用が決まった。

14年4月、久松は、山形銀行営業支援部技術支援アドバイザーとなった。

入行してわかった銀行の組織力

入行して、すぐに久松は驚いた。本部と県内外に張り巡らされた80もの支店との間を日々、膨大な情報が行き交い、緻密な仕事の分担で、極めて高度に組織化されていた。これが技術一筋に生きてきた男から見た銀行の姿だ。

（この組織を有効に活用できれば、その日のうちに企業の課題を吸い上げ、他の店舗に

もフィードバックすることも可能だ。県内企業の技術力を引き上げることができる）

銀行員にとっては当たり前の組織が、県内の事業者の技術レベルの底上げを夢見てきた技術屋にとっては胸躍らせるものに見えた。

「銀行は融資という圧倒的な力を持っています。『こういう風にしてはどうですか』という技術的な改善をどれだけ提案しても**資金面の裏付けがなければ単なる理想論**で終わってしまいます。ですから融資と技術提案がセットになってこそ意味があるのです。中小企業の補助金でも3分の2はつなぎ融資だったりする訳です」

技術屋の久松が語る金融論には、説得力がある。技術が言葉に宿っているからだ。金融はどこまでいっても手段であり、その本源的目的こそが重要なのだ。

久松もこれまで銀行員と接しなかった訳ではない。県工業技術センターにやってきた銀行員がいた。

「融資をしたいのですが、この事業者の技術力を見てもらえませんか」

と、よく顔を出していた。しかし、**1999年に金融検査マニュアルが導入されて以降、この20年間はパタリと途絶えてしまった。銀行員は工場や技術者たちの前から消えた。銀行員にとって融資をする上で重要なことは、事業者や技術の理解ではなく、検査マニュアルに沿って債務者区分を判定することに軸足が移ってしまったからだ。**

「銀行もこの20年間で余裕がなくなってしまったのだと思います」

久松はしみじみと語る。「学び」こそが人を成長させる。「学び」を止めると人は劣化する。

専務はスーパーハブ

山形銀行が久松を採用したことは慧眼に値する。しかし、組織における変革は久松一人では起きない。ましてや還暦を過ぎた技術屋の嘱託職員だ。山形銀行内のハブ機能、それも強力なスーパーハブが感応しなければ、変革は勢いづかない。久松にとってのスーパーハブが、専務の三浦新一郎だった。人事部から久松が応募してきたことを知り、採用すべきだと判断したのが実は三浦だ。

三浦も以前から考えていた。

(山形の経済の浮沈は製造業にかかっている。県内の主要産業の技術力を把握して、個々の企業の技術力を向上させ、活かす支援を通じて、中長期的に山形県内の産業競争力を引き上げることはできないものか。貸出先の事業者の財務だけでなく、技術の評価ができないものだろうか)

そこに久松が入行してきたのも何かの巡り合わせかもしれない。ある飲み会で三浦の方から久松に声をかけた。

「技術を評価する格付をやりたいのですが」

三浦は筆者の取材にこう話した。

「宴席だったので、部下たちは『また専務は変なことを言っている』と、笑っていたかもしれません。しかし、翌朝も私から『やっぱりやろう』と言い出したら、みんな一気に動き出してくれたのです」

最初は、鼻で笑われるようなことでも周囲が目の色を変えて取り組み始めると、自分だけが変わろうとしないことに人は焦りや不安を覚え始める。知性と志が感染し、変革が起きる。

2015年春、三浦たちは技術評価格付の施策を取りまとめた。

「久松さん、そして彼に続く3人のアドバイザーが県工業技術センターから入ってくれなければ決してできなかった。大変感謝しています」

技術屋の嘱託職員を採用したところから1年。山が動いた。

銀行独自の技術評価格付を実施

こうして2015年4月に始まったのが「技術評価による事業性評価戦略」だ。担保・

保証に依存することなく、専門的な技術を評価していくことで、事業性を判断していこうという取り組みだ。評価次第で将来性が見込まれるのであれば、積極的な融資を行う必要がある。

久松に続き、中核を担うアドバイザーとして槇寛、丹野裕司、20年4月には小林誠也が県工業技術センターから相次いで入行。銀行独自の「技術評価格付」を実施した。

主な製造業の業種は、電子部品、精密機器、自動車部品、ロボット部品、金属製品、食料品・飲料品だ。

技術評価格付は、ものづくり企業の定性的な特徴を独自の基準で定量化したものだ。製造技術だけを見るのではなく、「技術点」「特別加点」「絶対優位性」の3つの観点から技術を核としたビジネスモデル全体を捉え、総合力を評価している。

具体的には「技術点」は、表彰歴、ホームページなどの整備、海外進出などの「外部評価」と生産設備や従業員教育などの「内部評価」で判断する。「特別加点」は直近の業況、そして三浦の指摘で追加されたのが「絶対優位性」だ。これは製造技術や設計工程での強みである「固有の技術」、独自のブランド化に成功していたり、参入規制のある「参入障壁」で評価する。

財務も技術も「○（マル）」の事業者は、今のところ問題はない。技術は○と申し分ないが、財務が「△（サンカク）」と課題のある先には「技術を活用しながらビジネスにつなげる」という支援策を組んだ。収益化の糸口さえつかむことができれば、自走できるからだ。逆に技術が「△」と課題があり、財務が「○」の先は、目先の経営は大丈夫としても、先々を見据えた研究開発が十分ではない可能性がある。こうした先には技術力を底上げする最適な技術高度化支援を講じていかなければならない。

さらに業種ごとに変化していく構造的な問題にも対応しなければならない。

具体的には、山形県最大の電子部品製造業は技術・財務ともにおおむね良好だ。ロボット部品も技術性は良好だが、ネックは規模の小ささだ。売上増が今後の課題となる。精密機器は、財務は健全だ。しかし、技術面では電子部品に劣る。これでは先々の付加価値の低下が課題となるだろう。放置は禁物だ。食品は、技術力に加え、これまで見劣りしていた財務面も改善してきた。

意外なのが自動車部品だ。自動車業界全体の追い風にもかかわらず、財務面が悪化し始め、技術面は低調だ。事業者によっては、単に工作機を調達して、注文通りにつくっているだけという実態もある。独自の技術力を磨かなければ、低コストの競合相手に仕事を奪われてしまいかねない。金属製品は、財務面が良好だが、技術面のてこ入れが必要だ。従来通りの鋳物だけでなく、２次加工につなげることで現在は低い付加価値を改善しなければならない。

「ない」のは経営の勇気

このように事業者、さらには業種の強み・弱みを「見える化」して、専門の技術者の視点をいかしながら最適な手を打っていくため、マトリックス化し、中堅企業だけでなく中小企業も含めた３４６社の相関図もつくった。希望する企業には、格付に加え、工場診断書を提供して課題を共有し、その解決も進めていく循環をつくるために県内関係機関との連携も必要となった。

そこで２０１７年2月に「やまぎんものづくり技術力向上支援プログラム」（やまぎんＭＳＰ＝Manufacturing technology improvement Support Program）をスタートさせた。県内企業に対して山形銀行が技術支援アドバイザーとなり、サポーター（山形県、県工業技術センター、県企業振興公社、県産業技術振興機構、山形大学、東北芸術工科大学、東北大学、山形新聞社）と連携して、技術的課題解決支援を展開していく取り組みだ。

20年2月までに４０２件の技術相談を受け、工場見学と診断書を交付したのは１７１社、３４６社に技術評価を実施した。

っている。

三浦は甘くない現実を直視しつつも、山形県全体の企業を底上げする野心的な目標を持

「19年12月末に技術評価を実施した企業346社（中堅企業、中小企業）のうち、技術評価格付『C』以上が58％でしたが、これを23年3月末には70％に引き上げていきます」

既に良い兆候も出ている。346社のうち、支援策を講じたのが66社だ。その後、66社を再評価したところ、うち58社で技術力の向上がみられた。悪化が3社、現状維持が5社で、明らかに支援策を講じた方が良い結果をもたらすことが分かった。さらに財務面でも21社が改善し、悪化は10社にとどまった。

相談から評価・診断、そして支援につなげていく取り組みはおおむね企業の技術面、財務面にプラス効果をもたらしていることが分かった。

久松が驚いたように地域金融機関には、地域に張り巡らされた拠点網があり、人材の質も地域では格段に恵まれている。

だが、これまで多くの地銀で若手が流出した。それは地域のためにも、自分の成長にもならないノルマ営業で未来に絶望したからだ。逆を言えば、地域のために仕事をしたいという動機はある。現にコロナ禍において、事業者支援で土日休みなく働いているにもかか

わらず「本当にやりたかった仕事はこれだ」という、地域金融機関の職員とおぼしき書き込みがSNSに広がった。

地域金融機関こそ事業性評価を受けるべきだ。拠点、人材、動機――。これらをもって「組織力」と評価するのであれば、地域金融機関には確かに「組織力はある」。「**ない**」の**は経営の勇気だ**。還暦の技術屋を採用した前例がないという人事の壁、「また専務がバカなことを言い出した」という部下たちの目線や抵抗を恐れて、未来のための改革を躊躇するような経営が、せっかくの地域における強力な組織力を飼い殺しにしているのだ。思えば、実にくだらない、ほんのちょっとした社内政治が組織全体を蝕んでいる。必要なのは勇気だ。

挑戦こそ成長の原動力

「**事業者にとって、挑戦こそ成長のエネルギーになります**」

2020年5月中旬、オンラインでの取材で画面越しに、端正な容姿の三浦がいた。17年12月に行った県内企業の経営者アンケートでは、重視する経営施策は「人材育成、従業員の能力開発」「新規取引先の開拓」が上位を占める一方、「新製品の開発、新規分野への進出」はトップ3にも入らなかった。ここを三浦は問題視している。

「新たな製品の開発や、新たな分野に挑戦するからこそ、人材育成が進むのです。営業力強化もそうです。ここは我々も企業、経営者と一緒にチャレンジしていきたいと思います」

三浦はすべてのアンケートに目を通している。

20年2月に開催した、MSPの中間報告会のアンケートでは、

「ご評価いただいている声が多いです。ただし、一部には地元企業の抱える課題、問題点、強みをうまくマッチングして課題解決・改善の仕組みがほしいという声もあり、『まだまだだな』と思っています」

と、決して満足していない様子だ。

山形銀行はMSPを推進するため、20年4月から「事業者とのディスカッション」を行っているのかどうかを営業担当者の業績評価に反映させた。変革は、ネットワークのハブ、スーパーハブたちが高い熱量を持ち、行動を継続することで感染のように広がる。

実績も出ている。

久松らアドバイザーの顧客訪問件数は延べ1019件、補助金採択件数は延べ516件、ビジネスマッチングは195件に達した。

ただ、三浦はこうも指摘する。

「18年度のものづくり補助金の採択実績数で山形銀行は金融機関のうち全国で8位、東北で1位という結果でした。ただ、我々は補助金件数を追いかけているのではありません。**技術相談から工場診断、技術評価を通じて、補助金の採択やビジネスマッチングへと課題解決と中堅・中小企業の生産性を向上させる好循環の流れをつくる**ことが狙いなのです」

技術評価と課題解決支援で技術力を底上げし、外部のサポーターと連携しながら新たなビジネスチャンスにつなげる好循環の流れをつくる。以下は、MSPの実績の一部だ。

自動車用めっき加工メーカー、スズキハイテック（山形市）は、めっき加工の技術を活かしてぜんそく患者が携帯できる吸入器「新型ネブライザー」を開発した。これまで足場のなかった医療福祉分野への進出を果たした。

微細構造加工が強みのIMUZAK（山形市）は「くもりの生じない内視鏡のディスポカバー」を開発した。同じく医療分野に進出した。

佐藤繊維（寒河江市）は縮みや毛玉の発生を同時に防止する高機能繊維を使いながら、製品の低コスト化、量産化を実現した。

弘栄設備工業（山形市）は、配管図面のない老朽化した建物の配管補修・点検を可能にする配管探査ロボットを開発した。

これらはいずれも山形大学、県工業技術センターなどのサポーターとの連携が後押しとなった。

短期目線では成功しない

読者が気になるのが「やまぎんものづくり技術力向上支援プログラム」（やまぎんMSP）導入後の銀行への収益上の貢献だろう。

まず前提として、事業者の技術力向上を単年度会計で単純に判断すべきではない。技術力の向上、財務への好循環を伴う影響は会計年度をまたいで出てくるケースが多いからだ。さらに山形銀行は三浦が述べるように補助金採択に伴う目先の手数料ではなく、MSPによる好循環をつくり出すことを主眼としている。

とはいえ、このMSPを受けた企業向け融資、MSPがきっかけになっての工場移転・増設、大型設備投資の融資、その他も含めると関連融資総額は約100億円にも上るという。しかも、他行からの借り換えではないので、三浦によれば、

「貸出金利は相対的に高く、資金利益にもじわじわ貢献しています。補助金申請支援だけでなく、ビジネスマッチングまで支援した取引先ほど他行に肩代わりされにくいのです」

という。

山形銀行だけでなく、こうした変革にチャレンジしている（しようとしている）金融機関は少なくない。しかし、変革が広がるかどうかは、そう簡単な話ではない。山形銀行の場合、細やかな部分への配慮、ちょっとした気遣いが運動全体を勢いづかせている。

三浦のこのような言葉もあった。

「県出身者の久松さんがいるので県工業技術センターとの連携は極めて良好です。技術相談、性能評価、開発相談、講師派遣などを積極的に行ってもらっています。こうした関係機関の仕事を銀行が奪っては意味がありません。センターの皆さんに大いに活躍していただきたいと思います」

山形銀行は、久松を採用したことで、県工業技術センターという外部の強力な援軍を得た。久松を媒介にして「技術屋ネットワーク」に接続し、味方に付けることができたのだ。

補助金申請手続きの手数料について質問したところ、次の答えが返ってきた。

「補助金申請支援は、中堅企業だけでなく、フィー（手数料）がほとんどいただけない小規模零細企業まで細かくやっています。確かに銀行として手間暇が掛かるので、フィーは1億円以上の大型案件ではいただいています。行内には『もう少しフィーをいただけないでしょうか』という声があるのは事実です。しかし『それはダメだ』と、私は止めています。**小規模零細事業者の補助金案件ではフィーそのものをいただいていない**のです。もちろん、銀行は慈善事業ではありません。ものづくりコンサルティングでは1件500万円いただく案件もあります。しかし、なんでもかんでもフィーありきになってしまっては、県全体の企業の技術力を底上げするという大目標を見失ってしまう恐れがあります。短期目線では絶対に成功しません。製造業の全体的な底上げがあってこそ銀行の持続可能な取引につながっていくのです」

会計年度ごとにブレない

山形銀行は、いわゆる「同族経営」だ。長谷川吉茂《きちしげ》頭取の長谷川家、三浦家が事実上、ほぼ輪番で頭取を務めてきた。同族経営自体をもって良し悪しを論ずることはできない。経営を破綻させるようなケースもあれば、サントリーなどのように成長を続けている企業もある。サラリーマン社長の経営で破綻したケースも数知れない。筆者の取材経験で言えば、創業者がなかなか2代目に引き継げない大企業が一番危うい。

経営とは、長期にわたって価値を創造しているのかどうかで評価されるべきものだ。もし、サラリーマン社長に比べて同族経営に利点があるとすれば、会計年度ごとの成果に縛られないブレない経営がしやすいという点だろう。同族経営であろうとなかろうと、**連綿と続いている**ということ自体が、その経営がどういうものかを物語っている。

前述の通り、山形銀行で「やまぎんものづくり技術力向上支援プログラム」に基づく融資が、貸出利ざやの確保や他行に肩代わりされない取引に資するのだとすれば、営業部門が収益プレッシャーをかけたくなるのは当然だ。しかし、三浦に「ダメだ」と言われれば、それ以上は営業部門も踏み込めないのだろう。同族だから良い訳でもないし、サラリーマンが悪い訳でもない。組織内で頻発する暴走をどれだけ制御できるのか、理念と実践の一貫性をどう我慢して舵取りをできるかどうかが経営にとっては肝要だ。

サラリーマン上がりの専務でも、その人格をもって「ダメだ」と部下を納得させる立派な人物もいるし、その反対もいる。結局のところは「その人次第」なのだが、代々続いている老舗の同族経営では、若いうちから「家訓」や「帝王学」をたたき込まれている場合が多い。

そう思わせる三浦の発言もあった。

「企業訪問をしても、山形銀行は敢えて厳しいことを指摘するかもしれません。憎まれ役を演じてしまうのかもしれません。しかし、敢えて先々を見据えて経営の課題や痛いところをつくことところこそ必要なことだと思うのです。本気で経営を考えている事業者さんならば、銀行がおべっかを使うことよりも、ためになるアドバイスをしてくれる存在の方が大事だと分かってくださるはずです」

もちろん山形銀行にも課題はある。

２０１９年にラスクで知られる洋菓子のシベール、20年には地元デパートの大沼が相次いで倒産した。メインバンクとして山形銀行の責任を問う声は当然聞こえる。

筆者が思うに、シベールは本業の不振に加え、08年開設の複合文化施設「シベールアリーナ」の関連経費が経営を圧迫していた。大沼は、バスで1時間あまりの仙台市に買い物客が流出してしまう構造的劣勢に抗《あらが》えず、いずれも極めて厳しい状況に追い込まれ、経営が行き詰まっていたという事情はあった。この問題については山形銀行も口をつぐむ。

しかし今回、拒否できたはずの筆者の取材を受けた。そして、確かに技術評価によって経営改革を進めていることは紛れもない事実だ。組織に変革が起きているのであれば、なぜそれが起きたのかを追いかけるのが本書だ。

山形銀行がこれから取り組まなければならないのは人材の開発だ。ＭＳＰの循環に活力を与え、事業者の技術評価と改善の提案にとどまらず、営業、販売の強化につながるような成果を引き出していく若手人材をつくりだすことだ。銀行員自らがこうした動きによって、事業者の成長と銀行への業績貢献の実現に目を輝かせるような仕事をつくりだすことが経営陣の使命だ。変革を起こしつつある山形銀行は、これにどう答えを出すのか。それを見守りたい。

本気の「目利き」研修

山形銀行は、技術という媒介で一種の変革運動を巻き起こし始めた。

久松ら技術支援アドバイザー3人（現4人）と現場営業担当者の同行訪問件数は年間300件に到達した。休日を除き、平日はほぼ2〜3件、どこかで企業を訪問していることになる。

取引先の工場見学や経営者との突っ込んだ意見交換で、本業を理解しようとしている若手行員も増え始めた。

久松がつくった「銀行員でもわかる技術用語集」「補助金事例集」が行員に配布された。ものづくりの楽しさを多くの行員に知って欲しいという久松からの贈り物だ。

MSP導入以降、山形銀行の企業訪問は大きく変わった。具体的には2段階1セットで行われる。①まず企業を訪問し、社長とのディスカッションで、改善点などを議論する。②2回目の訪問ではA3の改善提案書を持ち込む。「この見方は違う。実はこうだ」などの議論をどんどん深めていく。

技術に県境も国境もない。

「私が良いと思った企業ならば、青森でも福島でも飛んでいき、県内企業とマッチングしてもらっています。福島は山形から高速で2時間です。福島の企業には可能性がありますよ」

久松がキラキラした目で面白そうに語る。やはりそうだ。山形の技術屋の夢に金融が乗ることで、銀行員の動き方は変わる。結果、銀行という組織全体も活気を取り戻す。

久松たち技術支援アドバイザーによる目利き研修も本気だ。

研修は2回1セットで行われる。いずれも1泊2日の泊まり込みで、工場見学から経営者へのインタビュー、評価やレポートの作成など目利き研修のプログラムをみっちりと学ぶ。

「目利き」とは、工場見学や経営者らへのインタビューを通じ、技術と事業の現状、さらに今後どのように進んでいこうとしているのかを把握し、企業の強みと今後のビジョンまで深く理解するプロセス全体を指している。

工場のどこに気をつけて見学し、どう評価するのか。経営者や技術担当者にどのような質問を投げかけてポイントを聞き出すのか、課題をどのように抽出し、どのように解決策を導き出すのかを学ぶのだ。

初回は、**アドバイザーが手取り足取り、実演指導**する。まずアドバイザーが経営者へのインタビューを実演し、受講生がそれをメモして独自に評価を行う。インタビュー終了後、アドバイザーの評価と、どこが、どうして乖離しているのかを学んでいく。さらに翌日は、前日見学した工場を題材とし、約50評価項目で企業を採点し、技術評価格付を実施し、課題を抽出。解決策も盛り込んだ工場見学レポートを作成する。さらにアドバイザーが経営者役を務め、「経営者」に工場見学レポートの結果を伝える模擬訓練を行う。事前に用意した模範解答と照らし合わせ、ディスカッションによって改善点などを発見していく。

2回目は、**受講生が主体的に動き、アドバイザーがサポート役**にまわる。20人を2チームに分け、企業訪問をして実際に工場見学やインタビューを行う。その後、戻って、班で技術評価格付を実施し、アドバイザーらのサポートを受けながら工場見学レポートとプレゼン資料を作成する。最終日は企業の経営者・工場長に直接、プレゼンを行い、企業からのフィードバックも得る。県工業技術センターも見学して、受講生がセンターへ気軽に相談できる関係の構築もプログラムに組み込んでいる。

「目利き」研修の対象先はメイン先だけではない。非メイン先の企業にも行う。受講生にはかなりハードだが、これからの地域経済を担う銀行員として間違いなく成長を実感できるはずだ。単なる座学ではない。経営者にフィードバックしなければならないというアウトプットの責任感と緊張感が、本当のバンカーを育てるのだ。

補助金も銀行側での代理申請は原則としてしない。最後は、経営者本人に書いてもらう。当事者意識をもってもらうことが技術力向上には重要だからだ。突き詰めれば補助金の採択自体ではなく、技術の向上に向けたブラッシュアップ、フォローアップの方が本質なのだという。

「やりっ放し」が一番マズい

こういう事例もあった。ある営業店の担当者から補助金申請がダメだったとの連絡が入った。

「悔しいです。次はどうしたらいいですか」

こう久松に聞いてきたのだ。話をじっくりと聞いた久松は、

「そうでしたか。それは残念でしたが、事業者の方からダメだった理由を聞いていただき、それに対して県の補助金に切り替えるか、或いは2次公募に応募するか対策を立てましょう」

とアドバイスした。補助金申請が却下された場合、事業者であれば却下理由を教えてもらえるからだ。

こうしたリベンジ戦を求める声が営業店から徐々に増えているのだという。

「銀行、事業者に限らずですが、**仕事というものは『やりっ放し』が一番マズいですね。失敗した理由をちゃんと突き詰めて、次につなげる行動を取ることができるのか。それが向上につながります**」

技術屋の言葉には説得力がある。

ある山形銀行の行員に久松のことを尋ねてみた。

「久松さんの研修は、ものづくりの面白さを教えてくれるんですよ。次は自分でもやってみたいという動機付けになっています。動機付けが一番難しいですし、これこそ成功体験への第一歩です。今では営業担当者も工場見学の際は頭上を見て『発光ダイオード（LED）ライトですね』、『床にオイルミストがありますね』とか、『生産ラインのここが歩留まりですね』とか、今までの銀行の文化ではありえない反応をするようになっているんです」

と、興奮気味に語った。技術屋の熱は感染している。

還暦の久松をして、山形銀行の採用に応募させた直接的な要因とは何だったのか。久松は答えてくれた。

「私の背中を直接押したのは、身近な2つの企業の相次ぐ倒産でした」

仮にH社とS社とする。久松が県工業技術センター時代に共同研究を行い、いずれも国の「ものづくり日本大賞」も受けたほど、技術力には定評のある企業であった。

H社はハイブリッド繊維の開発でセンターと連名で特許を出願し、大手エアラインの機内販売でも好評だった「洗っても縮まず、毛玉も出ないウール製ショール」を県知事に贈呈し、ニュースで取りあげられたこともあった。センターとは親密な関係で、センターも技術相談を続けていた。しかし、ある日、久松は新聞で倒産の事実を知った。大手取引先の倒産に巻き込まれた不渡りが原因の連鎖倒産だった。

(つい1週間前にも相談したばかりなのに……)

久松は落胆した。

S社は、発明家の2代目社長が経営し、樹脂用金型とプラスチック成形品で売り上げを伸ばしていた。特殊金型、医療器具の開発でセンターも支援していた。成形トラブルが発生すると、センターの研究員が工場に飛んでいき、夜中までかかってトラブルを解決したこともあった。しかし、そのS社もあっけなく倒産した。

先代社長の時代に10億円の借金があり、中小企業金融円滑化法の期限切れとともに利息だけでなく元金返済も始まったため、資金繰りに行き詰まったのだ。国の賞を受賞し、センターもその技術力の高さを評価しているような企業でさえ、あっけなく資金繰りで破綻していく。

「事業者さんは、センターには技術の相談しか持ち込まないので、資金繰りで経営が火の車であることを誰も知りませんでした。この時、私は思ったのです。『技術だけでは救えない』と。技術が必要なことはもちろんですが、同時に財務面からの支援もなければならない。そのためには**技術屋が銀行に入るしかない**、と」

技術は死なず

H社のハイブリッド繊維技術は山形県寒河江市の高品質な紡績・ニットメーカー佐藤繊維に引き継がれた。この技術が評価され、国の戦略的基盤技術高度化支援事業（サポイン事業）に採択された。久松も引き続きサポートしている。

サポイン事業とは、精密加工、立体造形、表面処理などの特定のものづくり基盤技術の向上につながる研究開発から販売開拓までの取り組みに対して国の支援を受けられるものだ。ユニクロに負けないコストパフォーマンスの高いTシャツやインナーの量産化を目指しているという。

一方、S社は金型関連の装置の開発・製造を手掛けるエコベント社を設立して、再出発を果たした。ホームページには、このような理念が掲げられている。

「固定概念を壊して、固定利益を生み出す特許技術。当社の技術は全て、業界や現場の当たり前を疑う事から生まれました。固定の概念を壊すことで固定の利益を生み出すことにとことんこだわり、数多くの失敗を重ねて完成した特許技術です」

エコベントの主力商品は2つ。

1つ目の射出成形金型内ガス排気システム「ECO-WIND」は世界9ヵ国で特許を取得した。樹脂を成形する場合、金型に充填すると金型内の空気が圧縮され、溶けた樹脂からもガスが発生する。これを効率よく金型から排出しなければ充填不良や気泡を発生させる成形不良を起こしてしまう。通常、成形不良を防ぐためには、金型のパーティング面に0・02ミリほどのエアーベント（ガスベント）を付けている。

ところが「ECO-WIND」は通常のガスベントの100倍の排気効率を実現し、残留ガスの99・9％を排除できる性能を誇る。金型内で低圧成形が可能になるため、成形機の小型化も可能にし、金型内の摩耗も抑制するため、金型の劣化を防ぐことができるのだ。

2つ目の射出成形離型支援部品「ECO-EJECT」は、従来の金型に組み込むことで、複雑な形状の金型にも対応できるようにした。これによって、従来、複雑な形状の金型を用意するには、いくつものパーツを組み合わせなければならなかった作業工程を省力化した。当然、金型費用と在庫管理に投じるコストなども削減させた。

エコベントは、一度は断念した一般社団法人プラスチック成形加工学会の技術進歩賞に再度応募するよう、山形銀行から提案し、2017年度に受賞した。山形銀行は支援企業に対して「企業表彰」にも積極的に後押ししている。各種の受賞で知名度が上がれば取引の拡大も期待されるからだ。

久松は断言する。

「両社を見てきて思うのは『**技術は死なない**』ということです。企業が注目する高い技術を保有しているのであれば、誰かがそれを世に出すお手伝いができれば華開くのです。地方銀行がその役割を果たさずしてどうするのか、と私は思います」

技術に精通した「遅れてきた銀行員」が、最も地域のバンカーの魂を持ち、その可能性を信じている。

第四章　ネットワーク集合知

1　変革運動を広げるために必要なネットワークとは何か

なんと小さな世界

ケビン・ベーコン数は、米オルブライト大の学生たちが1994年に考えた「人と人のつながり具合」、つまりネットワークの在りようを示す数値だ。ケビン・ベーコンは米国の俳優。数々の名作で味のある名脇役を演じてきた。『JFK』ではケビン・コスナー、『ア・フュー・グッドメン』ではトム・クルーズ、『激流』ではメリル・ストリープ、『アポロ13』ではトム・ハンクスなど錚々たる有名俳優たちと共演した経歴を持つ。

学生たちは次のように数値を割り出した。ケビン・ベーコンと直接共演したことがある俳優は「ベーコン数1」。直接共演はないが「ベーコン数1」の俳優と共演したならば「ベーコン数2」、「ベーコン数2」との共演だけなら「ベーコン数3」という具合だ。すると米国で活躍する俳優の大半は「ベーコン数3」以下だったという。

似た部類では、世界を旅したハンガリーの天才数学者ポール・エルデシュと共同論文に取り組んだ「エルデシュ数」、「モニカ・ルインスキー数」も存在するという。

このエルデシュは59年、同僚のアルフレッド・レーニィと、**ランダム・ネットワーク理**

論を発表した。自然がつくるネットワークは完全にランダムだという概念だった。

ネットワークの研究は、67年、心理学者スタンレー・ミルグラムの行った検証実験が一つのエポックメイキングとなった。ミルグラムは米ネブラスカ州オマハの住民１６０人に「ボストンの株式仲買人」の写真を同封した手紙を送り、「この人物」もしくは「知っていそうな知人」に転送するよう頼んだ。すると平均５人を介して手紙が届いていたという。ミルグラム以降も研究が続き、結果、人は５人を介すれば、誰にでも辿り着くことができるという仮説が生まれた。これが「6次の隔たり」だ。人間のネットワークは、我々の手に余るほど膨大ではなく、把握可能だ。「世界は小さい」――。心理学的アプローチではあったが、ネットワークは「完全にランダムだ」というエルデシュとは異なる主張が唱えられた。

その後、彗星の如く登場したのが理論物理学者のアルバート＝ラズロ・バラバシだ。バラバシによれば、**ネットワークを構成するのはノード（点、人）とリンク（辺、つながり）だ。**ノードとノードを結ぶのがリンクだ。

ネットワークは新たなノードを付け加えることで活性化し、成長する。ネットワークの成長は、古株のノードに有利に働く。若いノード、リンクの少ないノードよりも、多くのリンクを持つ年季の入ったノードが有利だ。これは人間の社会でも同じだ。**古株は「ヌ**

シ」「**お局**」「**常連さん**」などと呼ばれ、**強い影響力を持ちやすい。**

そして、極めて多くのリンクを持ち、多くのノードに影響を与えるものがハブ、スーパーハブとなる。バラバシは、ハブを含んだネットワークを「**スケールフリー・ネットワーク**」（尺度のないネットワーク）と呼んだ。

高速道路や鉄道は、地方の都市から都市、駅から駅へと路線が延びている。地方の都市、無人駅でもおおむね均等に接続している。「おおむね碁盤のような形状」でネットワークは張り巡らされている。これがエルデシュらの「ランダム・ネットワーク」だ。

一方、航空路線の場合は東京、大阪から地方の空港へ「放射線状」のネットワークが広がっている。これがバラバシの「スケールフリー・ネットワーク」だ。

ランダム・ネットワークの場合は、ある都市、ある駅から延びている路線数に極端な差はなく、一定の範囲内に路線数は収まるので平均値を出すことができる。

しかし、スケールフリー・ネットワークの場合は異なる。路線はハブである東京・大阪に集中する。地方空港の路線が増えることはまずない。この場合、1空港あたりの平均の航空路線を算出することに意味はない。わずかな所に多くがつながり、多くの所にはわずかなつながりしかない。「べき乗則」だ。

地域の変革運動にもネットワーク思考が必要

バラバシは人間のネットワークも含め、複雑なネットワークのほとんどが、スケールフリー・ネットワークだと主張した。スケールフリー・ネットワークの特徴は、次の通りだという。

■一部のノードが無数のリンクを持ちハブ化する

■その他多くのノードはほとんどリンクを持たない。よってリンク数の平均値に意味はない

■偶発的な障害には強い

■ハッカーなどによる組織的攻撃には脆弱

ネットワークは様々なものを伝えている。ウイルスや細菌はもちろん、「肥満」も感染する。一緒にいる家族、恋人、親しい友人、職場の同僚の食事、運動など生活習慣に染まりやすいからだ。同じく喫煙、飲酒も感染しやすい。

健康への配慮、医者にかかる習慣などから「寿命」も感染しやすい。配偶者に先立たれた「やもめ」は、故人を追いかけるように亡くなることが多い。孤独は認知症を招きやすい。病気の兆候を感じ取ってくれる人もいないため、病気の早期発見を見逃しやすく、やはり寿命を縮めやすい。

不愉快、悪口、無礼、怠慢、犯罪、貧困、性病、自殺、怒り、復讐、詐欺、ファシズム、魔女狩り、バブル、銀行の取り付け騒ぎも感染する。

他方、アイデア、価値観、信仰、髪形などのファッション、行列のできる店、読書習慣、笑い、幸福、愛、知識、ボランティア、プロフェッショナリズム、そしてウェーブも感染する。

スポーツ観戦で一斉に観客が立ち上がって起こす「ウェーブ」は1986年、サッカーワールドカップ（W杯）メキシコ大会で初めて注目された。月の引力でも、誰に指揮された訳でもなく、生命を持っているかのように自然に発生した。ある物理学者のチームの研究によれば「時計回りに秒速20席」だそうだ。

パワーユーザー、パワーブロガー、インフルエンサー、エバンジェリスト、オピニオンリーダー、映画・読書評論家などの感想や評価は、ネットワークの接続者たちに影響を与えていく。付加価値の高い仕事は、口コミで次の良質な仕事の依頼につながる。

医学博士ニコラス・A・クリスタキスと学術博士ジェイムズ・H・ファウラーは『つながり　社会的ネットワークの驚くべき力』（講談社）で、ネットワークのハブへのワクチン接種、禁煙や性病予防の指導、犯罪防止への協力を求めることが有効だと指摘した。

逆手に取れば、**地域や地域経済、そして組織に変革運動（爆発的な知の感染）**を広げたいのであれば、必要なのはネットワーク思考だ。

「つながり」ではなく「つながり具合」

世界最初のウェブサイトは、スイス・ジュネーブ郊外にある欧州素粒子物理学研究所のセルン（CERN）である。1989年12月10日に公開された。

セルンのプログラマー、ティム・ジョン・バーナーズ＝リーは、数千人もの研究者らが**情報をリアルタイムで共有できるようにするシステム**の研究を続けてきた。同僚のロバート・カイリューーと開発したのが、セルン内に広く散在する情報を参照可能にするシステムだ。これが「World Wide Web」（ワールド・ワイド・ウェブ）、つまりインターネット上でURLアドレスを入力する際に用いる「WWW」となった。バーナーズ＝リーはテクノロジーの力でネットワークによって知性を拾い集めるシステムをつくっていたのだ。

セルンが人類に大きな功績を残したことは、93年4月、WWWを無償で誰にでも開放したことだった。この無償開放なくして、情報革命は起きなかった。セルンもまたネットワークの重要性について先見性をもっていた。

ネットワークは至るところに存在する。企業組織はいうに及ばず、臓器提供、サプライチェーン、バケツリレー、日本古来の頼母子講や無尽、留学生ネットワーク、学校の保護者会、マンションの住民の自治会、特殊詐欺などの犯罪組織、移民グループ間の組合組織、そして地域経済の中にも——。

クリスタキスとファウラーは「社会的ネットワークには**創発性**がある」（太字は筆者）と指摘した。個々の相互作用がネットワークを共振させ、ネットワークそのものを変化させている。

卵3個、薄力粉90グラム、砂糖130グラム、バター30グラム、生クリーム200cc、イチゴ1パックをミキサーにかけドロドロにした流体を舐めても「甘ったるい何か」だ。

一方、同じ材料なのに、ふわふわのスポンジにサンドされている、程よくカットされたイチゴをクリームと共に全体のハーモニーを楽しむショートケーキとは比べものにならない。相互作用を台無しにすると、すべては崩壊する。相互作用を失うとネットワークも台無しとなってしまう。ミルグラムは「6次の隔たり」に辿り着いたが、ネットワークの在りようを決めるのは「つながり」そのものではなく、相互作用、すなわち「**つながり具合**」なのだ。

パートナー探しや商談のきっかけ、就職先の選び方は「弱いつながり」によって決まるケースも多い。70年、ハーバード大のマーク・グラノヴェッターは無作為に抽出した労働者の「就職の決め手」を調べたところ、親しい友人ではなく、先輩や知人から紹介された人物など「弱いつながり」の人がきっかけである場合が多いことを突き止めた。知らない人だからこそ、今まで自分が知らなかった新たな情報をもたらしてくれる。グラノヴェッターは、こうしたつながりを「**弱い紐帯《ちゅうたい》**」と呼んだ。

だからといって強いつながり（強い紐帯）が悪いということではない。計測できない世界の暗黙知は、強いつながりの方に優位性がある。言わなくても分かる関係は、強いつながりにおいてよく見られる。

知性の深化を目指すなら「強い紐帯」のネットワークを築くことだ。一方、「弱い紐帯」は、新たな知性を発見する場合にこそ力を発揮する。

集合知を目指すには、強い紐帯だけでは知性が同質化してしまう。弱い紐帯もバランスよくネットワークに分布していなければならない。

つまり、ハブ、スーパーハブは閉鎖的ネットワークの支配者にとどまってはいない。別のネットワークでは学習者として影響を受ける（インプット）ノードであるからこそ、常に新しいアイデアをアウトプットすることができる。我々はいくつものネットワークに接続し、時にハブとなり、時に学ぶ者となる。そして、それぞれの**ネットワークは自己組織化する**。ノードとノードを結ぶリンクの性質と相互作用次第で、全体を変化させながら「ここは、こういうネットワークです」という具合に意味づけをしていくことになる。同質化、エコーチェンバーを避けながら、組織を超えて知を集め、体系化するネットワークが、新常態においては求められる。

レッドバルーン・チャレンジ

ネットワークの威力が分かる有名な風船探しの実験がある。２００９年12月5日、米国防総省国防高等研究事業局が開催した「レッドバルーン・チャレンジ」だ。全米のどこかにある10個の赤い風船をすべて発見した最初のチームに賞金4万ドルを与えるというイベントだ。

企業、団体、有志の集まり、大学など様々なチームが参加したという。インターネット、ＳＮＳ、人工衛星などあらゆる手段を試すことができる。

優勝したのは、マサチューセッツ工科大学（ＭＩＴ）のアレックス・ペントランド教授の研究室が考案した「人を紹介してください」というプログラムだった。４６００人以上が参加し、ものの9時間もかからずにすべての風船を発見してしまったのだ。

ペントランドたちは「人を紹介してください」というプログラムにある仕掛けを施した。もし、紹介した人が別の人を紹介し、さらにまた次に紹介した人が風船を見つけたとしても、**遡って最初に紹介した人にも賞金が行き渡るインセンティブメカニズム**だ。つまり、紹介することに何のデメリットもないということだ。「つながり」そのものではなく、「**つながり具合**」がネットワークの価値を左右するのだ。

当初有力と思われたSNSはなんら効力を発揮できなかった。「人を紹介するインセンティブが欠落していた」からだ。人を紹介するメリットが何もないからだ。つながればよいというものではない。

「レッドバルーン・チャレンジ」はインターネットの前身ARPANETの40周年を祝うイベントとされたが、国防総省国防高等研究事業局の真の狙いは、別にあった。

それは、ネットワークの有効性を検証することにあった。潜伏するテロ・犯罪の容疑者、広がり始めた疫病、感染症、パンデミック、何かのうわさや流行、をいち早く検知したり、突き止めたりする力は一体何なのか。実験の結果、分かったことは**人間が相互に協力しようとする互酬のネットワーク**だ。ペントランドたちは「助けてください」「手伝ってください」と、助力を求めたのだ。

これは銀行の経営者にとって極めて重大な示唆だ。問題を発見し、新しいアイデアを創出する根源的な力は、お互いに協力しようと動く互酬のネットワークにある。多様な人間が相互に協力しようとする「**環境、場をつくりだすこと**」に他ならない。

米ジャーナリスト・作家のダニエル・コイルは、『THE CULTURE CODE――最強チームをつくる方法』(かんき出版)で、次のように述べている。

「協力関係で大切なのは、声をかけた人数の多さでもなければ、風船を探す方法の優秀さでもない。そもそも、その人が誰であるかということも関係ない。大切なのは、人を組織する方法だ。共通の課題に取り組む人を、どれだけ効果的に集められるかがカギになる。

レッドバルーン・チャレンジは、そもそもテクノロジーの優秀さを競うゲームではなかった。協力が必要になるすべてのプロジェクトがそうであるように、これは**どこまで弱さを共有できるかを競うゲーム**だったのだ」(太字、傍点は筆者)

何が成功を決めるのか

理論物理学者バラバシは、計測できないものの価値は、ネットワークが決定づけていると考えている。

例に挙げたのが、ジャン゠ミシェル・バスキアの絵画だ。衣料品インターネット通販大手ZOZO(ゾゾ)の創業者、前澤友作が米国人アーティストでは過去最高の1億1050万ドル(約123億円)で購入したことで話題となった。絵画の価値は、多様であり、その値段で買うかどうかは「人による」。適正価格など存在しない。

バスキアはニューヨークの地下鉄やスラム街の壁などを「キャンバス」として育った無名の若手ストリートアーティストだった。転機は１９８３年、アンディ・ウォーホルと知り合い、その才能を認められてからだ。ウォーホルに接続することは、彼を取り巻くギャラリーのオーナー、エージェント、美術商、キュレーター（学芸員）、オークション会社の実力者などの「見えないネットワーク」に入ったということだ。

88年、バスキアはヘロインの過剰摂取で27歳の若さで死亡した。前年にウォーホルが死亡し、孤独を深めていたという。この時点でもバスキアはほとんど無名だった。92年、ある美術館のキュレーターがバスキアの絵画の再評価を行ったことがきっかけとなって、一気に価値が跳ね上がった。ウォーホルとの交友、そして死別、27歳の若さでの伝説的な死、創作期間の短さという希少性、有名俳優などセレブが購入していることなどがネットワークを共振させ、話題を呼び、「価値」を増幅させた。

バラバシはこうも指摘している。

「成功は集団的な現象であり、パフォーマンスに対する社会の反応によって測定される」

第一次世界大戦のドイツ軍で「レッド・バロン（赤い男爵）」として知られたパイロットのマンフレート・フォン・リヒトホーフェンも同様だ。３年間で80機を撃墜したことに加え、あえて敵に目立つように機体を真紅に塗り、派手なパフォーマンスが話題を呼んだ。最後は、撃墜されて空に散ったが、ドイツ帝国がナショナリズム昂揚のために喧伝し、やがて伝説となった。アニメ『機動戦士ガンダム』に登場する「赤い彗星」ことシャア・アズナブル、ジブリのアニメ映画『紅の豚』で赤い機体を操る主人公ポルコ・ロッソなども、ファンの間では、レッド・バロンがモデルになっているとされる。

バラバシが着目したのは、レッド・バロンに引けを取らない戦績、公認75機、自称127機を撃墜したフランス人パイロット、ルネ・フォンクだ。無敗のフォンクは伝説にはなれなかった。後年、ナチスドイツ占領下の傀儡、ヴィシー政権の協力者と疑われたからだ。失望したフランス人のネットワークがフォンクを英雄視し伝説とすることを望まなかったのだ。パフォーマンスが成功をもたらすのではなく、ネットワークがその価値を認めるのかどうかが現実を決めるのだ。

米国で公民権運動のきっかけになった55年のローザ・パークスがバスで席を譲らなかった事件の9ヵ月前、黒人少年が同じ町で、同様にバスで席を譲らずに逮捕されたが取りあげられなかった。

大リーガー、F1レーサー、プロボクサーなどの報酬は彼らを取り巻く社会というネットワークが決めている。パフォーマンスには限界があるが、話題は話題を呼ぶため、成功に上限はない。プロゴルファー、タイガー・ウッズが出場した大会は、ライバルの有力選手は平均0・6打増えるという。タイガーを取り巻くギャラリーの異様な雰囲気に気圧《けお》されるからだ。野球、サッカーのホームゲームが有利だということは論ずるまでもない。

成功の明暗を分けるのは必ずしもパフォーマンスではない。成功を望み、パフォーマンスの価値を認めるネットワークだ。「地域を元気にしたい」、「企業組織の風土を変えたい」、「イベントで終わらせたくない」——。こういう悩みを抱えているのであれば、どういうネットワークを構築すれば良いのか、我々はもっと真剣に考えねばならない。

「あなたが必要なのです」

テロは決して認められるものではないが、テロ集団に死をものともしない新規加入者が続くのは、恐怖によるものではない。自己実現のためにテロリズムのネットワークへ接続する必要があったからだ。

「自分はこのネットワークで必要とされている」

と、感じることができる。このことは、神の啓示よりも強い力を与えてくれる。

地域金融機関で多くの若手が辞めていくのは「地域のために貢献したい」という自己実現において「この組織で必要とされている」という思いが満たされないためだ。

ネットワーク思考で捉えれば、リーダーの役割は明白だ。「**あなたが必要なのです**」とのメッセージをネットワークの接続者たちに届けることに尽きる。接続者たちが「この人のために自分が一肌脱いで支えなくては」という「つながり具合」を切り替えるからこそ、変化が生じる。

目指すべき理念や目標を共有した上で、リーダーが弱さを見せ、服従ではなく、助力を仰ぐことが有効となる。たとえネットワークに接続していても、そのメンバーのつながり具合が「指示待ち」「いいなり」であれば、目指すような成果は望めない。無気力や諦めもネットワークを介して感染するからだ。そうしたメンバーの欠乏を取り除くことがリーダーの最も重要な仕事だといえる。

オーガニックコットンの買い付けから、製造、販売後のケアに至るまで品質と人と環境への優しさに一切の妥協をしないIKEUCHI ORGANIC（イケウチオーガニック）は今治に本社を置くタオルメーカーだ。京都市から「これからの1000年を紡ぐ企業」として認定されるほど、京都にも馴染み深い。毎年の祇園祭（2020年は規模縮小）では恒例となった奇妙な現象が起きる。

祇園祭には欠かせない山鉾の一つ、函谷鉾《かんこぼこ》は下京区四条通烏丸西入ルに出現する。その起源は古く、京都の大戦、つまり応仁の乱よりも前に遡るともいわれる。中国の戦国時代に孟嘗君《もうしょうくん》が函谷関《かんこくかん》を脱出する際、部下に鶏の鳴き声をまねさせて開門させたという逸話に由来する鉾だ。巡行順番を決める「くじ」を取る必要のない「くじ取らずの鉾」で、全体では5番目、鉾としては長刀鉾《なぎなたほこ》の次に巡行する。

この函谷鉾の向かいの特設ブースにIKEUCHI ORGANICは出店するのだが、**ここでは頼まれてもいないのに常連客が店番を務める。**京都店も切り盛りしなければならないスタッフの繁忙ぶりを知った客からの提案で、熱中症に気をつけながら、出店の店番を交替することになったという。

常連客たちは自分たちでローテーションを組み、函谷鉾の出店の店番をむしろ喜んでいる。これは祇園祭の前祭《さきまつり》の数日間に集う期間限定の「部活」だ。

IKEUCHI ORGANICのファンである常連客が笑顔で店番を務めるのは、店からも他の常連客からも**ネットワーク内で自分が必要とされていることに喜びを見出しているから**だ。本書が「部活」を推すのは、**人が、かけがえのない個として必要とされる場を組織以外に意図的につくる**狙いがある。

優先順位

バラバシは、ネットワークのノードやハブ、すなわち人間の行動を決定づけるものは「優先順位」だとも主張している。

我々が電子メールを打って送ったり、ウェブサイトを閲覧したり、掃除や部屋の片付け、電話、運動、勉強、調べ物、犬の散歩などに時間を費やすことには、「**集中して一気に取り掛かる**」(**バースト**)という共通した特徴がある。人間には、集中して取り組む時間帯と休止時間がある。このバーストを決定づけているのが人間の優先順位の選択だ。優先順位を付けた瞬間、バーストが発生し、何かに打ち込み、集中的に作業に取り掛かる。優先順位――。日々、忙しく生きている我々は余り意識せず、合理的に優先順位を決めていると思うかもしれないが、意外にできていない。

企業組織において優先順位はどのように決まるのだろうか。これについてはピーター・ドラッカーが、名言を残してくれている。

「どの仕事が重要であり、どの仕事が重要でないかの決定が必要である。**唯一の問題は、何がその決定をするかである。自らが決定するか、仕事からの圧力が決定するかである**」(太字、傍点は筆者)

仕事からの圧力、すなわち社内政治は、未来よりも過去にこだわる。外部の変化よりも、内部の不行き届きにこだわる。機会よりも危機にこだわり、重大なものよりも目先の切迫にこだわる。仕事からの圧力で優先順位を決めてしまう人は、「上司に叱られたくない」、「批判の矛先を向けられたくない」という損失回避バイアスを優先する。**社内政治を**

優先する人は、昨日の仕事に忙しい。

著名ブロガー、エリック・バーカーの『残酷すぎる成功法則　9割まちがえる「その常識」を科学する』（飛鳥新社）によれば、人がパフォーマンスを発揮しやすい没頭状態の「フロー体験」を提唱して有名な心理学者ミハイ・チクセントミハイがドラッカーにインタビューを申し込んだところ、ドラッカーはこう答えたという。

「おこがましく、無作法と受け取られないことを願いたいが、ここで生産性を向上させる秘訣の一つを申しあげたい……それは、こうした招待状すべてを捨てる大きなゴミ箱を持つことです」

ゴミ箱行き——。こう言われたチクセントミハイの顔を是非、見てみたかったが、一方ドラッカーは徹頭徹尾、優先順位を見誤らなかった故に「ドラッカー」になったのだ。

優先順位を見誤らないために本質的に重要なものは何か。ドラッカーは漏れなく書き残してくれている。

「優先順位の決定について最も重要なことは、分析ではなく**勇気**である」

過去への奉仕ではなく「**未来**」への挑戦、問題への対処ではなく常に訪れる「**機会**」を逃さない姿勢、横並びへの安住ではなく「**独自性**」の追求、無難で容易ではなく「**変革**」を選ぶ**勇気**だ。

優先順位を決める時、我々をためらわせるのは劣後順位の決定だ。これもチクセントミハイのインタビュー依頼状をゴミ箱に捨ててみせたドラッカーに聞くしかない。

「なすべきことは、利用しうる資源よりも多く残る」

「機会は実現のための手段よりも多い」

つまり、なすべきことも、機会も本来「多い」のだ。ということは、やはり優先順位を決めなければ何も始まらず、何も進まないということだ。人生の先達者は口をそろえて言う。

「人生、あっと言う間だぞ」

万人等しく割り当てられている希少な資源は時間だ。どのような富を持つ資産家も、そうでない者も1日24時間の限りある資産だ。勇気のある者だけが劣後順位を見極め、優先順位を付けることができる。「何かを得たければ、まず何かを捨てなさい」という、どこかで聞いた格言めいた言葉には、やはり真理がありそうだ。

2 集合知を活かして相転移を起こす

歴史から消えかかった米国海軍

1853年7月、浦賀に入港したペリーの艦隊は、日本の歴史を明治維新へと突き動かす強烈な一石を投じた。しかし、その後、米国海軍が受難の歴史を送ったことは知られていない。1861年から65年までの南北戦争で疲弊した米国民に、軍への嫌悪感が広がったためだ。

米国海軍兵学校を卒業後、幹部自衛官として海上自衛隊に勤務し、第2護衛隊司令、1等海佐を務める北川敬三の『軍事組織の知的イノベーション　ドクトリンと作戦術の創造力』(勁草書房) によれば、南北戦争当時に約700隻あった米国海軍の艦艇数は1880年までに、なんと48隻まで激減したという。軍事予算を切り詰められたのだ。さらに驚くべきことに1853年に黒船来航として日本を震撼せしめた蒸気艦から帆走船へと逆戻りしたのだという。米国海軍は一度、歴史から消えかかったのだ。

この状況に危機感を抱いた米海軍士官たちがいた。彼らは変革に動いた。

1873年、**海軍士官の一部がアナポリスの米国海軍兵学校内に設立したのが米国海軍協会**だった。運営費は会費と有志からの寄付でまかなう「準民間組織」として活動を始めた。海軍関係者だけでなく、沿岸警備隊士官、商船隊士官、海軍研究家など様々な支援者の参加を受け入れ、自由な意見表明の場、書籍出版や論文発表の場としたのだ。外国の海軍士官も会員になれることから、そのオープンな姿勢がうかがえる。
北川は、**この米国海軍協会が「海軍内外の『知的架け橋』」**になった、と鋭く見抜いている。

米国海軍という組織内で士官の一部が組織全体を動かし、変革運動を推し進めることは簡単ではない。海軍と外部の海軍支援ネットワークの結節点という絶妙の位置に協会を設置したことで、組織が介入することなく、心理的安全な時間と空間を確保し、海軍再興のために知性を広く集めることのできる場を創出したのだ。海軍贔屓《びいき》だったセオドア・ルーズベルト大統領も計6回、海軍協会の機関誌に寄稿しており「機関誌は、軍と市民社会の知的交流のみならず、政治家も巻き込んだ意見交換の場として機能」（北川）したのだ。いうなれば米国海軍協会は「**知の部活**」となった。

変革の精神的支柱となった人物が、1884年に米国海軍大学校（米海大）を開設し「海軍に考えることを教えた」（北川）米国海軍軍人スティーブン・ルースだ。ルースは海軍協会の第4代会長を務めた。

北川によれば、ルースら海軍士官は、ドイツ参謀総長を務めたモルトケが実践した「訓令戦術」に注目していた。「戦略は臨機応変の体系である」というモルトケの思想から生み出された「訓令戦術」とは、「現地の状況変化に応じて部下の各級指揮官が迅速かつ知的に対応できるよう高級指揮官は全般の企図のみ示し、達成すべき目標実現のための実施方法は委任するというもの」（北川）だった。ルースたちは、モルトケ思想を参考に、独自の意思決定プロセスに発展させた。この**議論の場となったのが、米国海軍協会**であった。

学習を忘れた日本海軍

その後、米海大にその知性が継承され、米国海軍の改革につながった。米海大はそれまでの戦術家の育成だけでなく戦略家の育成に乗り出した。将来の司令官や幕僚たる者は、艦船の運用や戦闘のノウハウだけでなく、軍事行動が国家の政治目的の達成にどうつながっているのか、まで深く理解しなければ務まらないからだ。

日露戦争の日本海海戦でロシアのバルチック艦隊迎撃作戦を立案した秋山真之《あきやまさねゆき》も入学を希望したが叶わなかったのが米海大だ。ちなみに秋山は米国海軍を代表する戦略家アルフレッド・マハンに師事したが、マハンを世に送り出し米国海軍を建て直したのがルースだった。日本の海軍大学校（海大）は米国に遅れること僅か4年後の1888年、ほぼ同時期に設立された。明治期の日本海軍は列強海軍の最新の動向に注意を払い、新たな知見を学び、しかも採り入れることに貪欲であった。しかし、日露戦争での勝利が「過去の成功体験」となり、大正・昭和期の海軍改革を阻んだ。勝利に酔いしれ、学習を忘れたのだ。

逆に勝利から学んだのが米国海軍だ。米国海軍の転機は1898年の米西戦争だった。ドイツから輸入したモルトケの「応用システム」をベースにつくりあげた「状況判断」の意思決定プロセスを活用したところ、スペインに勝利を収めた。これによって「状況判断」を本格導入する流れがつくられた。

北川によれば、米国海軍の「状況判断」とは、任務を理解し、敵と味方の兵力、所在地を把握した上で、敵の採りうる戦術を検討し、判断を下すことだ。その後、戦略から戦術までを貫く、意思決定において必須のプロセスとして発展し、ドクトリン、戦争指導にまでこの思想が採用された。第一次世界大戦、第二次世界大戦では、あらゆる軍事状況に対応できる「健全なる軍事判断」として体系化された。指揮系統のあらゆるレベルの意思決定で、指揮の一貫性と組織の統一行動を図る方法論を第二次世界大戦までに米国海軍は確立した。

日本では1901年、「海戦要務令」が制定された。これは当初、米国海軍がドイツから輸入した「応用システム」を使って「状況判断」へと発展させていく問題解決のアプローチに近いものであった。しかし、大正期に継承・発展されず、戦略と戦術を一貫させるために必要だと秋山が唱えた戦務（補給、対空対潜警戒）も次第に軽視されていった。戦艦を主軸とした艦隊作戦があくまでも基本戦略とされた。日本においては「状況判断」は単なる作戦レベルで考えるべき話と矮小化された。

なぜ一度は帆走船艦隊にまで落ちぶれた米国海軍が変革を起こせたのか。そして、日本海軍は幾度も変革の機会に恵まれながら、なぜみすみす機会をふいにしたのか、だ。その差は、**米国海軍協会という心理的安全な「部活」が果たしたネットワーク集合知**にある。

相転移

YouTubeは文化的遺伝子であるミームの感染を媒介する、現代を象徴するネットワークだ。

YouTubeで「ボン・ジョヴィおじさん」と検索してみてほしい。2020年1月ごろから投稿が広がっているようだが、ボン・ジョヴィの名曲「Livin' On A Prayer」を地下鉄でひたすら熱唱し続ける黒人の「おじさん」の映像が流れる。最初は、周囲の人も笑いをこらえたり、「変な人だ」と、距離を取っている様子が分かる。

しかし、いつものように「おじさん」が熱唱していると、ある時、若者がサビの部分を一緒に歌い出した。すると、次々に一緒に歌い出す人たちが増え始め、またたく間に電車の車両内が大合唱になった。最後は、公園のベンチにこしかけて「おじさん」が熱唱する映像が流れる。公園で寝そべったり、くつろいでいる人たちの一部が歌い始めると、公園中が大合唱となった。

1987年、NYブルックヘブン国立研究所の3人の物理学者が奇妙な実験を行った。大の大人がテーブルに砂粒を1粒ずつ落としている。3人の名は、パー・バク、チャオ・タン、クルト・ヴィーゼンフェルド。もちろん砂遊びではない。3人は、砂山の崩落の法則を探っていた。

砂山に砂粒を1粒ずつ投下していくと、突如、崩落が起きる。大きな崩落はあまり起きず、小さな崩落は頻繁に起きる。続けていると「崩落が大きければ崩落の回数は少ない、崩落が小さければ崩落の回数は多い」という「べき乗則」に従っていることが分かった。このことは大地震、山火事、株式市場の急落などの研究で応用されている。大惨事は滅多に起きない。ちょっとしたミスや手違いは日々無数に起きている。こうした世界に平均という概念はあまり意味がない。数は少ないかもしれないが、大災害や感染爆発、大混乱は必ず起きる。

砂山の実験には続きがある。

物理学者たちは気づいた。一定の場所に砂粒を落としているだけなのに砂山は、ひとりでに「崩落しやすい臨界状態」に形を変えていくのだ。手で砂山を崩しても砂粒を落とし続けるだけで、再び臨界状態をつくりだした。これを「自己組織化臨界現象」と呼んだ。

さらに興味深いことが分かった。傾斜の角度によって斜面を「安全地帯」と「危険地帯」で色分けしてみたところ、「安全地帯」が大きい場合はほとんど崩れない。しかし、「**危険地帯**」**が大きく、多い場合、連鎖的な崩落現象を引き起こす**のだ。

変化は起こそうと念じても、きれい事を語るだけでは起きない。「変わりやすい地帯」が、あちこちに存在するから一気に変わるのだ。感染爆発であれ、革命であれ、組織や地域の変革運動であれ、ボランティアであれ、銀行の取り付け騒ぎであれ、同じだ。

水が氷に、マグマが岩に、鉄が磁石に、セラミックスが超伝導へと状態が変わることを「**相転移**」という。温度などが臨界に達し、この相転移が生じる時、それまで無秩序に漂っていた分子が一斉に同じ方向を向き、秩序ある状態に変わる現象のことだ。

科学の世界では、物質の状態や現象がそれまでと一変する時、臨界と相転移が起きている。本書が考える「組織や地域をどう変えるのか」という命題にもこの考え方は転用できるかもしれない。砂山の実験が、ヒントだ。

変革を起こしたければ、**変革を志す変人の密度を高めた**「**危険地帯**」**をつくり出し、そ**

の「**危険地帯**」を**いくつも用意すれば**、**臨界状態となり相転移は起きやすくなる**という仮説だ。必要なのは「危険地帯」という場づくりだ。だからこそ**組織を超える心理的安全な「部活」**が必要なのだ。

思い出して欲しい。米国海軍の復興の原動力となったのは海軍愛好家のネットワーク「**米国海軍協会**」だ。ペントランドたちが赤い風船を探すために「人を紹介してください」と呼びかけてつくりだした**疑似的なネットワーク**、IKEUCHI ORGANIC の常連客が祇園祭の函谷鉾の出店で店番をするために組んだ**一夏限りのローテーション**は、すべて変化を起こしやすい「**危険地帯**」をつくった。だからこそ、相転移が起きたのだ。

閉鎖的な文化が残る地域、地域金融機関などで「変革の感染爆発」を望むのであれば、変人が変人として生きられる「部活」をできるだけ増やすことだ。筆者が社会実験だと考えている**地域金融変革運動体は、知性を集め、地域や組織に相転移を起こすための「危険地帯」**という訳だ。

広がらないネットワーク

広がらないネットワークもある。そこにはいくつかの特徴がある。

1つ目は、偏った宗教集団のような集まりだ。「私が教えてやるから、黙って私の話を聞け」という、最高指導者による一方通行の「講話」が続く。威圧的で、なんとも息苦しい。

2つ目は、カネだ。もっともらしい看板、スローガンを掲げているが、会費などでやたらとカネがかかる集まりだ。これはネットワークの主宰者が、ネットワーク自体で生計を成り立たせようとしているケースが多い。接続者に負担として感じられるのであれば、ネットワークは広がらない。

3つ目は、ネットワークに接続する誰も彼もが利己的で、目指すべき理念すら共有できない集まりだ。ネットワークという「共有林」を資源として育てるような協力もなく、自分が刈り取ることとしか考えていない場合だ。

4つ目は、それぞれのメンバーが帰属する母体組織の介入だ。バラバシのスケールフリー・ネットワークは「組織的攻撃に弱い」のが特徴だ。ネットワークを脅威に感じた組織が、ネットワークへの参加を邪魔したり、知性の交流を遮断すると、ネットワークは機能不全に陥る。

接続者（ノード）がネットワークに「あざとさ」を感じたり、監視の目を感じると「つながり具合」の熱量が冷めてしまい、ネットワークの共振が消える。

米ペンシルベニア大の組織心理学者アダム・グラントは、「受けとる以上に与えようとする人」（ギバー）と、「常に、与えるより多くを受けとろうとする人」（テイカー）、「与えることと受けとることのバランスをとろうとする人」（マッチャー）が、成功とどう関係するのかを研究している。

著書『GIVE & TAKE 「与える人」こそ成功する時代』（三笠書房）によれば、**ギバーが最終的には成功を手にしやすい。**他のギバーはもちろん、「報恩・報復」のマッチャーでさえも「このギバーを成功させよう」と応援するからだ。マッチャー、テイカーは決して他のテイカーの成功は望まない。故に、テイカーが大勝利を収めることはない。

グラントは面白い指摘をしている。テイカーは「手がかり」を漏らすのだという。

たとえばフェイスブックのプロフィールの写真で「ナルシスティックな、実物以上によく見える自分の写真を投稿」している人物、企業のディスクロージャー誌で掲載する「写真のサイズの巨大さ」で分かるという。「私」を連発する自己紹介文もそうだ。抑えられない自己顕示欲の痕跡を残してしまう。ただ漏れる承認欲求だ。ある信用組合のホームページでは経営トップの「あいさつ」が理事長ではなく、なぜか理事長の座を譲った会長だ。ある地銀では元頭取を務めた取締役相談役が、組織図上、なぜか頭取よりも上位に位置づけられ、ホームページ上で公然と示されていた。テイカーは「露出度が高く、慎み深さに欠けている」のだ。

では、ギバーが無条件で幸せかというと、そうでもない。圧倒的な成功を収めるのもギバーだが、成功からかけ離れた位置にいるのもギバーだ。

この2種類のギバーについてグラントは、最も成功するのを「他者志向のギバー」、最も成功しないのは「自己犠牲的なギバー」としている。

「自己犠牲のギバー」とは、自分をないがしろにし、心身の健康を犠牲にしてまで、相手に得をさせることを優先するタイプだ。「利他的が良い」という単純な話でもない。利他的行動の先に自分自身の信念や幸せが満たされる「究極的な利己」は否定されるべきではない。

一方、「他者志向のギバー」は、会計年度を越えて、複利効果のように膨らむ「評判」を資産と考えることのできる知能を持つ者だ。今、受け取るより多くを与えたとしても、自分にもたらされる長期的恩恵を信じている。

米ミシガン大の政治学者ロバート・アクセルロッドのゲーム戦略実験では、「しっぺ返し戦略」が有効とされた。すなわち、初回は相手との「協調」を選び、2回目以降は、相手が前回出した手と同じ手を繰り出すのだ。アクセルロッドはこれをさらに改良し、基本的には前回の相手の手を繰り出すが、「時々、許して協調を選ぶ」という**「寛大なしっぺ返し戦略」こそが最もポイントを稼ぐ**との仮説に辿り着いた。他者志向のギバーこそ「寛大なしっぺ返し戦略」と言えるだろう。いつ、いかなる状況でもギバーではない。相手が露骨なテイカーである場合は、距離を取ったり、マッチャーとして対応する場合もある。しかし、時々、許し、テイカーに改心の機会を与えるのだ。寛容こそが、真にEmotional Intelligence の高い者の特徴だ。

あざとさや息苦しさを感じられるとネットワークは広がらない。もし、ネットワークを広げようと思うのであれば、感情知能とも呼ばれる「Emotional Intelligence」への洞察を深めなくてはならない。

Emotional Intelligence

米コンサルティング会社「タレント・スマート」は、米フォーチュン誌が毎年1回発表する米国企業上位500社のうち75％以上に「心の知能指数」(EQ, Emotional Intelligence Quotient) のコンサルティングを手掛けている。共同創業者トラヴィス・ブラッドベリー、共同創業者(最高経営責任者(CEO))のジーン・グリーブスの『EQ2・0「心の知能指数」を高める66のテクニック』(サンガ) によれば、

「EQとは自分自身と他者の心の動きに気づき、それを理解する力である。また、その気づきを使って自分の行動や人間関係を上手にマネジメントする力でもある。EQはどん

な人の中にもあるが、目に見えにくい。EQの力が、行動をコントロールできるか、複雑な社会の中をうまく進めるか、賢い判断によって前向きな結果を出せるかを左右する」という。知能指数（IQ）と異なり、後天的に強化することができるのがEQだ。

EQを欠くと、他者の気持ちや行動、動機が理解できず、人間関係を改善させることもできない。感情と理性を整理できず、怒りにまかせて怒鳴り散らしたり、結果を顧みない衝動的な行動を招く。その場の雰囲気も相手の感情の変化も分からず、信頼関係を築けない。まさにネットワークにおいては致命的な欠陥だ。

米国在住の気鋭のジャーナリスト鈴木敏仁によれば、米スーパー最大手のウォルマートは、消費者の動画を撮影し、人工知能（AI）で画像解析する研究を進めている。消費者の購買結果ではなく、購買行動を観察しようとしているのだ。店のレジでは「何を買ったのか」を把握することができる。しかし、「**何を買わなかったのか**」は分からない。

スーパーの店内に設置されたカメラは、買い物カゴを載せたカートの動線を追いかけることができる。陳列棚の前をただ通り過ぎた顧客と、陳列棚の前で止まり、ある商品を一旦手に取った顧客がいたとしたら、その違いは歴然だ。何が顧客の購買を断念させたのか。価格か、カロリーか、それとも原産地表示か。それを突き止められるのはレジではない。画像認識技術を始めとするテクノロジーだ。

こうしたテクノロジーは「買った」「買わなかった」という事実を単に観察しているのではない。筆者には本質的にはその行動の奥底にある**消費者の心の揺らぎ、葛藤、即ち感情（Emotion）に迫ろうとしている**のではないかと思える。

購買行動の背後にある顧客の行動の「意味」を解き明かし、それをフィードバックし、得られたデータから商品の陳列から店づくりにも反映させていく構想だ。プライバシーの問題があり、まだ実用段階には至っていないが、実証実験では、消費者の会話、カートの音、顔の表情から苛立っているのかどうかまでも分析することができるという。

ウォルマートは推定120億ドル弱（約1兆2900億円）にも及ぶ巨額のデジタル投資を行っている。アマゾン、グーグルを傘下に持つアルファベットに次ぐ規模だ。もはやウォルマートはスーパーではなく、スーパーを手掛ける「テクノロジー会社」なのだ。米小売大手クローガーもマイクロソフトと組んで、デジタル化を進めている。

米ネット通販大手アマゾンは画像認識技術とクレジットカード決済を連携させて、レジで支払うことなしに、そのまま店を出ることができるコンビニエンスストア「アマゾン・ゴー」を2018年から運営している。

日本では無人店舗と報じられたが、これは誤りだ。「アマゾン・ゴー」では、オープンキッチンでサンドイッチをおいしそうに作るスタッフがいる。確かにレジ担当は不要だが、消費者の感情に訴えるようなサービスに手を抜いている訳ではない。

パソコンやスマートフォンの画面の向こう側から、購入ボタンを押しただけでは人間の本当の感情に迫ることはできない。画像認識技術などのテクノロジーがさらに進化し、プライバシーの問題さえ解決できれば、リアルな店舗を設け、たとえばサンドイッチづくりで、どう消費者の反応が変わり、売り上げに影響するのかも、その気になれば調べることもできそうだ。単なる「無人店舗」ではなく、「**人間の感情に迫ることを可能とするテクノロジー**」なのだと、我々は認識を改めた方がいい。

こうした米巨大企業は、消費者の満足度を向上させ、サービスを提供する従業員の働きやすさを改善するために、最先端のテクノロジーへの巨額の投資を続けている。ネットワークの成否のみならず、ビジネスモデルにおいてもEmotional Intelligenceへの洞察は、日本の特に金融業界が最も遅れている欠陥だと筆者は考えている。

「三方良し」の誤解

「うちの経営は三方良しですから」

こう言われると我々は滅法弱い。「すごいですねぇ」と、脊髄反射で賞賛の言葉が出かかる。しかし、Emotional Intelligence が問われる時代においては、「三方良し」を問い直す必要がある。

「売り手良し、買い手良し、世間良し」

この調和こそ近江商人を象徴するものと広く知られるが、どうも誤解されている。三方良し、と一口に言っても、問題はその優先順位だ。

「売り手良し」が「買い手良し」よりも優先するのであれば、それは強欲なテイカーだ。イカサマである。「両立」というのは本質を曖昧にしてしまう危うい言葉だ。実際には、「押すボタン」の順序、優先順位が必ずある。どこから議論を始め、手を付けるのかによって、結果が大きく変わってしまう。客商売であればなおさらだ。客は常にこちらの所作を見ている。そこに欺瞞やあざとさを感じ取った瞬間、心が離れてしまう。

前述のジャーナリスト鈴木は、米国のスーパーのレジが多様化していることについても鋭く分析している。あるスーパーでは、無人レジのレーンもあれば、有人レジに戻したレーンもある。さらに、店内を巡回する案内スタッフが携帯する端末で決済することもできるという。なぜ、複数の決済方法を導入しているのだろうか。鈴木はこう語る。

「デジタル化は、お客様の『決済』という pain（痛み）を減らすためのものとして考えられているからです」

消費者にとって決済とは「苦痛」だ。両手に荷物を抱え、財布を取り出すことは「痛み」だ。画像認識による無人決済に気味悪さを覚える客もいる。何を買ったらよいか迷っていたところ、丁寧に教えてくれた店員の対応に感激し、その場で端末決済したい客もいる。どういう決済手段が良いかを決めるのは経営者ではない。顧客が決めるべきなのだ。

ところが、日本では正反対だ。

無人レジと聞けば、すぐに「何人の人手が不要となり、コスト削減効果はいくらか」が、真っ先に議論される。画像認識技術を導入するとなれば「それでいくら儲かるのか」が、すぐに口を衝くだろう。

「当行のメリット」

「それは当行にどういうメリットがあるのですか」

これは地銀の人間と会話をしていてよく出てくる言葉だ。

地域金融機関は地域の事業者と取引をして利益を稼ぎ、いざという時のために資本を蓄えているのだから、今回のコロナ禍のような時こそ、資本を切り崩してでも地元に還元するのは当然の姿勢だ。

にもかかわらず「地域のメリット」ではなく「当行のメリット」という言葉が、まず口から漏れてくるのは「売り手良し」が最優先されているからだ。「買い手良し」など、差し詰め「顧客満足アンケート」程度でお茶を濁しておけば良いと考えられている。

本来の「三方良し」とは、**まず相手や顧客の「買い手良し」を達成し、その上で「売り手良し」が成り立ち、そして「世間良し」を満たして初めて実現される「状態」**を指している。我々は時間軸で生きている限り、優先順位を決めざるを得ない。「状態」を目指すとしても、まずは順序だ。優先順位を誤ると本質はとんでもない方向に変わってしまう。

名は伏せるが、ある地銀は、自行の福利厚生をサブスクリプション（課金型）で事業者に提供している。事業者にとっては、若手の人材採用でアピールポイントにもなるため、好評という。自社で提供するよりもこの銀行に任せた方が、経費を抑えられるからだ。実際、福利厚生サービスの解約率は極めて低い。

銀行では行内向けの非収益事業として考えられてきたが、思いがけず収益事業となっている。この地銀は、仕組み債などの複雑な金融商品を顧客に売ったり、専門性が高く損失を出しやすい有価証券運用を行うよりも、顧客企業の経費を下げながら、経営体質の強化につながるサービスをサブスクで提供していく方針だ。もし、銀行の収益の最大化を優先し、顧客の便益がなければ、そのようなサブスクは長くは続かない。サブスクは、問答無用に「買い手良し」から始まる。

痛烈な皮肉を述べれば、手数料の高い投信や保険商品、複雑なデリバティブ、仕組み債など、銀行のこれまでの収益事業ほど顧客や地域のためになっていないものはなく、高い水準の労務管理やハラスメント対策、法務、管財、経理、信用リスク判断、反社会的勢力への対策、防災対策など、銀行の非収益事業ほど世の中の役に立つものはない。

明治維新最中《さなか》の1867年、近江国五個荘《ごかしょう》で呉服問屋として創業したのがツカキグループ（京都）だ。6代目社長、塚本喜左衛門が語る本物の近江商人について、講演を聞く機会があった。

「近江商人は丁稚奉公から始まります。まず掃除です。掃いてはいけません。ゴミや埃を近隣にまき散らしてご迷惑を掛けるからです。円を描くように箒《ほうき》を動かしてゴミを集めます。自分の店の前を掃除していると、店の番頭さんから『お隣さんから掃除しなさい』と叱られます。お隣さんの掃除が終わったら、お客様が通って来られる道路も掃除します。そして**最後に自分の店の前を掃除する**のです」

この塚本の話が近江商人とは何かを理解する上で、一番腹に落ちた。やはり優先順位だ。一般的には「売り手良し、買い手良し、世間良し」と定着してしまっているが、この通りの優先順位だとしたら、それは偽者の商人である。「買い手良し、売り手良し、世間良し」の優先順位を貫いてこそ真の近江商人であるはずだ。「富山の薬売り」も「**先用後利**《せんようこうり》」の精神を継承してきた。相手の役に立つことが先、利益は後だ。

集合知

粘菌、それも細胞性粘菌は、それぞれがアメーバとして暮らし、バクテリアを食べて生きている。しかし、ひとたび飢餓状態になると誘因物質サイクリックＡＭＰ「cAMP」という物質をシグナルのように発信する。受信した粘菌も「cAMP」を放出しながら、「cAMP」が密集して発信されている中心部に集まっていく。その全体の光景は放射線状のスケールフリー・ネットワークそのものだ。誘因物質を受け取る受容体の多い粘菌だけが反応する現象だ。

　集合体となった10万個ほどの粘菌は、それぞれは単細胞生物の状態を保ったまま、ナメクジ状の形態に変わり、さらに移動を始める。この時「ナメクジ」の、どの位置に存在するのかによって、その後、どのような役割の細胞になるのかが決まる。「ナメクジ」は光に向かって進み、位置を決めると壺のような形状に変形する。そして、今度は柄の形状となって細長く伸び始め、その先端に胞子の詰まった球体をつくりだす。柄が伸び切ると先端の球体が、子実体《しじったい》（大型のものは「キノコ」）となる。

　これこそ生物の原始的な集合知だ。生き残るために協力して、それぞれの役割を全うし、目的を果たす。アリやハチも個々の情報・伝達を通して集合知を形成し、食料の位置や攻撃命令、巣を狙う敵の襲来、巣の温度調節などに役立てている。

集合知とは、ある集団の中で、何らかの目的のために体系化される知性や知識だ。人間界にも集合知は存在する。

　ネット利用者が何らかの事柄を手っ取り早く、ざっくりと調べたい時に頼りになるのが、非営利組織のウィキメディア財団が運営するインターネット百科事典「ウィキペディア」だ。広告は載せず、個人・団体などからの寄付で運営している。

　ウィキペディアには前身がある。2000年3月にネット上の百科事典プロジェクトとして始まった「ヌーペディア」だ。当初、ヌーペディアはボランティアの専門家による執筆と査読によって記事が掲載されていた。しかし、少数精鋭の専門家集団という参加障壁の高さと査読という厳格な検閲プロセスを設けていたために、ほとんど記事作成が進まず、当然、利用も広がらず、鳴かず飛ばずとなり、03年9月に閉鎖した。

　代わりに社会の「相転移」を起こしたのが01年1月15日にスタートしたウィキペディア

であった。こちらは「書き手」をボランティアの一般人に公開し、編集手順も簡便にした。「書きかけ」「不完全」であることを前提にし、ネットワークでつくりあげていく現代の集合知だ。

オープン・イノベーションによる集合知は、ハッカソン（ＩＴ用語の「ハック」と「マラソン」を合わせた造語）、アイデアソン（アイデアとマラソンを合わせた造語）と呼ばれるイベントで試みられている。有名なところでは、**Facebook**の「いいね！」機能は、フェイスブック社内のハッカソンを通じて誕生したといわれる。日本でも行われているが、見る限り「イベントどまり」の感は拭えない。

言葉ばかりが踊っても「集合知」にはならない。いきなり１０００人を集めても混沌を生み出すか、集めたこと自体に主宰者が陶酔するかだけだ。

工学博士にして情報学・メディア論に詳しい西垣通は著書『集合知とは何か――ネット時代の「知」のゆくえ』（中公新書）で、**集合知とは生命体の知であり、生物が生きるための実践的な活動と一体で捉えるべきだ**と主張した。変わりゆく環境変化に適応する生命体らしい知性だ。では、人間の集合知とは何なのか。

それは**ネットワークで拾い集めた知性や知識を何らかの目的で体系化したもの**だ。答え

のある正解さがしではなく、答えのない課題解決の探求や選択肢を決定する合意形成においてこそ真価を発揮する。

日本人の平均身長を知りたければ、ビッグデータとＡＩの集合知に委ねた方がいい。

では「カギの掛かったドアの向こうで子供の泣き声がする」――。

さてどうするか。鉢植えを持ち上げてカギを探してからドアを開けるのか、針金をつかったピッキングでドアを開けるのか、ドアを蹴破るのか、子供に呼びかけて落ち着かせ、内側からドアを開けさせるのか。

どれも「解決策」だが、どの手段を採用するのかは、時と場合、状況による。家から火事らしき煙が出ていたら、躊躇している暇はない。窓かドアを蹴破るべきだ。解決策は一つではない。それを集団で解決していく合意形成のプロセスが集合知だ。まだ誰も気づかない知性を創造することこそ、人間の集合知だ。

太陽の季節

２０１４年７月９日、米航空宇宙局（ＮＡＳＡ）はニューハンプシャー州でリタイアした無線技士ブルース・クラギンに賞金３万ドルを贈ると発表した。ＮＡＳＡが実施したオープン・イノベーション・プラットフォームで、驚くべき成果をたたき出したからだ。

クラギンは、太陽陽子現象（SPE＝Solar Proton Event）と呼ばれる宇宙飛行士や電子機器に壊滅的なダメージを与える脅威が24時間以内に発生することを75％の精度で予測するシステムを提案したのだ。

SPEは太陽の爆発（フレア）によって突如生じる「太陽風」によって引き起こされる、アポロ計画でNASAが最も恐れた問題であった。宇宙船がすぐに地球に戻れない距離でSPEが発生してしまえば、放射線、電気系統に異常を引き起こすプラズマ粒子を含んだ「太陽風」が秒速数百キロで宇宙船に襲いかかることになる。宇宙船の電気系統は破壊され、宇宙飛行士の被曝は確実だ。ちなみに磁場の弱い北極圏でオーロラが見えるのは、流れ込んできた微弱なプラズマ粒子が引き起こしている現象だ。

このため、NASAとしてはSPEの予測精度を上げることが極めて優先度の高いミッションとなっていた。この問題を解決したのは、NASAのエリートではなく、一般の元無線技士だったのだ。

NASAはSPE予測を含む14件の戦略的課題をオープン・イノベーション・プラットフォームで公表し、解決策を一般公募した。SPE予測には、53ヵ国、500人超が課題解決策を提案したという。その最優秀がクラギンだ。

このNASAのオープン・イノベーション・プラットフォームを3年間調査したニュー

ヨーク大学スターン・スクール・オブ・ビジネス助教授のヒラ・リフシッツ・アサフらの「研究チーム」によれば、通常、NASAで数年かかる研究開発を、オープン・イノベーションでは僅か3ヵ月で解決してしまった事例もあったという。

しかし、研究チームは異変に気づいた。NASAのプロパーのエリートたちが、プロセスや予算、手続き上の問題を理由に掲げ、オープン・イノベーションに反対し始めたのだ。

嫉妬だ。部外者の素人がいきなり現れて、自分たちが数年がかりで解決できない難題を数ヵ月で解いてしまったのだ。面白いはずがない。

対照的に、オープン・イノベーションを歓迎するNASAの科学者・エンジニアもいた。両陣営の思考の差は明白だった。「ラボこそ我が世界」と反対派は考えていたが、賛成派は「世界こそ我がラボ」と捉えていた。どう「ラボ」と「世界」を認識するかで、結果は大きく違った。

研究チームは「**このようなアイデンティティをめぐる葛藤は、往々にしてマネジャーの目からは見えず、対処が困難である**」と指摘した。さて、どうすればオープン・イノベーションがうまく進むのか。チームは、NASAの観察をさらに2年続けた。

賛成派は、自分の仕事を「いかにしてやるか」ではなく、より大きな「**なぜ**」を見つめ直していた。同僚には、職業的アイデンティティを「問題解決者」から「**最良の問題解決者を見つけ出す探求者**」へとシフトするよう求めていた。視点をズラしたのだ。

研究チームが2年間延長して観察し、辿り着いた結論は、科学者やエンジニアたちの目を「**より高次の目標へと向けさせることが、決定的に重要である**」というものであった。目線を変え、見る景色を変えさせるのだ。オープン・イノベーションは目的ではない。「使命」をより迅速に達成するための「ツール」だと捉えさせることが不可欠だという。つまり、**ネットワーク集合知には、ネットワークに接続する参加者の認識を変える必要が**ありそうだ。

嫉妬は聞き分けのない幼児と同じだ。抱っこをされ、何か別の景色や関心を引くものを見せられれば、すっかり忘れたかのように泣きやむ。NASAのエリートも同じだ。

「我々は歴史に残る壮大なミッションにかかわっているんだ」

NASAは、**誰もが共感する理念をスタッフと共有すること**を忘れていた。マネジャーは「解決策の探求」を促すことを忘れていた。

研究チームは、ネットワークで集合知を目指そうとする人へ参考になる助言をしている。

「**解決策をクリエイティブな方法で見つけ出すイノベーター**（**自力で問題を解決しなくて**

も、どこの誰からであれ解決策を探し出してくる人）を称《たた》えるようになることだ」（Harvard Business Review 2018.7.2より）

地域金融機関でいえば、成果を出した（NASAでは問題解決をする）人間が偉いのではない。成果を出す人間を見抜き、連れてきて、最も成果の出るポジションに据え、権限を与えた「イノベーター」こそ、最も賞賛されるべきなのだ。こうしたイノベーターを発掘し、育成するためには、単なる数字を上げた者の評価に加点するだけでは不十分だ。

研究チームはこうも指摘している。

「イノベーションとは、革新的な技術や科学を手にすることだけではなく、イノベーションのプロセスそのものを革新することでもある――そう伝えることが重要である。アインシュタインの有名な言葉にあるように、『問題を生み出したときと同じ思考法で、その問題を解決することはできない』のだ」（同）

3 困っている相手の求めに応じてこそ地域金融の企業支援

孤高の「戦争屋」――北門信用金庫・伊藤貢作

北海道滝川市を拠点とする北門《ほくもん》信用金庫企業支援室長の伊藤貢作は、いつ、いかなる状況でも、企業支援のために戦う「戦争屋」だ。経営モデルや、あるべき論を押しつける「コンサルタント」とは一線を画す。

ある支援先の企業経営者が取りうる選択肢Aと選択肢Bがあったとする。伊藤個人はAが良いと思っていても、議論は尽くすが伊藤は経営者の最終判断を待つ。結果、経営者がBを選んだとしても、それを尊重し、Bの状態から戦況の打開を目指すのが伊藤の戦い方だ。伊藤の読み通りAが正しい場合も多々あるはず。なぜ経営者の説得と翻意を試みないのかを尋ねてみた。伊藤は次のように回答してきた。

■中小企業の場合、電気自動車かハイブリッドかのような極端な選択肢は滅多にない
■会社が望む選択肢の方が突破力に期待できる
■私はBに反対なので、逆にBの欠点がよく分かり、フォロー・修正案が出しやすい
■最も危険なのは誰もが片方の案に賛同し、よく起きる「想定外」の事案に対応できない

こと
■決まったら一致団結すべき。「不貞腐《ふてくさ》れる」のは、軍師・参謀に必要な冷静さを阻害する
■Bで進んで行き詰まった時「だから言ったでしょ」というのはプロではない
■誰の発案か、手柄かはどうでもいい。会社がピンチを切り抜ければ、他はどうでもいい

根っからの「戦争屋」だ。

「『セメントの今の価格って分かりますか？』と経営者に質問されて、直ちに返答するか、それを知っている知人に連絡し、5分以内に返答できなければ、プロの企業支援ではないですよね」

こう伊藤は言い切る。

地銀、信金信組がこぞって企業支援を業務に位置づけ始めている。ただ、その多くがプロダクトアウトの域から出ていない。**詰まるところ、困っている企業の求めに応じることができなければ、その会社にとっての支援ではないのだ。**仕事をしているのかどうか、価値があるのかどうかを決めるのは、相手だ。

再生支援、本業支援、事業承継支援、M&A支援、そして場合によっては円満な廃業さえも支援する。経営者に何かを期待された以上、それに率直に応えるのが用心棒、傭兵の

本分だ。伊藤は、そう自分を定義している。頑なだが筋は通っている。実に変わった人間だ。変人を追うには、来歴を辿るに限る。

「再生請負人」信金へ

伊藤は1971年、東京で生まれた。その後、父の仕事の関係で、まだ小さい頃に家族で北海道滝川市に移り住んだ。

滝川市の高校を卒業し、米ネバダ州の州立大学に進んだ。

「志望大学に落ちたので、成り行きでこうなってしまいました。当時は、ジャパン・アズ・ナンバーワンの時代ですから、物見遊山のつもりで行ったようなものです」

と、笑う。

大学では、地政学と国際政治を学んだ。卒業後も自分の進む道は定まっていた。

祖父藤吉は、東北地方のある自治体の首長を長く務め、伊藤の生まれた年に他界していた。卒業後は、帰国して、滝川市の建設会社で数年修業を積み、その後、藤吉が設立した建設会社に移って、地盤を引き継いで政治家になるだろう。自分の人生をそう単純に考えていた。

大学の卒業を半年後に控えていたある日、

「急いで日本に戻ってきなさい」

父から急報があった。急遽、帰国すると「一族の揉め事」が起きたため、予定よりも早く父の実家の建設会社に戻らなければならなくなった。下積みも兼ねて伊藤は滝川市の建設会社に就職し、3年勤めて退職した。いよいよ祖父の建設会社に戻る準備ができた。

しかし、その会社は父が実務に携わっていなかったために、第三者割当増資などが繰り返し行われ、事実上、他人の手に渡っていることが分かった。乗っ取られたのだ。

将来のプランが音を立てて崩れた。就職先もなくなった。伊藤は失意のどん底にたたき落とされた。そこに友人から誘いがあり、札幌市の小さい旅行会社に就職することになった。若くして「専務」という肩書となり、すっかり気分を良くしていたところ、なんと会社が経営危機に陥っていることが分かった。

「企業の財務も商売も何も分かりませんでしたが、寝ないで働いていたら何とか再建できたんです」

という。企業支援ではなく、当事者になった経験こそが伊藤の原点だ。

そうした伊藤の動きを見ていた取引銀行の支店長が、違う会社を紹介してくれたため、そちらに転職した。ここでも業種特性や資金の流れなどを独学で学び、経営再建を果たした。その後も紹介や依頼を引き受けるままに会社を転々として、行く先々で頼まれる経営再建を仕事とするようになった。どこでも死にものぐるいで経営再建に取り組むうちに、必要な知識やノウハウが自然と身につき、いつしか「再生請負人」と知られるようになった。

しばらくすると、滝川市の地元スーパーが設立した食品配送センターの創業支援を手掛けた縁から、経営危機に陥っていたスーパーの取締役に入って、再建に乗り出すことになった。

取引金融機関の紹介で、中小企業診断士の資格も取っていたところ、スーパー再建の2年後、北門信金から企業再生・企業支援を伊藤に任せたいという要請があり、信金に転職した。

2009年、北門信金の小嶋俊明常務（のち理事長）から最初に任された仕事が、砂川市の馬具・鞄メーカーのソメスサドルの支援だった。

誇り高き馬具屋のスピリッツ――ソメスサドル

2019年は、30年ぶりの皇位継承で元号が改められた。

昭和から平成、平成から令和にかけて、過去2回の天皇即位の大礼で使用された馬車用馬具の「御用達」となったのが、ソメスサドルだ。各国駐日大使が着任挨拶の際、皇居へ向かう馬車にもソメスサドルの馬具が使われている。競馬では、武豊騎手やミルコ・デムーロ騎手も特注の馬具を愛用している。

19年も年の瀬、12月中旬に、北門信金・伊藤の案内で北海道砂川市の工場とショールームを訪れた。

ソメスサドルは1964年、前身のオリエントレザーとして設立された。それまで地域を牽引してきた北海道歌志内《うたしない》市の炭鉱が閉山するのに伴い、炭鉱労働者たちの雇用対策として企業誘致されたことがきっかけとなった。

「家業になったのは、3代目の父親の時代からですよ」

赤レンガの建物の窓からは青々とした芝生が広がり、春から秋にかけては放牧された馬を見学することもできる。冬の日差しの差し込む応接室で、5代目社長の染谷昇は穏やかに語り始めた。

オリエントレザー設立当初は、輸出用の馬具を製造していた。

「ノザキのコンビーフ」で知られた商社の野崎産業（現川商フーズ）が原皮を輸入し、国内で鞣《なめ》した革で馬具を製造し、商社のネットワークで主にアメリカに輸出していた。ドル円が変動相場制となり、急激に円高が進んだ。馬具の需要はあったが「輸出企業」であったオリエントレザー社には、致命的なダメージとなり経営不振に陥った。

「世のためにやってくれ」

そう説得されて72年に社長に就いたのが染谷の父政志だった。当時、東京の大学で進路を決めかねていた染谷は東京に居残り「東京営業所」として、別働隊として動くことを決めた。

「文字通り行商でした」

染谷は当時をこう語る。

競馬関連から牧場まで、馬具に関係しそうな販売先はどこであれ訪ねて売り込んだ。しかし、全国をまわるほど、馬具だけをつくり続けても行き詰まることを確信した。

転機が訪れたのは78年。ドイツ・フランクフルトで開催される展示会への出展の打診があり、これに参加することにした。26歳の染谷には別の思惑があった。見聞を広げるため、パリのエルメス本店を視察してみたいと思っていたのだ。

エルメスは言わずと知れた馬具工房から始まった世界最高峰の高級ブランドメーカーだ。染谷もオリエントレザーが馬具だけでなく、鞄や財布など革製品メーカーとして生まれ変わる可能性にかけてみたいと思っていた。

エルメス本店は、パリ・マドレーヌ駅からほど近い、サントノーレ通り沿いにある。パリの街並みに調和する白い瀟洒な建物だ。現在は、来店客が殺到するため、本店でバッグを見せてもらうためだけでも予約が必要だという。

入店した染谷は衝撃を受けた。

「凛として隙がない感じで圧倒されました。何よりも**馬具メーカー発祥という創業の精神を忘れないどころか、誇りとしているところに**勇気づけられました」

3階より上はミュージアムのようになっており、そこを見学していると、店員がやってきて丁重に追い返された。しかし、成果は十分。可能性はゼロではない。数%にかけるべきだと確信して染谷は、帰国の途についた。

とはいえ、何から手をつけるべきかが分からない。まずは余剰の皮革を使って社名入りのコースターをつくり、馬に因んだ名前がついているパブ、バーなどを1日何十軒と片っ端から営業でまわった。馬の名前を付けているところであれば興味をもってもらえるかもしれないと考えたからだ。キーホルダー、コインケースなどもつくり、観光牧場に持ち込んだ。

バッグもつくってはみたものの、一流バイヤーには、「門前払い」を受け続けた。相手にもされない。ただし、染谷も食い下がった。ちょっとしたアドバイスをもらうと、戻って直し、再び持ち込んだ。

「どうしてバッグなんかつくるんだ」

他方、こう戸惑う職人たちには理解を求め続けた。相手先ブランドによる生産（OEM）で収益を出そうと必死だった。85年に自社ブランドへの転換を目指すという思いから、オリエントレザーからソメスサドルに社名を変更した。ソメスとはフランス語で頂点、頂上、最高を意味する「sommet《ソメ》」から、そして馬具メーカーという創業の精神を忘れないという意味で、鞍を意味するサドルと組み合わせた。

近い将来、工場とショップを併設した社屋への移転を構想していたこともあり、工場の2階にある「開かずの間」となっていた倉庫を改装し、ショールームに見立てて販売も始めた。地元での知名度が上がり、バッグやベルトを求めて来店客が増えてきた。95年、砂川市に砂川ファクトリー&ショールームを開設。自社ブランド直営1号店としてスタートし、現在の製造小売業の礎となる。しかし、２００８年秋のリーマンショックが経営を直撃した。

企業支援は総合医療

２００９年、兄純一の後を継いで社長に就任した。

その年、北門信金から「戦争屋」伊藤がやってきた。伊藤はヒアリングを重ね、一通り調べたところ、ソメスサドルの厳しい状況が分かってきた。経営実態は次のようなものだった。

当時ソメスサドルは東京・青山に直営店を構え、革製品の販売は確かに軌道に乗り始め、売り上げを伸ばしていた。しかし、東京の販路拡大に伴う副作用で、在庫と物流が適切に管理されているとは言えない状況だった。東京と北海道の2拠点に分かれていたため、在庫・物流・商流のオペレーションが複雑になり過ぎていたのだ。

在庫は適切に管理されず、過剰在庫が常態化していた。売り上げを伸ばしても利益を圧迫し、リーマン直後の経営リスクが高まっていた。物流の経費も損失を拡大させ、資金繰りをも悪化させていた。

まず伊藤は染谷と相談し、在庫を資金化して、当面の資金繰り不安を解消させた。

次にバラバラだった物流拠点を北海道に一本化し、さらに東京・浅草橋、青山に2ヵ所あった事務所と店舗を青山に一本化した。緊急の止血策をひとまず講じた。

次に、材料の仕入れ、製造のリードタイム、在庫の調整だ。伊藤は語る。

「文章で書くと簡単なんですが、これが本当に難しいのです。企業は生き物とはよく言ったもので、全体のバランスを考えながら、問題を解決していかなければならないのです」

伊藤によれば、在庫を徹底的に抑え込むと肝心の売り上げが激減しかねない。逆に在庫にしすぎると今度は資金が枯渇し、倒産しかねないという。

「資金繰りは確かに重要ですが、**資金繰りだけ改善しておけばいいというのは短絡的です。緊急措置として一時的には考えられますが、それが常に解決策になると思い込むのはむしろ危険**です。製造業の場合ならば、企画、製造（現場、職人）、卸、小売へ波及するあらゆる影響を考えながら、対応を変えていかなければなりません。ソメスサドルの場合は、職人のみなさんがやる気を失ったり、ブランドを毀損するようなことがあっては致命的です。これをトータルでやるのです」

「戦争屋」を自称する伊藤だが、筆者にはどうにも熟練の名医の言葉に聞こえる。まず出血を止め、必要なら輸血もして、その後、血流を整える。そして筋力が衰えないようにリハビリも行いながら、中性脂肪や悪玉コレステロールを下げる食生活に改善させ、自力で健康を維持していけるような体づくりも提案していく。この総合医療が企業支援なのだ。

経営立て直しの目的を「見える化」

伊藤は染谷と話し合い、これだけは守るという目標を定めた。

①2期連続で赤字を出さない

②借金で借金返済を繰り回さない
③解り易い目標を掲げる（銀座に旗艦店を出す）

金融機関として回収ありきを求めているのでは決してない。経営がどういう状況なのかを分かって走り続けられる状態にしなければならない。そして、何のために苦しい改革をするのかを社内で「見える化」する必要があった。

染谷も腹を括った。最初の2年間は、改革の集中期間と決め、役員報酬を30％カットした。決算内容をすべて社員に開示し、付いてきてくれるかどうか誠意を持って向き合った。染谷の覚悟は通じた。最悪の危機を回避するため、2年間の改革で経費をなんとか抑えることができた。

2017年4月、東京・銀座、松坂屋跡地にJ・フロントリテイリングや森ビルなどが再開発した複合商業施設「GINZA SIX（ギンザ シックス）」が開業した。ここにソメスサドルは旗艦店を出した。終わりなき撤退戦では、社員の戦意は喪失する。東京屈指のファッションの地に、旗艦店を出すことはソメスサドルにとって反転攻勢の狼煙《のろし》となった。

前を向いて進むと、不思議と外から声が掛かり出した。

19年7月には、NHK連続テレビ小説『エール』（20年3月30日から放送）の撮影スタッフが来社。ヒロイン「音」の実家・関内家が馬具製造販売業だったことから、ソメスサドルが工場を案内し、作業場の見学にも協力した。馬具職人役にも手縫いや革包丁の使い方などを指導した。馬具用の鞍、鞍骨、作業用工具も貸し出した。軍鞍《ぐんあん》の製作依頼もあり、一背《せ》（鞍の単位）を実際に再現してつくり納めた。さらに革を裁断する独特の音もソメスサドルの職人自ら出張し、録音に協力した。

染谷の案内で工場を見学させてもらった。

革は、一枚一枚すべてに「個性」が宿っている。部位の特徴、堅牢さ、繊維の方向などすべてが異なる。繊細な作業で、若い女性の職人の姿も目立った。職人は3～4人のチームで革の特徴を見極めて裁断していく。どの工程もこなせるようになってこそ一人前だ。

裁断前の革を積み重ねた一角で染谷は立ち止まった。ひときわ大きい、重厚に黒光りする牛の革があった。宮内庁に納入した馬具の材料となった革（ブライドルレザー）だという。イギリス・ロンドンの南方にあるタンナー（鞣し業者）で鞣された特別な牛からとれる厚さ6ミリという非常に分厚い革で、宮内庁から示された仕様書通りに忠実に再現した。細部まで規格通りに仕上げられたのは職人の確かな腕があってこそ。染谷はこの特別な革に手を添えた。

「約7ヵ月間をかけ、職人たちが本当に頑張ってくれました。渾身の技を注ぎ込んで完成させせました。2度も天皇陛下の馬車用馬具をお納めできたこと、大変光栄に思います」

取材も最終コーナーをまわった。染谷に今後の経営課題を聞いた。

「ブランドイメージを崩さずに、世界に通用するものづくりを続けながら『食べるための売り上げ』をどう両立させるか、ですね。高齢化する職人の技を伝承しなくてはいけません」

経営の手綱さばきは難しいが、目指す目標がある企業は必ず出走できる。気づけば伊藤の姿はない。染谷が呼べば今でも顔を出すが、孤高の「戦争屋」には次の戦場が待っている。

世界的家具デザイナーの遺志を継ぐ者

「ソメスサドルの応接室のテーブル、食堂のテーブルと椅子は、カンディハウスのものですよ」

そう染谷から教えられ、不思議な「ものづくりのネットワーク」を感じた。

つい1ヵ月ほど前の2019年11月、北海道旭川市を訪れ、まさにカンディハウス本社を見学していたのだ。カンディハウスの創業メンバーで、職人、デザイナー、そして経営者でもあった長原實（15年10月逝去）の足跡を辿っていたからだ。

案内してくれたのは、長原に師事し、その遺志を継ぐ株式会社コサインの星幸一社長だ。稚内信用金庫の増田雅俊理事長の仲介で、星と連絡が取れ、北海道の取材に訪れた。

北海道旭川市は木工家具の街だ。長原は木工職人たち、ひいてはものづくり職人たちの象徴的存在であった。カンディハウスの道路を挟んだ向かい側に星のコサインがある。

星は北海道北見市出身。北海道立北見専修職業訓練校（現北海道立北見高等技術専門学院）木工科を卒業し、1970年、16歳で、旭川の既製品家具メーカー「インテリアセンター」（現カンディハウス）に就職した。インテリアセンターはその2年前、68年9月、長原らによって設立された。星の入社当時、長原は専務を務めていた。

「長原さんは、自分と同じ学歴のない私に何かと目を掛け、そして厳しく指導してくれました」

雪がちらつく旭川。星はラーメン屋「特一番」で野菜味噌ラーメンをすすりながら話を続けた。

インテリアセンターは、東京で家具を展示するなど業容を拡大したが、27歳になっていた星は、ひとり悩んでいた。

(自分は、外の世界を何も知らない。自分の人生はこのままでいいのだろうか)

そして思い立った。インテリアセンターを離れ、別の道に挑戦するのだ、と。父親と一緒に長原を訪ね、頭を下げて謝った。

旭川市の北海道立旭川高等職業訓練校(現北海道立旭川高等技術専門学院)への就職が決まった。公務員だ。長原たちが開いてくれた送別会に出席したところ、長原から言葉を掛けられた。

「3年で帰ってこないと、おまえはもうダメだぞ」

事実上の「勘当宣告」と、星は受け取ったが、筆者には「必ず帰ってこい」という長原の心模様がうかがえる。星も筆者も、長原に確認することはもうできない。

星は、インテリアセンターを離れても長原への毎年の挨拶を欠かさなかった。

「このあたりで、もういいだろう」

長原は星がやってくるたびに同じ言葉を投げかけた。民間企業で働いてこそ職業人という哲学を長原は持っていたからだ。

星の心模様にも変化があった。インテリアセンターでは朝7時前から、夜11時まで働くことが当たり前の生活だった。それが今や定時退社の公務員だ。

今や星は、一人で図面を描き上げ、カンナをかけ、穴開け、仕上げ工程まで、なんでもできる。だからこそ、職業訓練校に勤め始めた最初の1年目で（こんなことでいいのか）と、思うようになった。

物思いにふける時間ができると、次第に、中卒でやってきた自分の学歴を引け目に感じ始めた。

星は、公務員生活2年目で旭川東高等学校定時制課程に入った。ひとまわり違う子供たちと学校に通った。学歴のコンプレックスを払拭したかったからだ。こうして、さらに4年が過ぎた。

そんなあるとき、創設20周年記念でカンディハウスを訪れた時、長原から思いがけない話をされた。

「戻ってこい。おまえのためにビルの1階フロアーを空けてやる。一緒に家具の工場をやろう」

星に会社を興せというのだ。職業訓練校に勤める公務員の星には、デザインはできない。

星は妻千波に相談したが、妻の実家からも、

「公務員をやめる人がいるか！」

と、大反対された。当然だ。だが粘り強く話をしたところ、最後には分かってくれた。

しかし、自己資金が足りない。そこで長原も出資し、自分が社長を務めるとバックアップしてくれた。法務局にいよいよ登記となった時、突如長原は予想外のことを言い出した。

「やっぱり、社長はオレはやらん。星、オマエやれ」

（これはまんまと欺されたな）

星は心の中で自分を嗤《わら》ったが、もはや後には引けない。

「共に・存在する」会社、コサイン

会社名は「コサイン（cosine）」に決めた。coは英語で「共に」、sineは、ドイツ語のsein（存在する）に近い語感だ。「木」、「作り手」、「使い手」が共に存在し続け、長く寄り添う生活道具をつくりたいという創業の理念にもしっくりくる。星には、ハンドワークとマシンワークを融合させ、品質の高い家具をつくりたいという思いがあった。

絹を思わせる白くなめらかで透き通る優しい色合いのメープル、重量感があり、使い込むと明るい茶色に経年変化するウォルナット、加工がしやすく紅褐色に経年変化するサクラ、ウィスキーやワインの醸造樽に好まれ、「虎斑《とらふ》」という独特のトラ縞模様が特徴のナラ。これら4種類の木をコサインは扱う。

仕上げは、木の素の質感を楽しむ「オイル仕上げ」と耐水性・対汚性に優れた「ウレタン塗装」だ。用途に応じて使用する。

塗料・接着剤は、シックハウス症候群を引き起こす原因となりうる物質、ホルムアルデヒドの発散量のレベルが最も低いF☆☆☆☆（エフフォースター）と認定されたものしか使わない。F☆☆☆☆とはJIS（日本産業規格）の表示だ。JIS工場で生産されるJIS製品への表示が義務づけられているもので、エフフォースターは最上位規格だ。人に優しく、安心・安全なのはもちろん、建築基準法でも使用面積の制限を受けずに使用することができる。

1988年、たった4人でコサインはスタートした。うち2人は長原が星に送り出してくれた人材だった。長原は、インテリアセンターを起業支援の「インキュベーター」にしたいという夢を描いていた。その第1号が星のコサインだった。

最初は、木製のスイッチカバーをつくった。

「木のスイッチカバーがあったらいいのに」

という電気工の一言から、短い材木でも無駄にせず、大切に使おうということで製作した。無機質なプラスチックカバーが、温かみを持った木のカバーに変わるだけで、心が豊かになる。その後、大人気商品となったドレスラック、さらにはソファーやダイニングテーブルなどの家具までも手掛けるようになった。

時折、経営の悩みを長原に相談すると、

「そんなことで、何ぐずってんだ」

と、いつもと同じようにぶっきらぼうに一喝された。

長原は全国の家具メーカーの団体の会長も務め、自ら経営者の塾なども主宰し、勉強も後進の指導も人一倍熱心に行っていた。

「手を差し伸べてくれる時もあれば、できるだけ一人でやりなさい、と敢えて突き放したように距離を置くのが長原さんのスタンスでした。厳しくも温かい。ふと思ったら近くにいた、そんな人でした」


2012年、長原は病院の診断で、肺にかげが見つかった。

「内視鏡であばらが広がっちゃったよ」

札幌で手術を受けた長原は、すっかり元気そうに戻ってきた。星を呼び出し、いつものように軽口を叩いた。ゴルフ、麻雀も以前と変わらず元気そうにやっていた。しかし、実は手の施しようのないほど、長原の癌は進行していた。

「あと5年はもたせてほしい」

長原はそう主治医に頼んでいた。11年には、旭川に「公立ものづくり大学」の創設を目指す市民団体を設立したばかりだった。まだ死ねない。しかし、病状は次第に悪化してきた。

星のコサインは、念願の東京・青山店をオープンさせ、1周年記念の集いの開催を控えていたが、

「オレも行きたいけど、これじゃあな……」

と、寂しそうにつぶやいた。15年、北海道の秋は深まっていく。

15年10月8日午後1時03分、長原は目を閉じた。驚くべきことに、この僅か数時間前、長原はその足で歩き、トイレを済ませていたという。

「すべて完璧にやった人でした。『葬式には九州のこの人を呼んでくれ、世話になった人はこの人だ』と細かくご家族に言い残して逝かれました」

星は故人を偲ぶ。

谷底から這い上がる獅子の子

話は戻る。1975年、星がインテリアセンターに就職して5年目のことだ。長原は星の父親の元を訪れていた。

「幸一君を社長にしますから」

長原は星の父親だけには、そう伝えていた。

長原は星の息子・健太郎の名付け親でもある。ただ、星に接する時はいつも厳しかった。星が作品を仕上げても、

「そんなもん、できると思ってたぞ」

と、決して褒めることはない。

一方、星が具合の良くないノコギリで木を挽こうと悪戦苦闘していると、長原は新しい手ノコギリを買ってきて、そっと手渡してくれた。

「これで曲がったら、オマエの腕の問題だぞ」

優しいようでもあり、優しくないようでもある。

ある時、星は治具《じぐ》をつくっていた。木工の加工や組み立ての際に、穴開けや削る位置、角度などの目印を付けなくても作業ポイントを固定させ、作業効率を上げるためのものだ。すると、長原がのっそりと作業場にやってきた。

「なんだ！　その治具は！」

長原は治具の出来栄えを見ていると、突然、星の仕事ぶりに不満を顕わにした。しかし、いきなりやってきて、あまりの言い様ではないか。腹に据えかねた星は、長原の眼前

で治具ごと床にたたきつけて壊した。長原は何も言わず姿を消した。

その晩、頭を冷やした星は長原を訪ね、

「怒って、壊して申し訳ありませんでした」

と、素直に頭を下げた。

長原はその後、何事もなかったかのように接してきた。星は長原との関係をこう語る。

「『獅子は我が子を千尋の谷へ突き落とす』という話がありますよね。あれよりも過酷ですよ。谷底から這い上がってきた子をさらに踏みつけて、再び谷底に落とすような人でした。でも、見捨てない。自分と同じ中卒、職業訓練校の学歴しかない私を育てようと思われたんじゃないでしょうか」

長原は「はい、はい」というイエスマンは嫌いだった。自分の意見を言えてこそ人間だ。

カンディハウスの5階に生前、長原が使用していた遺品が保存されている。掲げられた長原の写真がじろりとこちらを見ている。

「オレはオマエの父親に、オマエを社長にすると言って約束を守ったぞ。オマエはどうなんだ」

と、星に語りかけてくるようでもある。

星は森を守る活動をしている。２０１２年に森を購入し、「コサインの森」として管理している。スタッフが木を学ぶ場として、白樺の樹液を採取したり、遊歩道を整備し、危険な倒木などを薪割りなどに活用したりしている。将来は、子供の創造の場とすることが夢だ。

コサインは、青山、札幌に直営店を展開しているが、業績は決して望むものではない。

「結果を出せないのが厳しい」

星は率直に語る。

コサインだけではない。木工家具や雑貨メーカーの経営はどこも厳しい。旭川木工センターの代表理事も務める星は、仲間の組合員のためにも何かできないかを模索している。職人の技と確かな腕はある。ファンをどのようにつくり、どのように作り手の思いを伝えていくのか、そのコミュニケーション力が問われている。

「私たちはただ長く大切に使える木の生活道具を売っているワケではありません。木の生活道具を通して、お客様に〝家族の温かい暮らし〟と感動をお届けしているのです」

思いを形にし、思いを届けるのが星の夢だ。

地域には、ソメスサドルにとっての伊藤のように、優れたプロフェッショナルによる企業支援を受けることができる会社もある。一方、コサインのように全国にファンを持ち、商品や職人の腕に光る価値があり、経営者が地域への強い思いを抱えているものの、金融機関が経営の悩みを解決できていない会社もある。

メガバンクと地域金融機関の最も大きな違いは、取引企業だ。メガバンクが取引する大企業に後継者不在という問題はありえない。しかし、地域の企業が後継者不在で廃業する危険性は高い。故に、地域金融機関が単なる金貸しであることは許されない。

地域金融機関が企業支援のエキスパート、税理士、会計士、中小企業診断士、信用保証協会などの企業支援のネットワークをフルに活用しなければ、地域は支えられない。国連の「持続可能な開発目標（ＳＤＧｓ）」のバッジをスーツに付ける前に、やるべきことがあるはずだ。

明治維新もネットワーク革命

山口県下関市・唐戸市場から北東へ４００〜５００メートルほど行ったところに、本陣伊藤邸跡がある。本陣とは江戸時代に参勤交代などで往来する藩の大名、幕府の役人、勅使、さらには宮家という身分の高い者が宿とした場所だ。

本陣伊藤邸の幕末当主は廻船問屋の豪商伊藤助太夫《すけだゆう》（九三《きゅうぞう》）。同じく下関の豪商白石正一郎が高杉晋作の夢に湯水のように金銀を賭けたように、伊藤は、坂本龍馬のタニマチの一人であった。伊藤家は鎌倉時代から続く名家で、オランダ宿としても名高く、オランダ贔屓で開明的でもあった。父杢之助《もくのすけ》（静斎《せいさい》）は吉田松陰とも交際した。

1865年、薩長同盟を画策して下関を訪れた坂本龍馬は、伊藤と知り合った。伊藤は龍馬の壮大な構想に触れ、感化されたに違いない。以来、龍馬が下関で投宿するようになったのが伊藤邸だ。

龍馬は1867年2月10日から、伊藤邸の一室「自然堂」を借りて、お龍と暮らしていた。記録によれば、わずか三畳一間。朝帰りする龍馬にお龍が激怒したとか、歌会に仲むつまじく出席したとか、挙げ句の果てには、宮本武蔵と佐々木小次郎の決闘で有名な巌流島に上陸して、花火を打ち上げて興じたとか。笑いを禁じ得ない逸話が尽きない。

それから約9ヵ月後の同年11月15日、龍馬は京・近江屋で刺客に襲われ、絶命した。享年33歳。12月2日、悲報は長州に届く。お龍は薩長同盟交渉で龍馬と共に行動した長州藩士三吉慎蔵から龍馬の最期を聴いた。恐らく伊藤邸にて。

思えば、明治維新こそ、個のネットワーク革命だった。龍馬だけでなく西郷隆盛、大久保利通、岩倉具視、高杉晋作、勝海舟らは、始めから組織のスーパーエリートだった訳ではない。組織から精神的に解放された個であった。そうした強烈な光を放つ個と個がつながり、ネットワークを形成し、感化し合って時代を動かした。組織は後から追いかけ、推進力となっただけだ。発火は個だ。

幕府は倒幕勢力に対して、圧倒的に豊富で優秀な官僚組織と強力な軍事力を有していながら負けた。意思決定が機能せず、現場は動かず、組織は幾重にも複雑骨折した。

龍馬は、維新の英傑の誰よりも組織や既成概念から自由であった。亀山社中の月給は「3両2分」。幕末の1両を20万円弱とすると、一人60万円近い。龍馬と他の同志たちの給与は同額だ。現代のティール組織の概念に近い。

そして、龍馬だけがこの時代において、人と場のネットワークの意味を理解していた。ネットワークをどのように張り巡らせ、どの人物と場がハブであるのか、それをどうつなげ、刺激すれば、時代に相転移を起こすことができるのかの見取図を頭の中に描いていたはずだ。

龍馬の真の能力は、ネットワークを自在に操る力であった。面倒な報告や根回しという社内政治を求められる組織に属しているよりも、パトロンが湯水のように資金支援をしてくれる方がネットワーカーとして自由に動きやすかったはずだ。

龍馬は薩長同盟交渉をまとめ、大政奉還という最大の大仕事に向かって飛び立つ。その直前、ひととき翼を休め、お龍と最後の幸せな日々を暮らしたのが本陣伊藤邸だ。

本陣伊藤邸のすぐ隣には、日清戦争の講和交渉が行われた「春帆楼」がある。屋号「春帆楼」は伊藤博文の命名で、のちに「ふぐ料理公許第一号」となる。なお、本陣伊藤邸と伊藤博文には何の関係もない。そのすぐ近くに阿弥陀寺があった。琵琶を弾き語る平曲「平家物語」の名手で、平氏の亡霊に襲われる「耳なし芳一」の舞台だ。そして革命家高杉が創設した奇兵隊の本拠地も阿弥陀寺だった。現在の赤間神宮は、壇ノ浦の戦いで海に身を投げた安徳天皇を祀る。

維新後、明治天皇が西郷を従えて西国巡幸した際、本陣伊藤邸に立ち寄っている。太平洋戦争で焼失したが、明治天皇が使われた手洗鉢だけが僅かに往時を偲ばせる。

赤間神宮に立ち、関門海峡の風に吹かれると、わずか数百メートル四方の一帯に、これだけの歴史が集積していることに圧倒される。人と場のネットワーク、運動体こそが時代を動かしてきたのだ。

終章　つながりすぎた社会

知性やアイデア、価値観など文化的遺伝子（ミーム）は、ネットワークによって感染する。２０１９年夏過ぎごろから、この構想を固め、取材と執筆を続け、一部の講演ではネットワーク集合知の考え方を披露してきた。しかし、20年1月から、世界が変わってしまった。新型コロナウイルス感染症（COVID－19）だ。ネットワークについての文献を読み漁っていた執筆当初は、感染症もネットワークによって広がることを本書で触れる程度にとどめようと思っていた。だが、それでは済まない事態となった。経済どころか、この時代の社会システムや人類の価値観さえ、まるっきり変えかねない。つながりすぎた社会において、感染症という現在進行形の危機に身を置いて考えることは、我々は何をどう合意形成するのか、社会はどう変わっていくのか、だ。「あり得ないこと」など何一つない。そういう新常態（ニューノーマル）を認識した時、我々の生き方はどう変わるのか。

1 金融は「窮地の時の頼れる迂回路」になれるか

「生きにくさ」の先を夢見るマチンガ――立命館大・小川さやか教授

つながりすぎて、生きにくい。

コロナ禍で、デジタル化はさらに進んでいく。

オンライン会議が推奨され、人の移動や濃厚接触者を検知するスマホアプリも提供された。給付金の手続きの混乱から行政サービスもさらにデジタル化していこうという機運が醸成されている。

しかし、一体、何のためのデジタル化だろうか。感染対策のためではない。感染対策は手段にすぎない。デジタル化は「生きにくさ」を解決するためであるはずだ。

個人情報が信用スコアとして算出され、金融、交通、飲食、果ては交際・結婚相手探しまでもが管理されるデジタルネットワーク社会を「未来」だとして我々は見せられている。その未来では、信用スコアに回復不能なダメージをもたらす失敗やミスは許されない。AIが先読みをして「失敗を起こしそうな人間」から切り捨てるかもしれない。

「個人情報が信用スコアとして算出され、**管理され過ぎた社会は、生きにくい**。一度の失敗やミスで切り捨てられるかもしれません。**失敗してもどうにかこうにかやっていける社会の可能性**をさぐりたいと思います」

2020年4月26日、地域金融変革運動体東京の勉強会（オンライン）でゲストスピーカーを務めた立命館大学大学院先端総合学術研究科の小川さやか教授は、こう語った。

中国の電子商取引（EC）最大手アリババグループのアント・フィナンシャルが提供す

る「芝麻《ジーマ》信用」は、個人の信用度を点数化するサービスを提供している。点数が高ければ優遇サービスを受けられる試みは日本でも一部始まっている。

しかし、我々はコロナ禍を経験した。多くの人々が思いもしない不自由を強いられた。人と人が距離を取らねばならず、移動も制限された。人の移動や集まりを前提としていた事業者の混乱は極まり、売り上げが消滅し、生産も滞り、窮地に陥った。

コロナ禍においては、「生きにくい」という問題から目を逸《そ》らすこともできなくなった。お互いが感染に気をつけながら社会生活と経済を動かしていくニューノーマルにおいては、金融も例外ではない。否応なく**新しい金融の可能性**を探らなければならない。願わくは、それは生きにくさを緩和するものであってほしい。信用スコアで吊るし上げる「金融自粛警察」など誰も望まない。

小川は、第51回大宅壮一ノンフィクション賞を受賞した著書『チョンキンマンションのボスは知っている――アングラ経済の人類学』（春秋社）で「**ついでで回す経済**」を提示した。香港在住のタンザニア商人たちが、利潤を追いながらも「ついでに」できることは何でもし合うことで、国境を越えたセーフティネットを構築している点に着目した。それは管理され、罰則を伴う輪番制や均衡貢献ではない。**その時の偶発性に期待する投擲《とうてき》型**だという。問いかければ、誰かが反応するツイッターに近い。管理しすぎるよりも「**可能性**

の経済」の方が人間らしさを保てそうだ。

小川は、アフリカ・タンザニア人の暮らしに零細商人（マチンガ）として入り込んだ文化人類学者だ。タンザニア人たちが騙し、騙されながらも、見えない誰かと助け合いながら、経済を回している「狡知」を読み解き、現代社会の「生きにくさ」を和らげるヒントになるのではないかと研究を進めている。

「資本主義経済において『どう贈与・分配システムを築くか』。さらに贈与・分配につきまとう『人間関係の難しさ』を資本主義経済の論理を駆使してどう和らげるか、これが私の問題意識です」

失敗しても、どうにか生きていける社会の可能性に期待し、その手段が負い目や権力関係、面倒くささに束縛されるものではない。むしろ「遊び」や「楽しむ」ことに転換する人間観や、しくみを探究しているのが小川だ。

小川は、コロナ禍におけるアフリカ諸国のデジタライゼーション事例を紹介した。ケニアのオンライン診療アプリ、南アフリカの追跡システム搭載携帯電話の無償配布と学校閉鎖に伴うオンライン学習、ルワンダのドローンによる医療製品の輸送システム構築などだ。

これを大抵、我々は「**リープフロッグ（カエル跳び）現象**」と呼ぶ。社会インフラが脆弱だからこそ一気にデジタル化が進むという仮説だ。

しかし、小川は独自の見解を持つ。

仮想通貨やブロックチェーンの普及以前からアフリカでは、国際的な商取引や国際送金が活発になされてきた。しかも、既存銀行や国際送金会社を使わず、宗教や出身国・民族などの商業ネットワークを駆使したり、インフォーマルな信用システムを利用してきた。

つまり、銀行システムなどの先進国に「あり」、アフリカなどの発展途上国に「ない」ものの対比だけでなく、**テクノロジーがなくても途上国が発展させてきた独自（自前）の信用システムや貨幣やモノ、サービスの循環システムとの関係性**にこそ、本質がある、というのが気鋭の文化人類学者の目線だ。

小川によれば、アフリカの人々は、強権的で社会保障の機能を期待できない政府をあてにしないという。生き抜くために自前で経済文化を築いてきた色彩が強いのだ。「自律分散型の自動化システム」の価値観、倫理観で新規のテクノロジーを受け入れてきた。混同してはならないのは、それは過激な自由主義を否定する「コミュニタリアン」や「近代福祉国家」とは違う。単なる「**分配**」ではなく、そこに生活に根ざした「**市場経済**」と、物珍しさと遊び感覚で採り入れた「**情報通信技術**（**ICT**）」が組み合わさったものだ。

日本ではコロナ禍の支援のあり方をめぐって、やたらと「外野」がすべき論をはやし立てる。たとえば、生活困窮者への「集中的支援」か、国民全員への「一律支援」か――。

しかし、小川は疑問を浮かべる。

「アフリカではおそらく支援のあり方自体に対する関心は低いのではないか」

これは、どういうことだろうか。小川は続けた。

「政府が自分たちの公正さを実現できるなどとはまったく信じておらず、どのみち自分たちで支援を回して何とかするしかないのです。なので『すべき論』ではなく、その『回し方』に関心を寄せるでしょう」

タンザニアの路上商人たちの商慣行は「騙し騙され、助け合う」のだという。仕入れ単価1000円の商品を2000円で売りつける場合もあれば、相手次第で500円で売る場合もある。平均販売価格は最終的に1250円ぐらいで落ち着く。トータルで利益を得て生きていくことを誰もが分かっている。明確な贈与は避ける。心理的に重すぎる「借り」は返せないかもしれず、「負い目」は対等な関係を崩すからだ。

だからこそ、小川は「**ついでで回す経済**」を主張する。個々人が利潤を追いながらも、「ついでに」できることをし合うことで、生きにくさを解消してきたタンザニア商人ならではの知恵だ。キャッチボール型のコミュニケーションは「絆」「信頼」を築きやすい半面、期待に応えられない場合は、報復のペナルティが課される。だからこそ、等価交換のルールが妥当な均質なメンバー同士の場合の方がうまくいく。

一方、投擲型コミュニケーションの場合は、弱い絆しか築けない。ただ、人と人の間に、重い負い目や威信が発生しにくい。異質で多様な人々が混在するネットワークでは、こちらのコミュニケーションの方が、良いアイデアを生み出す時などは、うまくいくかもしれない。報恩・報復のネットワークでつながりすぎると重いのだ。**「それぞれの接続の距離感」という塩梅**がネットワークには必要だ。

「迂回路」こそ人類の知恵

日本の地域社会にも様々な事業者、人々が暮らしている。その持続可能性を考える時、全員参加を強制するような仕組みが本当に最適なのかどうかは考えねばならない。

こう考えると信用スコアは確かに安定的ではあるが排他的だ。むしろ、その時々に反応する人が異なるSNSの方が包摂的である。確かに「不確実」ではあるが、見方を変えればそれは「**可能性の経済**」でもある。

たとえば、野元美佐が『アフリカ都市の民族誌　カメルーンの「商人」バミレケのカネと故郷』（明石書店）で明らかにしたカメルーンの頼母子講（トンチン）は、単なる銀行の代わりではない。それは、皆で実践しているトンチンに**参加するために「個人の利益追求**

を共同体に認められた行為として正当化する営み」であるという。個人の稼ぎを「共有化された資源」にコンバートすることで、個人の利益追求を正当化するという試みは、コロナ禍のタンザニアでも新しいかたちで試みられつつある。

「コロナ禍で中国との貿易が打ち切られ、国内の農村ビジネスに切り替える動きが加速しましたが、その原動力となったのは、こうした個人的な利益追求を『村の公共事業』として理解して、自発的に関わるようになった村人なのです。銀行預金ではなくモノに換えて貯めるという行動は、セーフティネットづくりと連動しているのです」

では冒頭の「生きにくさ」を和らげるカギは一体何かと問うと、小川は答えた。

「**資本主義における『迂回路』**です」

誰であれ、行き詰まった時、ヘルプを投擲した先の誰かが「ついでに差し伸べる手」だ。網の目のように張り巡らされた迂回路こそが、可能性の経済を押し広げる。

「社会の中で貨幣や財、サービス、情報を回し、シェアしていく仕掛けでもあります。自身が誰かのための迂回路になれることは、個人が自律的かつ分散的に異なる利益や価値を追求することを正当化してきたのです」

今、シェアリング経済と呼ばれるテクノロジープラットフォームは、この社会関係を可視化したにすぎない。もともと自律分散型システムなのだ。

小川の時代観は面白い。人類が自然につくりあげてきた「迂回路」を無理やり管理、規制して制限しようとしてきたのが、近代的な国家制度だ。一方、それをふたたびこじ開けたのが、対等の者同士のデータ通信「P2P」などのインターネットプラットフォームだという。それを再度、規制し、「見える化」どころか「見えすぎる化」した評価システムに組み込もうとしているのが今起きている現象ではないか、と小川は考えている。「見えすぎる化」すると、迂回路を消してしまうかもしれない。

この小川の話を聞いた時、筆者には、頼母子講や無尽を規制して、信金信組、相互銀行とし、さらに相互銀行も消して普通銀行とし、管理、監督のしやすさを追求し、規制し尽くした挙げ句、金融排除を生み出した金融行政の歴史を思い出した。規制しすぎると、息苦しい。SNS、ブロックチェーン、インターネットテクノロジーは息苦しさを打開するために開発されてきたが、それを国民保護の旗印を掲げて国が規制しすぎて、かえって息苦しくなってしまっては元も子もない。マスクだけでも息苦しい。コロナ禍だからこそ、生きる息苦しさを助長せず、緩和する知恵が必要だ。

小川はこう話を締めくくった。

「**私たちは、何のために『貨幣』を『貨幣』として利用しなくてはならないのでしょうか。何のために透明性や利便性を追求するのでしょうか。生きやすい社会とは、失敗を許**

容し、窮地の時に頼れる『迂回路』です。必要な時に開いたり閉じたりする融通の利く社会だと思います。コロナ禍だからこそ、このことを考えたいと思います」

金融はウイルス

30億という人のゲノムにおいて、目や肌、髪の色などを決定する遺伝子は約2万数千個とごくわずかだ。残りのうち約40％をレトロトランスポゾンと呼ばれるDNA配列が占めている。

レトロトランスポゾンは、二重らせんのDNAから一旦、情報をコピー（転写）したRNAを使って、新たにDNAを合成し、それを宿主のゲノムに挿入（逆転写）する性質を持つ。これはエイズウイルス（HIV）などのレトロウイルスと似た性質だ。専門家の間では、太古にレトロウイルスに感染したヒトが、この転移の機能を取り込んだと考えている。近年では、ヒトはウイルスの遺伝情報を取り込んだからこそ、進化できたという研究が進んでいる。

たとえば胎盤だ。

母体と胎児の間で胎盤は、血液や栄養、ガスの交流など複雑な機能を果たす。そもそも父親の遺伝子も受け継ぐ。場合によっては母体と血液型の違う胎児が、どうして母体内で

「異物」として認識されず、免疫系からの攻撃を受けないのだろうか。それは、母親の攻撃警報を鳴らすリンパ球が胎児の血管に入ることを防いでいる1枚の薄い細胞膜が胎盤にあるからだ。これはレトロトランスポゾン由来の遺伝子のおかげだ。我々は**太古のレトロウイルスから獲得したこの能力で、母親の免疫で胎児を殺すことなく、安心して胎盤で胎児を10ヵ月余り、安全に育てる**ことができた。さらに夜間活動の制御、周囲の環境の変化に反応する認識能力もこの恩恵を受けているという研究もある。

我々はウイルスに感染し、その情報をコピーし、取り込むことで進化してきた。生物にとって切っても切れない存在といえる。発酵食品にも腸内環境にも細菌は不可欠だ。

微生物と宿主は様々な関係をつくっている。微生物が宿主を倒してしまえば、うまく他の宿主に感染させられず、相打ちとなる。宿主が微生物に打ち勝ったケースは、ワクチンで根絶した天然痘や、ハンセン病、ポリオ、黄熱病などだ。宿主と微生物が和平・停戦条約を結び、微生物がおとなしくしているケースもある。宿主と微生物が陣地を固め、相手からの攻撃への耐性を獲得し、果てしない戦いを繰り広げているケースは、水疱瘡ウイルスだ。宿主の神経細胞に入り込み、時折、帯状疱疹などを引き起こす。

日本では、抗生物質の乱用が海外から指摘されているという。糞尿と共に体内から流れた抗生物質は下水道へと大量に流される。そこで生き抜いたウイルスや細菌は、あらゆる抗生物質への耐性を備えた凶悪微生物となって襲いかかってくるかもしれない。

思えば金融は「ウイルス」のようなものだ。ウイルスと人間の関係に近い。ウイルスは人に感染するが、胎盤のように人に進化の力を与えもする。金融も人に感染する。**夢を叶えるためであったり、困り事を解決するために使われると力を発揮する。**しかし、金融自体が人間の目的になると、金融は人間を「渇望するゾンビ」に変えてしまう。

銀行は、長らく債権保全と回収と貸出利ざやしか見てこなかった。事業者の夢を叶えたり、地域の課題に関心を失った。金融自体が目的化した。だからこそ、際限なく渇望するゾンビ銀行は時代から捨てられようとしているのだ。

2　動き出したコロナ対策の企業支援「集合知プロジェクト」

企業支援の知見結集を

2020年4月26日、地域金融変革運動体東京の勉強会で小川さやかに加えて、ゲストスピーカーを務めたのは、企業支援の「戦争屋」こと、北門信用金庫企業支援室長の伊藤貢作だ。プレゼンの題名は「中小企業支援の知見結集について」。冒頭、伊藤はこう語りだした。

「結論からずばり申し上げますと、**知見の集約・分散機能を作って欲しいということです**」

知見とは、中小企業支援の現場で戦う技術だ。たとえば、中小企業支援にすぐに役立つ創業、再生、支援、承継などの知見だ。これらを集約すべきだというのが伊藤の趣旨だ。

ここに、金融機関などの組織や企業支援の実務家がアクセスをして、不足している知見を取りに来るのが「知見の分散」だ。企業支援機能がうまく果たせていない金融機関や支援家を応援し、ノウハウを還元することが、コロナ対策の次の一手となるはずだ。

伊藤が問題視したのは、知見の交流を阻む組織の壁だ。「お節介」「領空侵犯」と嫌い、外部の組織には知見を提供しない文化的圧力があり、中小企業支援は進まないのが現状だ。信用保証協会、信金信組、第二地銀、政府系金融などの監督官庁も異なる。異なる役所は「たかが一本の電話で済む話じゃないか」と、たかが一本の電話を惜しむ。具体名がそぎ落とされ、血や土の匂いが消された、のっぺりした「好事例集をまとめるだけ」で終わってしまう。

中小企業の最大債権者は紛れもなく地域金融機関だ。その金融機関より他に、事業者の課題解決をできる存在は現実的に見当たらない。ただ、長らく中小企業の事業性を顧みず、本業支援、事業再生、承継支援、M&Aなどに力を入れて来なかった地域金融機関を動かすのは容易ではない。何より人材がいない。

誰もが認識していることは、コロナ禍によって問題が発生したのではないということだ。元々内在し、放置され、見て見ぬふりをされてきた地域の課題が一気に噴出した。しかも、事態はさらに深刻度を増して、顕在化したのだ。

たとえば、地域に1つしかない介護、医療、水道工事会社などのインフラ工事業者が消えた場合、地域には計り知れないダメージをもたらす。このことを地域金融機関は、他の誰でもない自分の地域の問題だと組織・経営レベルで深刻に受け止めているのだろうか。

地方の高齢者夫婦が営む衣料品を扱うブティックの経営と夫婦の人生を考えた時、どういう支援が最も幸せだろうか。借金を負わせてさらにビジネスの成長を促すことよりも、円満廃業を支援し、老後の幸せな暮らしを実現させた方がいいかもしれない。

コロナ禍に直面し、民間金融機関はこぞって国の無利子・無担保貸し出しを進めた。緊急事態であり、当面の2〜3ヵ月、或いは半年程度の資金繰りをつながなければ、事業者は資金ショートで、死屍累々たる倒産の山をつくっただろう。

しかし、いかに事業者にとって無利子でも元本返済は不可避だ。いずれ**再生支援、企業支援、承継支援、廃業支援、M&Aの「混合戦に突入する」**と、伊藤は予言している。政府が復興対策としている「お食事クーポン、観光クーポンの配布」などという次元を遥かに超えた問題が到来する。予測不可能で変化する混合戦を戦える人材が、武器として使える知見をそろえる必要がある。

集合知プロジェクト始動

勉強会で伊藤の話を聞いていた金融庁長官（当時）の遠藤は呼応した。

これがきっかけとなり、集合知プロジェクトが始動した。運動体メンバーのうち、現場で日々、事業者支援に奔走する実務者を中心に、金融機関、士業、支援機関などの有志が加わり、毎週土日にオンラインによる勉強会を始めた。各個人の事業者支援の発表、議論を通じて、知見を集めた。

とりまとめ役は、金融庁監督局総務課地域課題解決支援室の渡辺茂紀室長補佐が担った。渡辺の来歴は後述するが焼津信用金庫出身だ。プロジェクトの創設から、勉強会の開催、知見の集約、企業支援者の育成プログラムの企画まで、情熱を注いで取り組んだ。

筆者は、このプロジェクトを「**ネットワーク集合知**」の**社会実験**と捉えて参加した。イメージしたのは、ウィキペディアだ。完全知、組織知ではなく、「書きかけ」「執筆途中」を前提として、**変わりゆく状況に対応していく**「**即応知**」「**可能性の知性**」だ。

もとより、中小企業支援のあり方は千差万別だ。経営者も違えば、地域も違う。競合相手、寄り添う金融機関も士業も支援機関も異なる。状況も変化していく。集合知プロジェクトで集められた知見が、そのまま中小企業支援に使えるものもあれば、工夫が必要なものもある。知見を集めることも必要だが、もっと重要なことは知見をどう応用・転用が可能なのかを**考え続けるプロセス**自体にある。

知見は、ビジネスチャットアプリ「Ｓｌａｃｋ」を使って集約された。参加者は誰かの紹介によって集まったが、初めて知り合う人物が多い。まさに「弱い紐帯」だ。新たな知性を集めるには、同質よりも異質な人たちがある程度含まれるネットワークの方が適している。

集まり始めた知見

集まった知見の一部を紹介する。まだ「精練」されていないものもあるが、そこは即応知。可能性の探索と、ご理解いただきたい。

大別すれば固定費（役員報酬、人件費、家賃）と変動費（製品原価）の削減、売り上げの確保、人材の確保（農業などへの転用支援）、助成金・補助金、地域商社、コロナ緊急融資などだ。

具体的な改善策では、家賃引き下げ交渉、賞与支給の可否判断、有料放送・新聞などの見直しによる生活費削減、3密回避のための路上利用許可の緩和、テイクアウトビジネスの衛生管理、料理が冷めても美味しい弁当の付加価値、最低必要資金の算出法、簡易な入出金管理予定表、業務用食料品の消費者向け販売、高額コースのみで来客を絞っての営業事例、事業領域をずらしたマッチング、団体生命保険を活用した保険料見直し、季節限定の就農による雇用対策、外国人の人材紹介、生命保険契約者貸付、雇用調整助成金、事業承継・事業統合・廃業支援の際のポイントなどだ。

折しも、コロナ禍による価値観の変化で、オンライン会議が「新常態」となった。オンライン会議がなければ、この集合知プロジェクトは立ちゆかなかった。知性を深化させていくのであれば、リアルでの議論に越したことはない。他方、「弱い紐帯」で知性をかき集めるのであれば、オンラインでも有効だ。

ここでの知見は、内閣府の補助事業「地方創生カレッジ」に整理されて掲載される方向で検討されている。地方創生カレッジとは、地方創生に必要な人材の育成や確保を目的に、実践的知識をeラーニング講座で提供したり、実地研修を行い、知識やスキルを習得させる事業だ。２０１６年12月に開講し、地方創生にまつわる様々なコンテンツを配信している。

さらに金融庁は、地域金融機関と財務局を主体として**金融機関の中に企業支援者を育成するためのシンポジウム**を随時開催していく予定だ。中小企業支援を踏み込んで行いたいと考えている地域金融機関の職員が、真に事業者の役に立つ企業支援とは何かの学びと実践を深めるための機会とするのが目的だ。

シンポジウムでは、なぜ企業支援が必要なのか、企業支援とはどういうものなのかを実務者が学ぶ「基礎概論」、企業支援の目線や業種特性など企業支援のコツを学ぶ「実務論」の全体講義を行う予定だ。

企業支援の目線とは、「事業者の側」の事情を深く理解することだ。

たとえば「在庫」の問題を取り扱う際、事業者目線ではない金融機関や教科書を丸暗記しているだけの支援家もどきであれば「減らすべきだ」と即答する。

しかし、事はそう単純ではない。企業側にとって「在庫」は業種特性、商慣習、取引相手に対して交渉力で劣るなど、どうにもならない事情で発生しているのかもしれない。その問題の核心を突き止め、どのような時間軸と戦術で事態を変えていくのかが「企業支援の目線」だ。

「在庫を減らせ」と、頭ごなしに言うのは、栄養失調で病院に担ぎ込まれた患者に「栄養を取る食事をしなさい」と言い渡すだけの無責任な医師のアドバイスと同じだ。仕事がなくなったのかもしれない。食事を取ることができない虐待を受けているのかもしれない。支援と一口に言っても、根本原因に目を向けなければ「勘違い支援」に陥りやすいのだ。

地域を元気にするプロフェッショナル

シンポジウムでは、分科会も開催する。

本書に登場した運動体のプロフェッショナルたちが分科会の講師を務め、それぞれの専門領域の知見の共有と実践例を学ぶ。

執筆時点の構想では、創業期・成長期・安定期・改善期・再生期という企業のライフステージに合わせ、起業と創業、経営支援、経営改善支援、事業再生、事業承継をテーマとして10以上の分科会の開催を検討している。

たとえば、成長期・安定期の経営支援では、ビジネスマッチング、国内・海外販路、労務、ものづくりなどで活躍する運動体のプロフェッショナルたちが、具体的な事例も交えて、目線や役立つ知見を提供する。改善期では、経営改善計画の策定、金融機関同士の調整、再生期ではM&Aなどによる事業統合、廃業、債権カットなどのメニューも用意する。すべての金融機関がすべてを学ぶ必要があるということではない。地域経済の再生エコシステムがワークするために、地域全体として金融機関、支援者がどのように役割分担をしていくのかという観点も重要だ。

さらに**分科会ごとにネットワークを築いて、シンポジウム終了後も組織を超えて、相談し合える関係を構築していく**のがポイントだ。オンライン会議やチャット機能アプリなどを駆使すれば、組織も地域も超えて、広く知性を交流することができる。

いわば**運動体は、企業支援のプロフェッショナルを育て、発掘してネットワーク化していく疑似的なアカデミーの役割を担っていく可能性を秘めている**。企業支援のプロフェッショナルたちが地域金融機関に広がれば、地域は必ず変わる。支店長になって、社内政治に精を出し、そこそこ出世して定年でやめていく人生を送りたいと考えている若手職員はもういない。地域を元気にするプロフェッショナルになり、定年を過ぎても、人や地域から頼りにされ続ける付加価値を持つ人生の方が遥かに豊かに思える。

まだ見ぬ知見に出会うことはワクワクする。そういうネットワークは、誰かに教わる教条的な心理的安全性よりも先を行っている。組織から解き放たれた個がつながるネットワークによる集合知プロジェクトの挑戦と真価の発揮はこれからだ。

3 「事業者の元気」の先にしか「地域の元気」はない

事業者の底知れぬ恐怖を知る元信金マン――金融庁・渡辺茂紀

焼津漁港は水揚げ高（金額ベース）日本一を誇る。明治時代より、漁船の動力化をいち早く導入するとともに、東海道本線により各地への販路を拡げ、水産関連事業が発展した。

１９０８年（明治41年）、漁業関係者で設立されたのが焼津信用金庫（現しずおか焼津信用金庫）の前身「焼津生産組合」だ。生産の「生」を○で囲った屋号があり、地元では「まるせい」と親しまれた。屋号を持つ金融機関は日本で唯一とされる。

「この靴屋さんを応援しているんですよ」

２０１８年12月、焼津信金（当時）の渡辺茂紀が案内してくれたのは、焼津駅南口から焼津港へ向かう商店街にある有限会社サンレイ。展開する紳士靴ブランド「ＲＡＹＭＡＲ《レイマー》」は、高品質の素材を使い、手縫いのハンドソーンウェルテッド製法でも低価格で提供すると、靴好きのファンから熱烈な支持が寄せられている。

ブランドの方向性や価格設定、生産体制など、サンレイの大石裕介の様々な悩みの相談に乗ってきたのが渡辺だ。渡辺自身、革靴の最高峰とも評される英紳士靴「ジョンロブ」でアルバイトをしたこともある無類の靴好きだ。

焼津では主力産業の漁業関連の工場にも案内された。船舶を修理するドック、分厚いマグロを芯まで凍らせるマイナス60度で管理される特殊な冷凍庫、解体・削り節工場、加工業を支える機械メーカー、独自の鮮度管理で地元客にも人気の鮮魚店など上流から下流工程まで、渡辺の守備範囲は広かった。渡辺は意外なことを話し始めた。

「お客様とは、お金ではなく**在庫日数で話す**んですよ」

漁業関係者にとって重要なのは何よりも在庫。漁業生産者から生まれた信金ならば、漁業関係者の特殊言語である「在庫日数」で、資金繰りの状況をも把握できなければならない。こうした独自の地域金融の文化が渡辺にも刻み込まれていたのは興味深かった。

渡辺は1973年焼津市生まれ。船乗りの祖父、缶詰工場で働く祖母、建築関係の職人の父、元銀行員の母の家に生まれた。

「サッカーで有名な県立藤枝東高等学校を卒業し、関東の大学に進みましたが、勉強をするわけでもなく、ぼんやりと麻雀を打っていました」

と学生時代を振り返る。

長男だったこと、親から地元の誇りである「まるせい」を薦められたことから焼津信金に入った。10年が過ぎたころ、人事評価が変わり、ニーズのない事業者に金融商品を売り込まなければならなくなった。それまで事業者のところに足繁く通い、地域や業界の話題を通じて事業の動向を把握し、必要性に応じて融資業務を行ってきた渡辺はそれをしたくなかった。目先を変えるために中小企業診断士の資格を取った。

行政、商工会議所、学校の関係者、新聞記者とも付き合い、自然と事業者の販路開拓、補助金申請、事業承継、M&Aなど様々な経験を積んだ。

2013年には、魚市場で使われている「屋号」を復活させる「屋号のまち やいづ プロジェクト」を実行した。地元水産関係の110社を取材し、創業から現在までの歴史をまとめた。漁業生産者から生まれた信金ならば、地元の産業史を学んで受け継がなければ地域に根ざした存在として生き残れなくなるという危機感を抱いたためだ。1998年に策定したコーポレート・アイデンティティから消えていた「まるせい」を復活させたいという思いも強かった。

プロジェクトが一段落し、再生支援のスキルを身につけるため13年9月に退職し、中小企業診断士事務所に入った。しかし、ここで打ちのめされた。挫折の連続で、夜も眠れない日が続いた。

「君は〝まるせい〟に戻るべきだ」
こう声を掛けられ、一度は辞めた焼津信金に戻った。渡辺は言いようのない「安心感と違和感」を初めて抱いた。**金融機関に身を置いていることの圧倒的な安心感と、外の世界の事業者の底知れぬ不安と恐怖。**金融機関で「当たり前」のことが、事業者にとってはまったく「当たり前ではない」ことに初めて気づかされた。一度、外に身を置いたからこそ圧倒的強者である金融機関の「上から目線」が人を不幸にしているという感覚を知った。（苛烈な数値目標による押し込み営業、債権管理という美名の下で処断される事業者──。どのような大義名分を掲げても、地元金融機関が地元の人々を不幸にしてはいけない）

こうした思いを抱きながら企業再生を担当した。倒産させた事業者はゼロ。企業業績も改善させてきた。大事にしてきたのは、経営者が誇りを持って、安心して生活を営み、事業に打ち込める環境づくりだ。

「事業者を融資や返済という不安から解放し、事業に集中していただくだけで本業は改善することが多いんです。金融機関との交渉の時間など本来、必要ないと思います。資金繰りを安定させるにはどうするか。それは金融機関が、短期継続融資と、キャッシュフローに合わせた長期資金で既存債務を『組み換え』していれば済みます。あと一歩踏み込んで、事業者のお話に耳を傾け、課題を共有して解決する具体的な支援をすればいいのです」

しかし、転機が訪れた。しずおか信用金庫と焼津信金との合併だ。規模の大きいしずおか信金が焼津信金を飲み込むのは避けられない。合併が確実になった段階で、渡辺は再び焼津信金を去った。

その後、金融庁で地域金融行政に携わる職員募集を知って応募し、19年8月、金融庁に移った。

「私にとっての地域再生とは、金融機関の先にいる地域の中小事業者を救うことです。地域の中小事業者を救えずして、地域を元気にすることなどありえません」

金融機関の「当たり前」が地域をダメにしている。事業者の底知れぬ恐怖を知るのは、金融機関の外に身を置いた者だけだ。金融庁がこれに気づけなければ、事業者支援をいくら金融機関に期待しても変わらない。事業者の恐怖を知る渡辺だからこそ、事業者に今、何が必要なのかを見定め、真摯に向き合う傾聴力が金融行政にも期待される。

人間のストーリーもネットワークで感染していく。諏訪信金の奥山、北門信金の伊藤、そして渡辺と知り合ったのは『ベテラン融資マン』シリーズ著者で、エフティーエス代表の寺岡雅顕《まさあき》の紹介があったからだ。寺岡も地域金融変革運動体の同志だ。

コロナ禍。「今だからこそ」の付加価値

群馬県・中之条町の介護事業者「Ｐｕｒｅ Ｎｅｘｔ」（塚田純次社長）は２０２０年３月から同町にある四万温泉の旅館「四万やまぐち館」の接客係に介護技術やノウハウを伝授し始めた。

介護と旅館――。一見、畑違いに思えるかもしれない。

介護事業者は、介護の技術・ノウハウを磨いているが、施設やサービス以外で発揮する機会がない。これでは収益も頭打ちだ。低収入の介護スタッフの定着率も一般的に悪い。介護事業者にとって悩みは尽きない。

一方、旅館は今回のコロナ禍で休業を余儀なくされ、予約状況も厳しい。インバウンド（訪日外国人客）にも当面期待できず、打開策が必要だ。

Ｐｕｒｅ Ｎｅｘｔは独自の介護認証制度「優湯コンシェルジュ」に基づく研修講座を開設。受講した旅館の接客係の技量に応じて、認証する仕組みだ。

四万やまぐち館の田村晋吾副社長によれば、要介護者のいる家族は転倒などの事故やトラブルを懸念して、宿泊を諦めるケースが多いという。元々、コロナ禍のために受講を始めた訳ではなかったが、コロナ禍に突入した以上、時間がある「今だからこそ」接客係が

介護技術を学び、要介護者のいる家族の宿泊ニーズを取り込みたい考えだ。田村は語る。

「日頃、介護でお疲れのご家族に安心しておくつろぎいただきたい。感染防止策も講じながら優しさをご提供したい」

コロナ禍で嘆くのではなく、空いた時間を使い、介護技術という付加価値を習得するのだ。

講習では、玄関、段差、脱衣所、浴室、階段、食事処、手すりなど、館内を視察して、設備や構造で注意すべき点を洗い出す。それぞれの場所で、介護度に応じたケアの提供ができるように知識や技術の研修と認定試験を行う。座学ではなく、実践で役立つノウハウを学ぶことができる。

Ｐｕｒｅ Ｎｅｘｔにとっては、研修講座が新たな収益事業となるだけではない。研修の講師を介護スタッフに任せ、講師料を副業収入として支払う。これによって介護スタッフの低収入という問題も同時に解決し、スタッフの定着率を上げて、やる気を引き出し、さらに介護スキルを高めるという人材育成までの戦略ストーリーを塚田は描いている。

Ｐｕｒｅ Ｎｅｘｔが19年4月、群馬銀行の主催する新商品や新サービスの開発、新たな市場開拓などの事業プランを表彰する「ぐんぎんビジネスサポート大賞」で「奨励賞」

を取ったことがきっかけとなった。塚田に応募を勧めたのが群馬銀行中之条支店の支店長代理・土屋剛だ。

「塚田社長の立場になって考え、課題解決を常に心掛けました」

と、「買い手良し」で動いた土屋のバトンをつないだのが支店長の小林隆之だった。営業エリア内で四万やまぐち館を候補先に絞り込み、20年に入ってから、Ｐｕｒｅ Ｎｅｘｔとの連携を提案した。

「昭和の雰囲気を大切にされている『四万やまぐち館』さんであれば、日本人客の宿泊需要を掘り起こしたいとお考えになるはずと思いました」

と、小林は説明する。群馬銀行中之条支店では、情報やアイデアの流れ、人の動きが見事に機能した。これこそチーミングだ。

この話は、前述の「集合知プロジェクト」のオンライン勉強会で知り合った、労務相談、人事・賃金制度に詳しいリンクス人事コンサルティングの特定社会保険労務士、薗田直子から教えてもらった。薗田は鋭く見抜いた。

「介護事業者が日々、当たり前にやっていることは、異業種の方々にとっては『目から鱗』だったりします。同じように、**銀行の労務管理などのノウハウは、取引先の中小企業にとっては非常に価値あるものです。そうしたノウハウが中小企業に移植されれば、経営**

の質は格段に向上するはずです。銀行にとっては死蔵された『当たり前』でも世間では『付加価値』と大変に喜ばれることがあるはずです」

これこそ生き抜く経営の「逞しさ」だ。塚田のような「智謀湧くが如し」のキーパーソンは地域に必ずいる。銀行に必要なのは、こうした地域の人材を見抜き、ネットワークでつながる事業者を元気にしていくことだ。

いつか来た道

コロナ禍でもっとも危惧されることは、大きく傷ついた**中小企業の行方**だ。いくつかの信金信組は自己資本を毀損してでも事業者を資金繰り破綻させないという悲壮なまでの覚悟で支援に臨んだ。

一方、少なからぬ地域金融機関は、事業者へのつなぎ融資には及び腰で、コロナ前に返済猶予などのリスケがある事業者は信用保証協会に行かせ、リスケがない事業者は日本政策金融公庫に行かせた。

しかし、厳しい現実が待っている。いずれ事業者は既存債務に加え、ゼロゼロ融資の元本返済がさらに負担となる。本腰を入れた企業支援が必要となるが、これを覚悟していない地銀は多い。必ず将来に禍根を残すだろう。

金融庁が、ゼロゼロ融資を巡り、自前のプロパー融資を行っているのかどうかを調べようとしたところ、金融業界からは強い反対の声があがった。この反応には、返済猶予で塩漬けにし、抜本再生など行われなかったリーマンショック時と同じ既視感がある。「いつか来た道」だ。

事業再生の「戦争屋」こと北門信金の伊藤は、前述した運動体の勉強会で、今こそ中小企業の事業再生に特化した「中小企業版産業再生機構」を創設する必要性を訴えた。事業承継や地域事業者同士の経営統合・合理化を進めた場合は、一定の債務免除を可能とするなどの法的権限を持った事業再生の司令塔だ。

機構の役割は、次の通りだ。債権買い取り、出資・倒産手続き中の企業を旧経営陣が経営しながら運転資金を出していくＤＩＰ（Debtor in Possession）ファイナンスや経営人材の派遣、金融機関同士の調整、抜本再生、地域の事業者同士が経営統合した場合の税制優遇やリース債権の買い上げ、外国人観光客の大幅減で、だぶついた観光バスを買い取ってアフリカに転売するなどの特定業種資産の買い上げ、ゼロゼロ融資を株式に転換し返済負担を減らすＤＥＳ（Debt equity swap）を実行する場合の新たな概念の導入だ。具体的には、取得時の時価を償還条件としたり、低額配当を続けながら、事業承継や地域再編の際に債務免除を行ったり、当面はＤＥＳで対応して返済負担を軽減し、将来、返済が可能になった場合「企業平均寿命年数（30年程度）の超長期低金利弁済」を認めるなどの対応だ。こうした出口戦略を担う組織の必要性を伊藤は訴えた。

「『ゾンビ企業』も『社会に必要な企業』も所詮は中小企業支援においては結果論にすぎません。普通の田舎にある、普通の人が経営する、普通の企業を、普通に再生支援、経営支援、事業承継、創業支援をすることが企業支援なのです」

地域経済活性化支援機構（REVIC）限界論

政府は既に存在している地域経済活性化支援機構（REVIC）を使い、ファンドを組成するなどして、中小企業の事業再生に当たらせようとしている。ただこれには、地域金融の識者からの違和感が強い。豊和銀行の権藤淳《あつし》頭取は次のような見解を示す。

「**REVICは中堅企業の事業再生のための組織で、同じ手法は中小企業には通用しません**。ファンドをつくっても、膨大な中小零細企業をどう審査し、基準を設定するのか。人繰りはどうするのか。そもそも定期的なモニタリングはできるのか。ハンズオンの経営改善支援をどうやるのか。現実的に不可能です」

この権藤の基本認識は伊藤と同じ「**REVIC限界論**」だ。中央官庁と地方の現場を知る者とのズレは常にある。そのズレは、中央官僚が制度をつくり、予算を付けることを目的だと考えがちであることに起因している。権藤はこう語る。

「実効性のある制度にして、予算を有効に使うには、現場の実態を熟知し、自分たちの課題として〝この地域を何とかしなくてはならない〟と本気で思い、行動する人を引っ張り出すことが肝要です。そうでなければ、魂は入りません」

REVICのファンドを使うとしても使い方があると権藤は考えている。

それは、**金融調整を成立させるために必要となるバックファイナンスや肩代わり**だ。

具体的には、事業再生の現場では、DDS（既存ローンを資本性の劣後ローンに切り替える手法）が必要なケースがある。この際、自己資本を毀損する引き当てを嫌って、DDSには応じようとしない金融機関が出るため金融調整が難航しがちになる。こうした局面でこそREVICのファンドが肩代わりなどを行い、金融調整を成立させるべきだという限定的活用法だ。中小企業の事業再生の主役は、現場に一番近い民間金融機関をおいて外にない。

REVICはリーマンショック後に、中小企業の事業再生支援を目的に2009年に設立した（当時は企業再生支援機構）。しかし、手掛けたのは交通機関、医療法人、中核企業、中堅企業がほとんどだ。

我々は中小企業の事業再生、或いは経営そのものの革新について考えねばならない。

「中核企業さえ支えれば地域経済はどうにかなる」という目論見は甘い。中小企業は循環し続ける地域エコシステムで圧倒的多数を占める存在だ。どのような論理を振りかざしても、無数の事業者の幸せの先にしか地域経済の未来はない。

つながりすぎた社会

2012年7月23日は、人類が震撼して然るべき日だった。

「だった」と過去形にするのには訳がある。ちょうど2年後の同じ日にNASAが衝撃の事実を発表して初めて、分かったからだ。

地球のすぐ近くを過去150年間で最も強力な太陽風が吹き抜けていたのだ。もし、1週間早く太陽のフレアが発生していたら、太陽風は地球を直撃していた。電子機器を一瞬で機能停止に追い込み、NASAによれば「現代文明を一気に18世紀へと後退させていた」という。奇跡的に地球は太陽風をかわした。

直撃していれば、コロナ禍の比ではない被害が生じたはずだ。

携帯電話、パソコン、テレビ、ラジオは言うに及ばず、電力網、交通運行システム、GPS、医療機器、銀行システム、ECショッピング、行政サービスなど、我々の社会を結びつける電子制御は、プラズマ粒子によって、一瞬でガラクタに変えられただろう。

編集・配信作業が電子化され尽くした今、報道機関は新聞すらまともに発行できず、何が起きたのか、多くの人々は分からず、情報が伝達するのにも相当な期間を要したはずだ。復興などは、気の遠くなるような時間の掛かる話だ。

決済はすべて停止し、スーパーやコンビニなどからインターネットを介して飛んでいく欠品・発注情報も止まり、食品の配送も滞る。市民が例の如くトイレットペーパーや食材の買い占めに走るのは、まだ序の口だ。

現金自動預払機（ＡＴＭ）で現金を引き出せず、電子マネーも使えないとなれば、銀行では現金を争って引き出そうとする取り付け騒ぎがあちこちで起きるだろう。警察は一瞬で「火《ひ》付《つけ》盗《とう》賊《ぞく》改《あらため》」の時代に戻る。強盗のような犯罪行為が起きても、知らせる術はない。消防車、救急車はＧＰＳも使えず、電話も使えず、活動を封じられる。電子機器が破壊し尽くされた病院もほとんど機能しない。恐怖は感染する。

日銀は、各銀行にいくらの現金を送るべきかがつかめない。頼みの金融緩和策も役に立たない。電子制御でネットワーク化された「つながりすぎた社会」がかえって仇《あだ》となる。

12年7月の太陽風は、これまでに分かっている中で最大規模だった１８５９年の「キャリントン・イベント（Carrington Event）」に匹敵する威力があった。直撃による推定被害額は２００兆円以上だ。当時の日本は安政の大獄の只中。電子機器に生活を依存していなかった当時の人々は見方によっては平和に暮らしていた。

コロナ禍で、リモートワークが常態化し、さらに社会生活がデジタル化していく流れは不可避だ。そこへ太陽風が吹けば、被害は想像を絶する。

すべての電子機器が停止し、前提がひっくり返る。運良く人間が生き残れたとしても電子マネーが使えず、現金を引き出せないとなれば、食料生産に関わる第1次産業こそが、最も価値あるものとなる。コロナ禍で既にそうなっているかもしれない。

SFの話ではない。僅か1週間の誤差で起きていた話だ。

だからといって、文明に背を向けて「つながりすぎた社会」から逃れて暮らすことはできそうもない。ならば「平時が続く」などというおめでたい前提を決めつけない方が賢明だ。今回のコロナ禍で思い知った人々は数知れない。

都合良く過去のデータを解析して未来を予測しても、コロナ禍はもちろん、太陽風さえ防ぐことはできない。

想定を超える不慮の事態がやって来るとしても、最後に残るのは生き抜く逞しさと人と人の絆であり、支えになるのはネットワークだ。どういうネットワークに、どのように接続するのか。或いはどういうネットワークを形成するのか。本書を通じて読者が考えるきっかけになれば幸いである。


（文中敬称略）

引用・参考文献

石田英敬『大人のためのメディア論講義』ちくま新書、二〇一六年
小川さやか『チョンキンマンションのボスは知っている――アングラ経済の人類学』春秋社、二〇一九年
ピーター・M・センゲ著、枝廣淳子／小田理一郎／中小路佳代子訳『学習する組織――システム思考で未来を創造する』英治出版、二〇一一年
ハーバート・A・サイモン著、稲葉元吉／吉原英樹訳『システムの科学　第3版』パーソナルメディア、一九九九年
ハーバート・A・サイモン著、二村敏子／桑田耕太郎／高尾義明／西脇暢子／高柳美香訳『新版　経営行動――経営組織における意思決定過程の研究』ダイヤモンド社、二〇〇九年
P・F・ドラッカー著、上田惇生訳『ドラッカー名著集13　マネジメント――課題、責任、実践［上］』ダイヤモンド社、二〇〇八年
山口周『世界のエリートはなぜ「美意識」を鍛えるのか？――経営における「アート」と「サイエンス」』光文社新書、二〇一七年
ジリアン・テット著、土方奈美訳『サイロ・エフェクト――高度専門化社会の罠』文藝春秋、二〇一六年
エイミー・C・エドモンドソン著、野津智子訳『チームが機能するとはどういうことか――「学習力」と「実行力」を高める実践アプローチ』英治出版、二〇一四年
ピョートル・フェリクス・グジバチ『世界最高のチーム――グーグル流「最少の人数」で「最大の成果」を生み出す方法』朝日新聞出版、二〇一八年
The W. Edwards Deming Institute HP https://deming.org
クリストファー・A・バートレット／スマントラ・ゴシャール著、グロービス経営大学院訳『新装版　個を活かす企業――自己変革を続ける組織の条件』ダイヤモンド社、二〇〇七年

ニコラス・A・クリスタキス／ジェイムズ・H・ファウラー著、鬼澤忍訳『つながり――社会的ネットワークの驚くべき力』講談社、二〇一〇年
アルバート＝ラズロ・バラバシ著、青木薫訳『新ネットワーク思考――世界のしくみを読み解く』NHK出版、二〇〇二年
アルバート＝ラズロ・バラバシ著、青木薫監訳、塩原通緒訳『バースト！ 人間行動を支配するパターン』NHK出版、二〇一二年
アルバート＝ラズロ・バラバシ著、江口泰子訳『ザ・フォーミュラ――科学が解き明かした「成功の普遍的法則」』光文社、二〇一九年
アレックス・ペントランド著、小林啓倫訳『ソーシャル物理学――「良いアイデアはいかに広がるか」の新しい科学』草思社、二〇一五年
ダニエル・コイル著、楠木建監訳、桜田直美訳『THE CULTURE CODE――最強チームをつくる方法』かんき出版、二〇一八年
エリック・バーカー ブログ『BARKING UP THE WRONG TREE』https://www.bakadesuyo.com
エリック・バーカー著、橘玲監訳、竹中てる実訳『残酷すぎる成功法則――9割まちがえる「その常識」を科学する』飛鳥新社、二〇一七年
北川敬三『軍事組織の知的イノベーション――ドクトリンと作戦術の創造力』勁草書房、二〇二〇年
アダム・グラント著、楠木建監訳『GIVE & TAKE「与える人」こそ成功する時代』三笠書房、二〇一四年
アダム・グラント、シェリル・サンドバーグ解説、楠木建監訳『ORIGINALS 誰もが「人と違うこと」ができる時代』三笠書房、二〇一六年
トラヴィス・ブラッドベリー／ジーン・グリーブス著、関美和訳『EQ2・0――「心の知能指数」を高める66のテクニック』サンガ、二〇一九年

西垣通『集合知とは何か――ネット時代の「知」のゆくえ』中公新書、二〇一七年
西垣通『集合知のちから（DIAMOND ハーバード・ビジネス・レビュー論文）』ダイヤモンド社、二〇一六年電子版
石弘之『感染症の世界史』角川ソフィア文庫、二〇一八年
マーク・ブキャナン著、水谷淳訳『〈数理を愉しむ〉シリーズ　歴史は「べき乗則」で動く――種の絶滅から戦争までを読み解く複雑系科学』ハヤカワ文庫NF、二〇〇九年
橋本卓典『捨てられる銀行』講談社現代新書、二〇一六年
橋本卓典『捨てられる銀行2　非産運用』講談社現代新書、二〇一七年
橋本卓典『捨てられる銀行3　未来の金融――「計測できない世界」を読む』講談社現代新書、二〇一九年
橋本卓典『金融排除――地銀・信金信組が口を閉ざす不都合な真実』幻冬舎新書、二〇一八年
金融庁ホームページ　利用者を中心とした新時代の金融サービス～金融行政のこれまでの実践と今後の方針～（令和元事務年度）https://www.fsa.go.jp/news/r1/20190828.html

講談社現代新書　2584

捨《す》てられる銀行《ぎんこう》4　消《き》えた銀行員《ぎんこういん》　地域金融変革運動体《ちいききんゆうへんかくうんどうたい》

二〇二〇年九月一五日第一刷発行　二〇二〇年一〇月八日第二刷発行

著　者　橋本卓典《はしもとたくのり》　

発行者　渡瀬昌彦

発行所　株式会社講談社

東京都文京区音羽二丁目一二―二一　郵便番号一一二―八〇〇一

電　話　〇三―五三九五―三五二二　編集（現代新書）
〇三―五三九五―四四一五　販売
〇三―五三九五―三六一五　業務

装幀者　中島英樹

印刷所　株式会社新藤慶昌堂

製本所　株式会社国宝社

定価はカバーに表示してあります　Printed in Japan

N.D.C. 338　407p　18cm
ISBN978-4-06-520145-9

「講談社現代新書」の刊行にあたって

教養は万人が身をもって養い創造すべきものであって、一部の専門家の占有物として、ただ一方的に人々の手もとに配布され伝達されうるものではありません。

しかし、不幸にしてわが国の現状では、教養の重要な養いとなるべき書物は、ほとんど講壇からの天下りや単なる解説に終始し、知識技術を真剣に希求する青少年・学生・一般民衆の根本的な疑問や興味は、けっして十分に答えられ、解きほぐされ、手引きされることがありません。万人の内奥から発した真正の教養への芽ばえが、こうして放置され、むなしく滅びさる運命にゆだねられているのです。

このことは、中・高校だけで教育をおわる人々の成長をはばんでいるだけでなく、大学に進んだり、インテリと目されたりする人々の精神力の健康さえもむしばみ、わが国の文化の実質をまことに脆弱なものにしています。単なる博識以上の根強い思索力・判断力、および確かな技術にささえられた教養を必要とする日本の将来にとって、これは真剣に憂慮されなければならない事態であるといわなければなりません。

わたしたちの「講談社現代新書」は、この事態の克服を意図して計画されたものです。これによってわたしたちは、講壇からの天下りでもなく、単なる解説書でもない、もっぱら万人の魂に生ずる初発的かつ根本的な問題をとらえ、掘り起こし、手引きし、しかも最新の知識への展望を万人に確立させる書物を、新しく世の中に送り出したいと念願しています。

わたしたちは、創業以来民衆を対象とする啓蒙の仕事に専心してきた講談社にとって、これこそもっともふさわしい課題であり、伝統ある出版社としての義務でもあると考えているのです。

一九六四年四月　野間省一